A mi madre,
que me orientó siempre hacia el estudio.

EL CRISTIANO EN LA ALDEA GLOBAL

Cómo responder desde la fe a los retos del mundo actual

DR. ANTONIO CRUZ

Vida

Dedicados a la excelencia

La misión de *EDITORIAL VIDA* es proporcionar los recursos necesarios a fin de alcanzar a las personas para Jesucristo y ayudarlas a crecer en su fe.

El cristiano en la aldea global
© 2003 EDITORIAL VIDA
Miami, Florida

Edición: *Madeline Díaz*

Diseño interior: *Grupo Nivel Uno Inc.*

Diseño de cubierta: *Grupo Nivel Uno Inc.*

ISBN: 0-8297-3921-1

Categoría: Vida cristiana / Sociología

Impreso en Estados Unidos de América
Printed in the United States of America

06 07 08 ❖ 06 05 04 03 02

—ÍNDICE—

—INTRODUCCIÓN—

Introducción

Al empezar un nuevo siglo, y un nuevo milenio, es conveniente que los cristianos le demos una mirada al futuro que nos espera. No se trata de jugar a los futurólogos o de intentar adivinar el porvenir por medio de elucubraciones basadas en textos de dudosa interpretación. Es algo mucho más sencillo y real. Es simplemente pasar revista a las nuevas interrogantes que se empiezan a vislumbrar en el mundo, así como a los retos que tales señales pueden suponer para el cristianismo.

Mateo, el evangelista, describe una situación en la que ciertos fariseos y saduceos quisieron tentar a Jesús y le pidieron una señal del cielo; un milagro espectacular que le diera la autoridad definitiva delante de todo el pueblo (Mt 16:1-4). Sin embargo, el Maestro era consciente de que actuaban de forma hipócrita y de que, en el fondo, no querían aceptar que él era el Mesías de Israel. Eran capaces de interpretar el buen tiempo y el mal tiempo por los arreboles del cielo, pero no querían asumir las «señales de los tiempos» que rodeaban a Jesús. No reconocían las curaciones que el Señor realizaba, los milagros, las multiplicaciones de alimentos o las revivificaciones de personas que habían fallecido. Los judíos eran responsables de su ceguera porque se habían apartado voluntariamente de las fuentes auténticas del discernimiento espiritual. Vivían en un ofuscamiento colectivo y secular. Por eso Jesús no quiso darles ninguna señal, excepto la del profeta Jonás. La «señal» de un hombre rebelde tragado por el mar, que estuvo tres días y tres noches en el vientre de un gran pez, en alusión a la propia muerte de Cristo en la cruz.

Quizá nosotros, los cristianos del tercer milenio, tengamos hoy la obligación moral de intentar reconocer también las señales de los tiempos. No las que rodeaban al Maestro, esas ya las conocemos y las aceptamos, sino las que se perfilan en el mundo actual y suponen un desafío para el cristianismo del siglo XXI. Este es precisamente el objetivo del presente libro. Contribuir a la reflexión de las grandes interrogantes contemporáneas que demandan respuestas claras y convincentes que provengan de la fe cristiana. Descubrir la ceguera y el ofuscamiento espiritual de hoy, que suele estar en la base de muchos conflictos sociales, lo mismo entre los incrédulos como en determinados círculos de creyentes. Nuestro argumento es que al darle la espalda a Dios y vivir como si él no existiera, el ser humano ha causado la mayor parte de los problemas que hoy amenazan a la humanidad. Estamos persuadidos de que tanto la incredulidad permisiva en que vive el hombre postmoderno como el fanatismo religioso e intolerante de ciertos movimientos son capaces de generar enfrentamientos globales de difícil solución.

Durante las dos últimas décadas ha tenido lugar en nuestro planeta toda una serie de acontecimientos que han contribuido a cambiar las relaciones humanas y a crear un nuevo tipo de sociedad a escala global. La revolución de la tecnología ha incidido directamente sobre las comunicaciones, impulsando las economías de todo el mundo y haciéndolas cada vez más dependientes unas de otras. La mayor creación de riquezas en determinadas regiones ha incrementado las esperanzas de algunos en las posibilidades de la globalización. Sin embargo, también se ha producido un desarrollo desigual entre los países del norte y los del sur, o entre diferentes sectores de un mismo país. Junto a la opulencia existe la miseria humana.

El hundimiento del estado soviético y del movimiento comunista internacional ha supuesto el fin de la guerra fría, así como la consolidación del capitalismo a escala internacional. Pero lo cierto es que la mayoría de los sistemas políticos del mundo están sumidos en una profunda crisis de legitimidad. La corrupción y los frecuentes escándalos provocados por ciertos líderes sociales corroen los cimientos de la misma democracia. Ante el imparable auge de la mundialización y de las relaciones internacionales, los estados-nación pierden poder para cedérselo a los nacionalismos locales que resurgen con fuerza por todas partes.

Desgraciadamente, el crimen y las actividades delictivas también se han globalizado. Las organizaciones mafiosas se mueven por todo el mundo obligando a los gobiernos a ceder ante sus presiones. ¿Adónde se dirige la sociedad del siglo XXI? ¿Vamos hacia un gobierno único mundial, como temen la curiosa milicia estadounidense y el exótico movimiento japonés contra la globalización *Aum Shinrikyo*? ¿Será a ese hipotético gobierno de carácter islámico que anhelan los talibanes y los terroristas musulmanes? ¿Cuál debe ser la actitud cristiana frente al actual proceso de globalización? ¿Cómo debemos reaccionar ante las muchas exclusiones que genera dicho proceso? ¿Tiene algo que decir a todo esto la fe evangélica inspirada en el mensaje y en la persona de Jesucristo? El primer capítulo de este libro procura responder a todas estas cuestiones.

Las migraciones que se están produciendo hoy a escala mundial no tienen parangón con ninguna otra época de la historia. La búsqueda de un trabajo que permita vivir dignamente y proporcione sustento a la familia, hace que millones de criaturas abandonen sus hogares cada año y se desplacen hacia los países industrializados. Las fronteras se atraviesan legal o ilegalmente tras el dorado sueño del bienestar. Esto ha elevado enormemente la diversidad étnica, lingüística y cultural de las naciones prósperas, provocando también enfrentamientos raciales y religiosos. Tales situaciones suponen un reto para la convivencia armónica entre personas que poseen diferentes concepciones culturales. ¿Qué aconseja la Biblia al respecto? ¿Cómo tiene que comportarse el cristiano con el extranjero según la Palabra de Dios? ¿Qué medios deben ponerse en práctica para fomentar un diálogo intercultural adecuado? ¿Cómo es posible inculturar hoy el mensaje cristiano en medio de una sociedad tan variada y plural? En el segundo capítulo de esta obra se analizan tales interrogantes.

Los siguientes capítulos pasan revista a las características fundamentales de la actual cultura global. La de una civilización centrada en la información y en las imágenes virtuales, que anhela por encima de todo la rapidez, el placer inmediato y el bienestar material, pero que es incapaz de abandonar los terribles fantasmas de la guerra, el terrorismo internacional o los peligros potenciales de una ciencia sin conciencia. El hombre del tercer milenio está más interesado en descubrir si hay vida en Marte, o en algún otro planeta, que en la búsqueda de una ética que le permita convivir adecuadamente con su prójimo. Lo material le interesa más que lo espiritual. Es capaz de caminar por la luna o de reparar una estación espacial en órbita pero no sabe aproximarse a sus semejantes. Se sumerge a más de cuatro mil metros en el océano para conocer la vida abisal y explora los confines del universo mediante potentes telescopios, pero no conoce al vecino que tiene al lado de su casa. El ser humano es hoy capaz de surcar velozmente los espacios siderales, pero en el terreno moral avanza despacio, a tientas, como un ciego con su bastoncillo blanco. Frente a tales paradojas se acumulan las dudas. ¿Seremos capaces durante este tercer milenio de no destruirnos mediante la energía nuclear o la guerra bacteriológica? ¿Se podrá erradicar la amenaza del terrorismo global? ¿Sabremos utilizar la revolución genética para mitigar el sufrimiento humano, en lugar de intentar crear un «mundo feliz» preprogramado y sin libertad para las personas? ¿Podrá el conocimiento científico erradicar la pobreza, el hambre y los problemas del medio ambiente que nos azotan en la actualidad?

La incorporación de la mujer al trabajo remunerado fuera del hogar ha influido decisivamente no solo en la economía global sino también en las relaciones familiares, en la sexualidad y en la crisis del patriarcado. El papel del hombre en el hogar se ha debilitado notablemente dando lugar a una amplia gama de relaciones nuevas. La familia se ha convertido, según palabras del filósofo José

Antonio Marina, en algo «mercurial», que cambia su aspecto y el número de sus miembros con suma rapidez. Se trata de una institución que se parece cada vez más a las pequeñas bolitas de mercurio de un termómetro roto. Hoy aumentan las familias en perpetua recombinación. Los padres separados o divorciados intentan que los hijos que ya tienen sean compatibles con los deseos de reedificar su vida afectiva y lo hacen sin tener un manual de instrucciones. La consigna parece ser «sal como puedas».

De ahí que para algunos el futuro de la familia en este tercer milenio sea bastante incierto. Cada vez hay más hogares monoparentales e interraciales, más abuelos que crían a sus nietos, más hijos que no se emancipan hasta la treintena, así como diferentes papeles o roles nuevos. Si a todo esto se añade la crisis del principio de jerarquía tradicional, se configura el retrato que muestra la nueva familia globalizada. Todo esto exige de los hogares cristianos un posicionamiento, una contestación equilibrada que se inspire en los valores del evangelio. En el capítulo sexto se estudian los diferentes desafíos que estos nuevos estilos de familia suponen para la fe evangélica.

Por último, los tres capítulos finales entran de lleno en las cuestiones de fe, planteando el tema de la acomodación de los cristianos a la sociedad de consumo, así como el reto de la creciente incredulidad que se observa en determinadas regiones del globo. Por el contrario, en otras zonas se asiste a la proliferación de movimientos y sectas de inspiración cristiana que tergiversan la Palabra inspirada y promueven doctrinas deformadas o claramente contradictorias con el mensaje genuino de la Biblia. Ambas tendencias se perfilan como un serio desafío actual para el pueblo de Dios. Tanto la incredulidad materialista como la excesiva credulidad espiritualista y supersticiosa suponen graves problemas para la extensión del reino de Dios.

El mundo de la globalización, generador de cambios rápidos e incontrolados, de escándalos de todo tipo y de confusión informativa, tiende a provocar que las personas se agrupen en movimientos locales que les proporcionen una cierta identidad fundamental, una base sólida e inmutable sobre la que apoyarse. Tales asociaciones pueden tener carácter nacional, regional, étnico o incluso religioso. Esto hace que, por ejemplo, florezcan los fundamentalismos que no dudan en tomar las armas, secuestrar aviones o cometer cualquier tipo de atentado terrorista para defender su identidad o su ideología. Actualmente tales grupos agresivos e intolerantes existen tanto en el mundo islámico, hindú o budista, como en el judío o en el propio cristianismo. De ahí la necesidad de revisar continuamente nuestras actitudes y creencias de acuerdo al auténtico mensaje de las Escrituras. La iglesia debe saber hoy más que nunca en quién ha depositado su fe y cuál es el verdadero mensaje de Jesucristo para no desviarse por sutiles senderos de intransigencia, discriminación y desamor entre los hombres.

Terrassa, febrero del 2002.

—1—

LUCES Y SOMBRAS DE LA GLOBALIZACIÓN

*E*l proceso de globalización que se está dando hoy en el mundo tiene dos caras bien distintas, como las monedas con las que se comercia. Su parte más luminosa sugiere que el desarrollo de las comunicaciones ha reducido el planeta a una especie de «aldea global», según palabras de McLuhan (1990), en la que las distancias y las fronteras, naturales o políticas, ya no son capaces de separar a los hombres. Cada vez es más fácil conversar y relacionarse con alguien que vive a miles de kilómetros de distancia, porque la electrónica y la informática se han dado la mano para conseguir que la tierra se haya vuelto prácticamente digital. El planeta se ha hecho pequeño y esto puede contribuir (¿por qué no?) a que sus habitantes se sientan más cerca los unos de los otros, a que la proximidad haga florecer también el respeto a la «projimidad» de que nos habla la Biblia. Es posible la esperanza de que al reducirse la distancia física quizá disminuya también la distancia afectiva y aumente la solidaridad o el entendimiento entre los seres humanos.

Si la globalización sirve para unir a todas las naciones de la tierra en oposición a la injusticia o a los crímenes contra la humanidad que se siguen cometiendo al amparo de la jurisdicción de ciertos países, entonces será un proceso especialmente beneficioso para todos. Cuando las fronteras nacionales ya no puedan impedir que el derecho internacional humanitario o la conciencia de la humanidad las traspasen para hacer justicia y acabar con todo aquello que compromete la supervivencia de los pueblos, entonces se habrá dado un paso importante hacia la verdadera mundialización. Al parecer, en eso estaríamos, según opinan algunos.

No obstante, resulta paradójico que uno de los inventos que más ha contribuido a la globalización, haciendo más fáciles y fluidas las comunicaciones por todo el mundo, sea precisamente un plan ideado para la guerra. El famoso y práctico Internet surgió en la década de los sesenta para evitar una posible destrucción soviética de los sistemas de comunicación norteamericanos en caso de guerra nuclear. El Servicio de Proyectos de Investigación Avanzada del Departamento de Defensa Estadounidense (DARPA) elaboró este ingenio formado por miles de redes informáticas autónomas que pudieran conectarse de muchas maneras distintas para eludir así todas las posibles barreras electrónicas puestas por el enemigo.

Sin embargo, como ha ocurrido tantas veces, lo que fue diseñado para tiempos de guerra ha contribuido a revolucionar sobre todo los tiempos de paz. Si en 1996 existían solamente alrededor de veinte millones de usuarios de Internet en todo el mundo, solo cuatros años después esta cifra se elevó a trescientos millones y en la actualidad su uso pacífico sigue creciendo. No cabe duda de que esta tecnología digital, que permite empaquetar mensajes, sonido e imágenes para trasladarlos de un continente a otro a la velocidad de la luz, constituye hoy por hoy uno de los principales pilares que sustenta el edificio de la globalización. Y aquí cabe una pregunta de carácter teológico, ¿endereza Dios los caminos torcidos del hombre o debe ser el propio hombre quien tiene que cambiar de actitud?

Las palabras divinas recogidas por el profeta Jeremías en el Antiguo Testamento y dirigidas a un pueblo rebelde recuerdan que el Creador sigue teniendo en sus manos el destino del hombre pero que, a la vez, desea que este aprenda a mejorar sus caminos y actúe de forma responsable.

«Así ha dicho Jehová de los ejércitos, Dios de Israel: Mejorad vuestros caminos y vuestras obras, y os haré morar en este lugar. No fiéis en palabras de mentira ... Pero si mejorareis cumplidamente vuestros caminos y vuestras obras; si con verdad hiciereis justicia entre el hombre y su prójimo, y no oprimiereis al extranjero, al huérfano y a la viuda, ni en este lugar derramareis la sangre inocente, ni anduviereis en pos de dioses ajenos para mal vuestro, os haré morar en este lugar» (Jer 7:3-7).

Dios continúa teniendo poder hoy para hacer que las «espadas» diseñadas por el ser humano con el fin de matar se conviertan en «rejas de arado» capaces de sustentar la vida, y para que las «lanzas se vuelvan hoces» susceptibles de cortar el trigo vital, como escribió Isaías hace casi veintiocho siglos (2:4). Pero su voluntad es ante todo que cada persona le descubra, aprenda a caminar en sus caminos, se arrepienta de su rebeldía espiritual y, a través del sacrificio de Jesucristo, se ponga en paz con Dios, empezando a vivir con justicia y responsabilidad. Mientras tanto, en la medida en que la globalización contribuya a esta transformación de lo bélico en lo pacífico y facilite la comunicación del mensaje de Jesús para este cambio integral profundo del ser humano, será posible reconocer que los posibles beneficios de tal proceso no son únicamente de carácter informativo o económico sino también humano, espiritual y solidario.

Desde luego, sería poco sensato cerrar los ojos a la realidad de que el proceso de globalización, bien llevado, puede tener muchas consecuencias positivas para la humanidad en general. Al eliminar las fronteras entre las naciones y facilitar los intercambios de todo tipo de bienes y de personas, los países pueden enriquecerse a todos los niveles. Actualmente ninguna nación es capaz de aislarse del resto del mundo y pretender subsistir de manera autosuficiente, generando ella misma todos los productos que necesita para seguir funcionando adecuadamente. La permuta o el canje de bienes materiales, así como la compra de aquello que el propio país no produce, es hoy esencial para el buen funcionamiento de cualquier sociedad o estado moderno. De ahí que la especialización en la obtención de determinados artículos, junto a la competencia económica entre los mismos, sea tan provechosa en el mundo actual, ya que fomenta la creatividad, la renovación, la creación de riqueza y contribuye a un mayor desarrollo de los pueblos a todos los niveles.

Esta nueva economía de la globalización que se ha desarrollado en el último cuarto del siglo XX se basa principalmente en el conocimiento. El éxito de las actuales empresas globales depende sobre todo de su capacidad para generar y aplicar con eficacia la información que poseen. Si antes se producía y consumía a escala local o en áreas muy restringidas, hoy los diferentes productos no solo circulan por todo el mundo, sino que también el capital necesario, así como la mano de obra, las materias primas, las fábricas y los mercados están a su vez organizados a escala global. La nueva economía que impera en el mundo actual es una economía capitalista interconectada y, por tanto, mucho más eficaz que sus predecesoras. Las mejores esperanzas puestas en este proceso de globalización auguran que finalmente todo el mundo acabará beneficiándose, ya que se reducirá la pobreza y la prosperidad irá de la mano del desarrollo de la democracia por todo el mundo.

Sin embargo, esta nueva economía no está exenta de sombras y peligros. La realidad muestra que su expansión por todo el planeta se está realizando de manera desigual. Ciertos países y regiones, como muchos del continente africano, están quedando excluidos de tal proceso por culpa de su particular situación política, del comportamiento de sus instituciones o de otros muchos factores internos y externos. Además, el riesgo de crisis financieras con efectos desastrosos para la sociedad supone también una amenazante realidad, incluso para los países que se benefician de la economía global. Existe a la vez el peligro de que la famosa aldea global se convierta en una especie de fábrica gigantesca, con sus amos capitalistas (Estados Unidos), sus encargados supervisores (los países del norte) y muchos obreros que hagan todo el trabajo (el resto de los países del mundo). Por eso hoy muchas personas manifiestan su miedo y se oponen a todo aquello que lleve la etiqueta de la globalización.

PELIGROS DE LA ECONOMÍA GLOBAL

Alguien ha señalado que cuando el corazón del poder económico estadounidense, Wall Street, se resfría, el resto del mundo contrae una neumonía. Esto significa que en la aldea global *la amenaza de la crisis económica* es como una espada de Damocles que pende sobre nuestras cabezas. El valor adquisitivo de la monedas de los diferentes países está determinado por lo que ocurre en la bolsa neoyorquina o en la japonesa. El futuro económico de millones de criaturas se fabrica hoy a escala mundial y depende de múltiples factores. No cabe duda de que tal situación contribuye a darle a nuestras vidas una fragilidad e incertidumbre como nunca antes se había sospechado. Disponemos de ejemplos suficientemente significativos. Cuando se produjo la crisis económica del sudeste asiático en 1997, los mercados de Tailandia, Malasia, Indonesia, Japón, China, Rusia, América Latina, Europa y Estados Unidos se transmitieron uno a uno la enfermedad como si se tratara de un virus infeccioso. Esto demostró que los grandes mercados son más vulnerables a la propagación de las crisis que los pequeños. Ya en aquel momento se puso de manifiesto la necesidad de un control internacional que regulara convenientemente los movimientos de capitales.

El *aumento de la desigualdad social* que se manifiesta por el crecimiento de la riqueza de los ricos frente a la mayor pobreza de los pobres es también otra consecuencia negativa del nuevo sistema global. La brecha económica abierta entre el norte y el sur se ha agravado todavía más. Durante los años sesenta las personas que vivían en los países más ricos disponían de una renta treinta veces mayor que la de aquellos de los países más pobres. Hoy esa renta es casi noventa veces mayor. Esto es así, entre otras cosas, porque el capital y los recursos de todo tipo tienden a desplazarse allí donde la mano de obra o los impuestos son más baratos y se puede obtener una mayor rentabilidad. La consecuencia es que aquellas regiones que no pueden competir quedan excluidas de la globalización y nadie se acuerda de ellas ni siquiera para explotarlas. Tal situación constituye una de las peores injusticias sociales del proceso de globalización que no entiende para nada de solidaridades ni de respeto a la dignidad del ser humano.

En el África subsahariana, por ejemplo, donde habitan más de quinientos millones de personas, muchas criaturas se mueren de hambre simplemente por carecer de importancia para la lógica del sistema. No le importan al mundo de los grandes mercados internacionales, ni como productores ni como consumidores. Los últimos veinticinco años han visto cómo las economías africanas se derrumbaban, dando lugar a hambrunas, epidemias, violencia, guerras civiles, éxodos masivos y caos político. El actual proceso de la economía global le niega la humanidad al pueblo africano y, de alguna manera, convierte al resto del mundo en cómplice de una insolidaridad abominable. Sin embargo, si vamos a repartir responsabilidades habría que señalar también a los estados depredadores y corruptos del propio continente africano. Gobiernos dictatoriales y violentos, como el de Mobutu en el Zaire o el de Bokassa en la República Centroafricana, tienen mucha culpa de la pobreza de sus pueblos ya que se han apropiado de buena parte de los recursos del país para ingresarlos en cuentas privadas repartidas por determinados bancos extranjeros.

Pero los procesos de *exclusión social* generados por la globalización no solo afectan a los países pobres del África meridional, sino también a aquellas personas de las grandes urbes industrializadas que viven continuamente intentando no caer en el agujero negro de la miseria o en el mundo de las tareas degradadas. Hoy, millones de criaturas por todo el planeta viven entrando y saliendo del trabajo remunerado que alternan con la caridad pública o las acciones delictivas. Esta inestabilidad del trabajador conduce en numerosas ocasiones a una espiral de exclusión que afecta a toda su familia. El desempleo puede provocar crisis personales, conflictos familiares, enfermedad, drogadicción, pérdida del poder adquisitivo y de la posibilidad de volver a obtener un trabajo digno. Quien tiene la desgracia de entrar en esa dinámica de exclusión, radicalmente opuesta a la dinámica de progreso que predica el capitalismo a escala global, se convierte en una persona socialmente disminuida, en un prisionero de un submundo del que es muy difícil huir a pesar de vivir en el corazón de la gran ciudad.

La economía de la globalización tiende a *disminuir el poder de los trabajadores* frente al del capital. Nunca antes fueron los empleados tan vulnerables como lo son hoy en día. Si bien es verdad que el trabajo continúa siendo central en el proceso de creación de valor, también lo es que el trabajador medio se ha convertido en un individuo aislado que se ve obligado por las circunstancias a escoger contratos pésimos que disminuyen su poder adquisitivo. Los obreros muy calificados, como ejecutivos de empresa, artistas, científicos de renombre o deportistas de elite, disfrutan cada vez más de una gran movilidad laboral y de elevados salarios. Sin embargo, el trabajo no calificado se restringe y queda limitado por las fronteras nacionales. La movilidad del trabajo es mucho menor que la del capital. Este último, si no se le trata bien, puede ser desplazado a los paraísos fiscales de otros países, mientras que la inmensa mayoría de los trabajadores no pueden emigrar hacia donde sus sueldos serían más altos. El capital es global pero el trabajo local. Lo lógico sería que en una economía global la mano de obra fuera también global. No obstante, las diversas instituciones en la actualidad, así como la cultura, las fronteras, la política y las actitudes xenofóbicas, dificultan notablemente la movilidad del trabajo. Mientras este problema no se solucione, la polarización social o las desigualdades entre el capital y el trabajo aumentarán dramáticamente.

La incorporación masiva de la mujer al mundo laboral en condiciones de discriminación salarial con relación a los hombres es otra de las consecuencias negativas de la globalización. Los sueldos femeninos en los Estados Unidos, por ejemplo, siguen suponiendo como media aproximadamente el 66 % de lo que reciben los hombres por el mismo trabajo. Si a esta evidente discriminación se añaden los problemas generados por la crisis de la familia tradicional, que en buena parte han sido inducidos también por la reciente independencia económica de las mujeres, resulta que los grandes perjudicados son siempre los mismos: los hijos de los padres que se divorcian y las madres que viven solas con ellos. Una de las principales consecuencias negativas de esta nueva familia cambiante es precisamente el aumento de la pobreza de las mujeres y de sus hijos.

El ascenso de la actual cultura global de la información ha hecho aparecer también nuevos rostros para el sufrimiento humano. El *trabajo remunerado de los niños* por todo el mundo, en condiciones de abuso y explotación, se ha visto estimulado por la globalización en contra de todas las perspectivas y convicciones históricas generadas durante el último capitalismo industrial. Según un informe de la Oficina Internacional del Trabajo, fechado en noviembre de 1996, unos 250 millones de niños entre los cinco y los catorce años trabajaban por un salario en los países en vías de desarrollo (Castells, 1999). Unos 153 millones de estos niños trabajadores eran asiáticos, 80 millones africanos y 17.5 millones vivían en América Latina. Pero esto no significa que en el mundo industrializado no se dé también el empleo infantil. Muchos niños trabajan ilegalmente en talleres textiles de Manhattan, en granjas de Texas o en pequeñas industrias de comida rápida de Gran Bretaña.

El aumento de la pobreza junto a la globalización de la actividad económica obliga a muchas familias a enviar a sus pequeños a realizar todo tipo de actividades de supervivencia. Estos dejan de asistir a la escuela para contribuir a la economía familiar, mientras los padres ven en el mayor número de hijos un recurso para luchar contra la miseria. A veces se selecciona a los hermanos y se decide quiénes irán al colegio y quiénes deberán seguir trabajando para contribuir al sustento familiar. Estos niños son obreros excelentes para quienes les explotan ya que son poco conscientes de sus derechos, están indefensos, no suelen dar problemas a la empresa y aceptan sumisos las órdenes que se les dan. De ahí que, tristemente, sean idóneos como mano de obra barata para usar y tirar en el mundo de la sobreexplotación generado por el reciente capitalismo global. He aquí otra de las graves injusticias gestadas por la lógica de nuestro «civilizado» mundo actual.

Durante la mayor parte del siglo XX los sociólogos hablaban del Primer Mundo para referirse a los países ricos de occidente que poseían un capitalismo privado. Aquellos otros que practicaban el capitalismo de estado o comunismo constituían el Segundo Mundo, mientras que las naciones que habían sido producto del colonialismo y no lograban todavía superar su situación de dependencia eran consideradas como «en vías de desarrollo» o pertenecientes al Tercer Mundo. Pues bien, a finales del siglo XX se pudo comprobar cómo desaparecía el Segundo Mundo (básicamente la Unión Soviética) junto al Tercer Mundo, que perdía también todo su significado geopolítico.

No obstante, como se ha venido señalando, el Primer Mundo no ha conseguido quedarse solo como el único actor sobre el escenario de la globalización. Por desgracia, frente a él se levanta con fuerza un Cuarto Mundo formado por los numerosos agujeros negros de la miseria y la exclusión social que abundan por todo el planeta y también en el seno de las ciudades del Primer Mundo. A este Cuarto Mundo que ensombrece a la economía global pertenecen millones de criaturas que como techo tienen solo las estrellas del firmamento, si es que las nubes de polución se las dejan ver; numerosos hombres y mujeres prostituidos, que frecuentan la cárcel, criminalizados, estigmatizados, algunos enfermos y muchos analfabetos. Estas miserias humanas son algunas de las macabras sombras que oscurecen las esperanzas depositadas en la globalización económica y constituyen un lamentable reto para el cristianismo del siglo XXI.

El infierno de la criminalidad

Tales catástrofes sociales vienen a agravarse mediante el surgimiento de una economía criminal global. Ciertos individuos descubren que determinadas actividades delictivas les proporcionan muchos más ingresos que cualquier profesión legalizada y entran poco a poco en el mundo del hampa. Personas procedentes de zonas pobres y excluidas de las grandes ciudades eligen este modo peligroso de ganarse la vida porque les resulta bastante más rentable y pronto pueden disfrutar de enormes beneficios económicos. Todo aquello que las sociedades occidentales prohíben se convierte automáticamente en objeto de tráfico ilegal. En este oscuro mercado es posible encontrar drogas, armas, mujeres y niños para la prostitución, material radioactivo, órganos humanos para trasplantes, inmigrantes ilegales, secuestro, juego, blanqueo y falsificación de dinero, tarjetas de crédito u objetos de arte, asesinos de alquiler, extorsión, tráfico de información confidencial o tecnológica, material robado y hasta desperdicios tóxicos o basura ilegal.

Es verdad que la maldad del ser humano, así como las actividades delictivas, han existido siempre desde que el hombre es hombre, pero el delito global que existe hoy es diferente al de otras épocas, precisamente por sus interconexiones a escala mundial. Las relaciones actuales entre las poderosas organizaciones criminales del planeta constituyen un fenómeno nuevo que perjudica gravemente a toda la sociedad. Desde la *Cosa Nostra* en Sicilia hasta la mafia estadounidense, pasando por los cárteles colombianos, las redes criminales nigerianas, los *yakuzas*

del Japón, las tríadas chinas o las mafias rusas, hay una extensa gama de asociaciones criminales repartidas por la mayoría de los países del mundo que pueden comunicarse entre sí y decidir acciones conjuntas en lugares concretos. Y, en
algunos casos, tales organizaciones son capaces de imponer su voluntad a determinados gobiernos y hacer peligrar el equilibrio económico e incluso la propia
democracia existente en ciertas naciones.

Se ha señalado reiteradamente que una de las principales actividades delictivas como es el tráfico global de drogas (que mueve alrededor de 500,000 millones de dólares cada año, es decir, más que el comercio internacional del petróleo) podría llegar a desaparecer si se legalizase el consumo de droga en todo el
mundo. Esto sería un duro golpe para el crimen organizado ya que acabaría con
la demanda y con los numerosos delitos que la venta ilegal de droga lleva asocia-
dos. Seguramente quienes se oponen a tal legalización, aparte de los mafiosos
que viven de ello, poseen poderosas razones morales que procuran sobre todo
proteger a la juventud de un acceso demasiado fácil al mundo de la drogadicción.
Sin embargo, quizás sea menester durante este siglo XXI replantearse seriamente todas estas cuestiones para enfrentarse al desafío del crimen organizado.

El origen de la afición a las drogas surge de la insatisfacción en que vive hoy
el ser humano en el seno de las sociedades actuales. En la era del vacío existencial en la que se ha perdido la fe en Dios y en el propio hombre, algunas personas
se refugian en los placeres inmediatos para conseguir felicidad, aunque esta sea
momentánea y deteriore gravemente sus organismos (Cruz, 1999: 321). De ahí
que, a pesar de la represión policial contra la venta y el consumo de ciertas drogas, lo más probable sea que los adictos las sigan buscando y los traficantes se
las continúen proporcionando a precios elevadísimos, a menos que se corte de
raíz el problema. Una moralidad equivocada junto a una política torpe que no con-
templen adecuadamente la libertad y la responsabilidad individual de cada ser humano frente a todas las decisiones que debe tomar en su vida, pueden contribuir
a que el problema del tráfico de estupefacientes no se solucione jamás. Aunque,
por supuesto, lo deseable sería acabar para siempre con el negocio de la droga,
que es el principal responsable de la mayoría de los crímenes que se comenten
hoy en el mundo.

Existen precedentes históricos importantes que demuestran que la prohibición legal impuesta por los gobiernos de consumir un determinado producto no
siempre consigue su propósito entre la población sino que, en ocasiones, puede
resultar incluso contraproducente. Por ejemplo, cuando en 1920 entró en vigor en
Estados Unidos la ley que prohibía la fabricación de bebidas alcohólicas, así como su transporte y venta, esto tenía como base una buena razón ética: evitar el
alcoholismo y sus consecuencias negativas especialmente entre los inmigrantes
pobres. Detrás de esta ley estaba el trabajo que durante años habían venido realizando ciertas agrupaciones creadas por cristianos evangélicos, como el *Partido*

Nacional Prohibicionista, que existía desde 1869, o la *Liga contra los bares*, creada en 1895 (Stott, 1991: 74). Pues bien, el resultado fue que esta medida impositiva no pudo acabar con el alcoholismo. La ley no se respetó y, en vez de disminuir, el contrabando de alcohol aumentó así como su consumo ilegal. Finalmente, en 1933, el presidente Roosevelt anuló tal enmienda poniendo fin a la prohibición de consumir bebidas alcohólicas. Frente a la naturaleza moral del hombre de hoy, así como ante la diversidad de culturas, etnias y creencias que actualmente conviven juntas por todo el mundo, resulta muy difícil tener éxito y convencer a todas las personas mediante la imposición o la prohibición de algo en lo que no creen o que decididamente no desean realizar. De ahí que el debate actual en torno a la posible legalización o no de la droga sea una de las principales asignaturas pendientes con relación al reto de la criminalidad, que afecta también a los cristianos y que continúa demandando una respuesta sabia.

ESCÁNDALOS EN LA POLÍTICA Y CRISIS DE LA DEMOCRACIA

Durante la última década muchos sistemas políticos del mundo se han visto zarandeados por escándalos de corrupción o de moralidad de alguno de sus dirigentes. El sociólogo español Manuel Castells, especialista en globalización, escribe al respecto: «Con la excepción de las democracias escandinavas y unos cuantos países pequeños, no sé de ningún país de Norteamérica, América Latina, Europa oriental y occidental, Asia o África donde no hayan estallado en los años recientes importantes escándalos políticos con consecuencias significativas y a veces dramáticas» (Castells, 2000b: 367). ¿Por qué es esto así? ¿Por qué la corrupción se ha convertido últimamente en algo tan familiar en la política de todo el mundo?

Solo basta con echar un vistazo a la historia para convencerse de que la naturaleza humana no ha descubierto recientemente el abuso del poder. La corrupción de los dirigentes políticos y sociales es una práctica que se pierde en la noche de los tiempos. El Antiguo y el Nuevo Testamento están repletos de ejemplos que muestran cómo ciertos reyes actuaron como tiranos corruptos, humillando continuamente al pueblo que debían proteger. Precisamente para evitar tales desmanes es para lo que se inventó la democracia; aunque esta tampoco haya conseguido, ni mucho menos, erradicarlos por completo.

Estamos asistiendo en la actualidad a una personalización de la política. Antes, los diferentes partidos para convencer a la sociedad dependían más de sus respectivas ideologías, de sus propios programas reivindicativos, que de los dirigentes que los representaban. Hoy las cosas parecen haber cambiado. Como la competencia política es tan grande, el contraste ideológico entre las distintas formaciones ha disminuido. Todos prometen más o menos las mismas cosas y

compiten por quitarles proclamas a sus rivales. Esto hace que las diferencias entre partidos sean cada vez más tenues y que la única distinción haya que buscar-
la en el perfil, el carácter o la idiosincrasia del candidato. Este es el problema. Muchos políticos no son precisamente personas que puedan catalogarse como moralmente intachables. Algunos llevan una doble vida que puede estar alejada de
la ética aceptada por su sociedad. Otros han podido cometer errores personales
en algún momento de su carrera o han caído en la aceptación de sobornos, tráfico de influencias, prevaricación y muchas otras cosas. Todo esto abre de par en
par la puerta a los ataques de los enemigos políticos que aspiran al mismo cargo
y que desean ante todo ganar votos. De manera que la personalización de la política explicaría, en parte, el incremento de los escándalos que se está produciendo en nuestros días.

Por otro lado, parece también que esta política de descubrir escándalos, co-
rrupciones e inmoralidades, viene determinada por el elevado costo económico
que supone para los partidos hacerse publicidad o controlar los diferentes medios
de comunicación. Es evidente que la política de la globalización ha apostado por
los medios informativos. La televisión, la radio y la prensa escrita se han vuelto
más importantes y poderosas que nunca, no solo desde el punto de vista tecno-
lógico sino también económico y político. Tales medios se han convertido en el
campo de batalla donde se llevan a cabo casi todas las luchas por el poder. Ellos
son quienes forman la opinión general que sustenta hoy el ciudadano medio.

Pero practicar una política a través de los medios de información (mediática)
cuesta mucho dinero. A los partidos políticos les resulta muy difícil poder pagar
publicidad, creación de imagen, mercadeo o encuestas que les favorezcan en los
distintos medios. Y aquí surge de nuevo otro problema para la democracia. Para
financiar tales gastos se recurre frecuentemente a las donaciones de empresas
privadas que, a cambio, obtienen ciertos beneficios fiscales o la aprobación de leyes que favorecen sus intereses. La corrupción se filtra en el partido gobernante
dando pie a toda una red oculta de intermediarios y vividores. El escándalo ya está servido. Lo más triste de esta política de escándalos es que genera una especie de círculo vicioso que atrapa a los principales partidos. Quienes culpabilizan
hoy se convierten mañana también en culpables.

Todos estos comportamientos políticos conducen a lo que se ha llamado la
crisis de la democracia. En la mayoría de los países de occidente el sistema de
partidos democráticos ha perdido credibilidad ante la opinión pública. Las encuestas sobre la aprobación que reciben de parte de los ciudadanos ciertos gobiernos, como los de Estados Unidos, Gran Bretaña, Francia, Canadá, Japón o Italia,
muestran cómo un amplio 50% de la población consultada desaprueba o está
descontenta con la gestión de sus líderes políticos. Esto no significa que las personas que viven en países democráticos ya no vayan a votar a las urnas o no les
preocupe la política que se realiza en su país. Lo que ocurre es que, de alguna

manera, se ha perdido la ilusión por el resultado de las votaciones, ya que se detecta una incapacidad para solucionar los problemas reales de la gente. Tanto si gana un partido como si lo hace su rival, las cosas continúan más o menos igual que antes. A veces se opta por votar a favor de una tercera formación, que posee pocas posibilidades de ser elegida, solo para manifestar el desacuerdo o como voto de protesta hacia el sistema político general. A causa de los numerosos escándalos, el escepticismo en cuanto a la honradez y sinceridad de los políticos profesionales ha hecho mella en la población, y esto contribuye a la crisis de las instituciones democráticas.

No es que la democracia vaya a desaparecer del mundo globalizado. Precisamente se trata de uno de los principales requerimientos de la mundialización. Pero lo que sí parece estar claro es que la idea de la democracia política, tal como fue concebida durante los siglos XVIII, XIX y XX, se ha quedado vacía de contenido en el siglo XXI. El sistema de partidos democráticos, con su política competitiva y sus personalismos escandalosos y decadentes, se ha tornado anticuado debido a que las nuevas condiciones culturales, tecnológicas e institucionales han cambiado mucho en el seno de la sociedad global. Desde luego, aparte de ciertos fanatismos religiosos procedentes sobre todo del mundo islámico, a nadie se le ocurre hoy volver a la idea de un gobierno mundial único de carácter dictatorial que no se sometiera a los deseos y a la voluntad de la sociedad en general. En líneas generales, el ciudadano occidental está perfectamente consciente de que hay que evitar a toda costa que cualquier tirano populista llegue a ocupar el espacio político, doblegando a todo el mundo por la fuerza de las armas o del terror. El hecho de que la democracia esté en crisis no significa, ni mucho menos, que haya que volver a los totalitarismos del pasado. ¿Qué hacer entonces? ¿Cómo se podría recuperar de manera sabia e inteligente la democracia?

Algunos sociólogos que se han ocupado de este tema, como Castells, Giddens, Beck y otros, creen que la reconstrucción de la democracia debe partir del fortalecimiento del estado local. Las experiencias de autogestión local que se están llevando a cabo por todo el mundo, mediante la comunicación por medio de las computadoras o las emisoras de radio y televisión locales, sirven para consultar a los ciudadanos y hacerles participar activamente en el gobierno de su región. Las consultas populares a través de Internet se están poniendo de moda en muchos países. Estas prácticas muestran cómo el uso de los medios electrónicos puede contribuir a crear vínculos de representación política que permitan enfrentar los retos de la globalización. Es muy probable que, si se sabe evitar adecuadamente el peligro de que este localismo pueda llegar a destruir o a fragmentar al estado-nación, el fortalecimiento de la democracia se produzca sobre todo en el ámbito local.

Pero la tecnología electrónica no solo permite la comunicación entre el gobierno y los ciudadanos, sino también entre estos últimos. Esto abre enormes posibilidades de interacción y debate público en una especie de foro universal y autónomo, capaz de evitar el control de los medios oficiales. Millones de individuos por todo el planeta podrían constituir sus propias constelaciones ideológicas o políticas al margen de cualquier estructura oficial establecida. Es obvio que esta nueva democracia electrónica no estaría exenta de peligros. La primera inquietud que surge es, ¿sería realmente democrática? ¿No podría tratarse de otra democracia como la ateniense, en la que solo podían opinar y votar los hombres libres y no los esclavos?

Desde luego, la población pobre que no tuviera acceso a la cultura o estuviera desconectada de Internet permanecería excluida de tal democracia cibernética. Además, con esta individualización de la política que se realizaría a través de la línea telefónica de cada cual, ¿no se correría el riesgo de la desintegración de lo social? ¿No se estaría potenciando un mundo no solidario, muy comunicado pero poco vinculado, en el que fuera cada vez más difícil alcanzar el consenso? De cualquier manera, no parece que los actuales partidos políticos estén muy dispuestos a conceder demasiado protagonismo a los sondeos de opinión realizados mediante computadoras. Y, desde luego, mientras sean ellos quienes controlen el proceso político, la participación electrónica de los ciudadanos se verá limitada solo a eso, a emitir una opinión, pero no a votar por el candidato o participar en referendos significativos.

Otro posible motivo que se señala para la actual crisis de la democracia tradicional es el desarrollo que han experimentado en los últimos tiempos las llamadas causas humanitarias que no tienen por qué ser políticas. Se trata de las razones que vienen inspirando a movimientos internacionales como *Amnistía Internacional*, en el ámbito de los derechos humanos; *Médicos sin Fronteras*, en cuestiones de salud; *Greenpeace*, en la defensa del medio ambiente y otras muchas organizaciones no gubernamentales de carácter global o local que apelan a la solidaridad de la gente para llevar a cabo sus proyectos de ayuda. Las causas que defienden todos estos grupos activistas suelen gozar de una amplia aceptación universal ya que generalmente no están vinculadas a ningún partido político en concreto. Aunque la mayoría de estos las apoyen de forma directa o indirecta.

Tan especiales formas de movilización ejercen una política no partidista que influye sobre la política formal de partidos y, en numerosas ocasiones, la condiciona poderosamente. Esta influencia contribuye a incrementar la crisis de la democracia liberal clásica debido a que introduce nuevos temas sociales y nuevos procesos políticos que fomentan el surgimiento de una nueva democracia de la información. El consenso de que gozan tales organizaciones a escala global demuestra que la gente no se ha desinteresado por completo de las cuestiones humanitarias, como en ocasiones se dice, sino que hay todavía por todo el mundo hombres y mujeres de buena voluntad que desean ser solidarios con sus hermanos más débiles. La existencia de tal sensibilidad permite abrigar la esperanza de que, aunque se debilite la democracia basada en la lucha de los partidos políticos y en los personalismos de sus líderes, es probable que surja una nueva democracia informacional más fundamentada en la opinión mayoritaria de la sociedad global.

Florecimiento de los nacionalismos

La globalización no solo ha contribuido a esparcir por todo el mundo unos determinados productos materiales, sino también ciertos patrones culturales. La «coca-colización» del planeta es una realidad irrefutable. El estilo de vida norteamericano se ha difundido por el globo a través de los medios audiovisuales, la comida rápida o los parques temáticos. Sin embargo, ¿qué hay detrás de tal influencia y del inconfundible sabor americano? ¿Debe entenderse que la gente que bebe Coca-Cola mientras se entretiene viendo la última película de Spielberg ha renunciado a sus raíces culturales para aceptar las del pueblo norteamericano? Nada más lejos de la realidad. Lo que se da más bien es una influencia recíproca entre las diversas culturas del mundo. Es verdad que el estilo de vida estadounidense llega a casi todos los rincones de la tierra pero, a su vez, es influido por las diversas culturas que arriban y se acomodan dentro de su extenso territorio. El joven que en cualquier país del planeta bebe el oscuro refresco de cola, calza zapatillas Nike y usa pantalones vaqueros con diseño norteamericano, a pesar de utilizar productos globalizados, no suele renunciar fácilmente a su lengua materna o a su propia cultura local, aunque se exprese correctamente en inglés o disfrute viendo películas de Hollywood. Usar determinadas marcas u objetos de consumo no implica necesariamente identificarse con la cultura o la nación que los produjo.

Las sociedades de la era actual de la información se caracterizan por la tendencia a buscar y reivindicar su propia identidad. Pues, en medio de un mundo impersonal y anónimo es imprescindible reconocerse a uno mismo, saber quién se es y ser capaz de afirmar la propia identidad. A primera vista puede resultar paradójico el hecho de que, a pesar del éxito alcanzado por las nuevas tecnologías de la información, que han contribuido a crear un mundo globalizado, el ser humano que manipula cada día tales ingenios científicos siga buscando ansiosamente su identidad primaria, el sentido de su existencia y una vida con más profundidad espiritual. Frente a la dimensión global y homogeneizadora de la vida moderna, en el fondo del alma, el hombre contemporáneo se encuentra inmerso en una búsqueda ansiosa de lo íntimo y local. Desea conocer sus raíces, el origen de sus antepasados, de sus apellidos, los emblemas y escudos heráldicos de su familia, el folklore y las tradiciones ancestrales de su pueblo, aquello que le ata a la tierra o a la patria chica de la que procede.

Surge así el deseo de regenerar y fortalecer la comunidad nacional por medio de la exaltación de la identidad cultural del pueblo frente a todo aquello que se aprecia como un peligro o una amenaza. Este es el sentido, por lo menos en España, del resurgir de tantas romerías religiosas, procesiones de vírgenes y santos locales, así como de los ritos primitivos o las fiestas antiguas. Es como si la vieja lucha de clases entre obreros y empresarios capitalistas, preconizada por Marx como el motor de la historia, se hubiera convertido hoy en la pelea del individuo por defender su identidad, lengua, religión y cultura frente a la lógica unificadora de los mercados globales. La fuerza material que mueve actualmente al mundo parece ser la tensión entre la globalización y la identidad nacional.

Pero tales tendencias pueden explicar también el florecimiento del racismo y la xenofobia en el viejo corazón de occidente. La crisis de identidad que se padece hoy conduce frecuentemente al deseo de ser diferentes de los demás, a distinguirse de los inmigrantes que arriban en busca de trabajo o a creerse pertenecientes a una abstracta agrupación étnica superior. El siglo XX se ha encargado de demostrar que este sentimiento constituye un peligroso caldo de cultivo capaz de nutrir los nacionalismos excluyentes. Está bien amar y respetar la cultura, la lengua y la nación propia, pero si este amor conduce al odio hacia el extranjero, se convierte inmediatamente en un sentimiento envenenado capaz de producir violencia y muerte de seres inocentes. Sin embargo, no deja de ser paradójico que después de la globalización de la economía, de la internacionalización de las instituciones políticas, del universalismo de la cultura difundida por los medios de comunicación y del ataque teórico al concepto de nación, entendido por algunos sociólogos como una invención histórica sin fundamento real, se esté asistiendo actualmente a la explosión de los nacionalismos por todo el mundo, a la vez que se debilitan los estados-nación surgidos a raíz de la revolución francesa.

Hoy ya no es posible identificar la nación con el estado pues existen numerosos estados constituidos por varias naciones distintas. Es lo que se puso de manifiesto, por ejemplo, con el inesperado derrumbamiento de la Unión Soviética, un inmenso estado que se vino abajo por las revueltas de las naciones que lo formaban. Más de cien nacionalidades y grupos étnicos estaban dispersos por la inmensa geografía soviética, organizados en quince repúblicas federales que, a su vez, estaban formadas por otras repúblicas autónomas y numerosas provincias. Al intentar someter por la fuerza todos estos nacionalismos a las decisiones del estado, el Partido Comunista Soviético fomentó su propia desaparición. Millones de estonios, ucranianos, letonios, lituanos, alemanes del Volga, rusos, tártaros de Crimea, chechenos, meshchers, iguches, balcanios, kalmikos y karachái fueron deportados a Siberia para reprimir sus reivindicaciones nacionalistas. Pero en vez de la extinción de tales naciones, lo que ocurrió fue un resurgir de la solidaridad étnica y de la conciencia de cada nación, frustrándose así el plan unificador del estado soviético. Uno de los estados modernos más poderoso de la tierra fue incapaz, después de setenta y cuatro años, de crear la nueva identidad nacional soviética. Este es el gran peligro de la era de la globalización que amenaza a ciertos estados centralizados que se resisten a reconocer los movimientos nacionalistas que poseen en su interior.

No obstante, en la aldea global se dan también otras posibilidades con relación a las naciones y los estados. Hoy «sabemos de naciones sin estados (por ejemplo, Cataluña, el País Vasco, Escocia o Quebec), de estados sin naciones (Singapur, Taiwan o Sudáfrica) o de estados plurinacionales (la antigua Unión Soviética, Bélgica, España o el Reino Unido, y quizás serbios, croatas y musulmanes bosnios en una futura Bosnia-Herzegovina), de estados uninacionales (Japón), de naciones divididas por estados (Corea del Sur y Corea del Norte) y de estados que comparten naciones (suecos en Suecia y Finlandia, irlandeses en Irlanda y el Reino Unido)» (Castells, 2000b: 74). Pero hay también países como los Estados Unidos que, a pesar de estar constituidos por una mezcla heterogénea de ciudadanos procedentes de todo el mundo, poseen una fuerte identidad nacional y un elevado sentimiento patriótico. Un mismo proyecto compartido ha permitido que, en este caso, el estado se identifique con la nación a pesar de las diferencias étnicas y religiosas que puedan darse. Quizás sea el respeto a la diferencia y a la libertad de las personas el que esté en la base del éxito alcanzado en estas sociedades.

El resurgimiento nacionalista que se está dando en muchos países del mundo en torno a la lengua como expresión directa de la cultura, que es siempre un atributo mucho más importante que la etnia o el territorio, es un claro indicio de que las naciones no son «comunidades imaginadas» o entidades «inventadas allí donde no existían» (Giner, 1998: 519), sino el resultado de una historia y una cultura común. El cristianismo contemporáneo deberá tener presente esta realidad y ser sensible a la identidad de cada criatura y de cada pueblo para presentar el evangelio de forma respetuosa y eficaz.

Viviendo en junglas de asfalto

La calificación de «aldea global» es apropiada para indicar la reducción que ha experimentado el planeta desde el punto de vista de las comunicaciones, la economía o la cultura. En tal sentido hoy es posible afirmar que el mundo es un pañuelo. Sin embargo, este famoso concepto del sociólogo McLuhan no resulta tan válido cuando se aplica a la contaminación y los daños ecológicos que está padeciendo el planeta Tierra. Ciertamente el deterioro actual del medio ambiente no es, ni mucho menos, el que provocaría una aldea por más comunicada que estuviera, sino el de numerosas megaciudades industrializadas repartidas por todo el globo. Las Naciones Unidas ofrecieron una lista en 1992 con las trece ciudades que en aquella época ya superaban los diez millones de habitantes. En ella se incluían: Tokio, Sao Paulo, Nueva York, Ciudad de México, Shanghai, Bombay, Los Ángeles, Buenos Aires, Seúl, Pekín, Río de Janeiro, Calcuta y Osaka.

No obstante, desde entonces estas ciudades han seguido aumentando el número de sus habitantes y otros muchos núcleos de población se han añadido a la lista, como: Teherán, Yakarta, Nueva Delhi, Karachi, Beijing, Dhaka, El Cairo, Manila, Bangkok, Londres, París, Moscú, Tianjin y Lima.

Estas megaciudades articulan actualmente, en mayor o menor grado, la economía global y por tanto concentran el poder mundial. Lo cual no significa que en su seno no existan millones de personas que viven en la miseria y luchan por salir de ella. Tales tecnópolis contienen lo mejor y lo peor de la sociedad, el Primer y el Cuarto Mundo conviviendo en el mismo espacio. Pueden estar tecnológicamente conectadas entre sí y con todo el mundo por medio de Internet pero, a la vez, ignoran voluntariamente la pobreza que tienen dentro. Se conectan a la red global pero se autodesconectan de la local. En tales urbes los problemas sociales, urbanos y medioambientales son numerosos. Ellas son la causa de los mismos pero también las víctimas más directas. La contaminación del aire que se respira en tales zonas se ha agravado durante los últimos años como consecuencia del desarrollo industrial y de las diversas actividades urbanas, llegando a poner en peligro no solo al hombre sino también al resto de la biosfera.

El uso de calefacciones y de aparatos domésticos que emplean como combustibles el carbón, el gasoil o el gas natural; así como los gases desprendidos por los automóviles y aviones; la contaminación de las industrias que refinan el petróleo, las centrales térmicas, las fábricas de cemento, las sidero-metalúrgicas, las papeleras y las químicas, contribuyen a degradar el aire de los grandes núcleos de población. Los efectos negativos de esta polución atmosférica para la salud humana, los ecosistemas e incluso el clima global del planeta han sido suficientemente estudiados. Se sabe, por ejemplo, que las partículas sulfurosas que abundan en las nieblas de contaminación que se extienden cubriendo las grandes ciudades (el famoso *smog*), provocan irritación en las mucosas respiratorias y disminuyen la capacidad para introducir aire en los pulmones. También perjudican los ojos, reducen la fotosíntesis en los vegetales y hacen que estos pierdan sus hojas. Otros contaminantes orgánicos que pueden estar presentes en el aire son susceptibles a alterar el sistema reproductor humano y tener efectos cancerígenos o mutágenos, como ciertas dioxinas; los óxidos de nitrógeno empeoran los procesos asmáticos y son capaces de originar cefaleas; algunos metales pesados que también pueden contaminar el aire, como el plomo o el mercurio, son capaces de provocar daños irreversibles en el sistema nervioso central y en los riñones.

A pesar de tales inconvenientes la gente continúa abandonando el campo y los pequeños pueblos rurales para instalarse en los grandes núcleos urbanos de población. Son muy pocos quienes logran hacer el camino inverso para volver al sueño ecológico de la vida agrícola y ganadera en pleno contacto con la naturaleza. La tendencia actual es más bien la de seguir fortaleciendo las megaciudades ya que allí se dispone de trabajo, tecnología, innovación cultural, así como de una mejor asistencia médica. Y, sobre todo, es en ellas donde el ser humano se vuelve ciudadano de la aldea global, al poder conectarse fácilmente con todo el mundo. He aquí la paradoja de las grandes junglas de asfalto.

BÚSQUEDA DEL TIEMPO ETERNO

La naturaleza y el propio ser humano se han venido rigiendo desde siempre por la sucesión de las estaciones y los períodos de tiempo. La Biblia explica cómo Dios después de haber creado el universo descansó el día séptimo y lo santificó de manera especial para que marcara los sucesivos períodos de actividad y descanso que debían seguir los humanos, así como también los animales domésticos que les ayudaban en sus labores. «Y acabó Dios en el día séptimo la obra que hizo; y reposó el día séptimo de toda la obra que hizo. Y bendijo Dios al día séptimo, y lo santificó, porque en él reposó de toda la obra que había hecho en la creación» (Gn 2:2-3).

Desde entonces la semana laboral de seis días de trabajo y uno de descanso pasó de la cultura hebrea al resto del mundo imponiéndose sobre otras maneras de regularizar el ritmo de la vida humana. Piénsese, por ejemplo, en las décadas egipcias o en los tres períodos de diez días en que se dividían los meses del calendario griego. Tales semanas de diez días se intentaron rescatar durante el siglo XVIII mediante decretos que, bajo la excusa de querer mejorar el ritmo laboral, lo que pretendían era terminar con la semana bíblica de siete días. Esto es lo que ocurrió con el famoso calendario republicano francés, que fue instituido en 1793 e impuso de nuevo los diez días por semana. Sin embargo, tales intentos fueron generalmente un fracaso y siempre hubo que volver de nuevo a la antigua costumbre de Israel: la semana de siete días. Un hábito que ha perdurado hasta hoy.

Pues bien, este clásico régimen del tiempo que ha venido regulando desde siempre la vida del hombre es precisamente lo que en la actualidad se niega por medio de la globalización. El individuo adaptado al mundo global rechaza el concepto clásico del tiempo mediante el uso de las tecnologías de la comunicación. Desaparecen las grandes distancias y los días de veinticuatro horas se convierten en décimas de segundo. El hombre se torna atemporal creyendo que dispone de todo el tiempo del mundo. Así, por ejemplo, el trabajo nocturno (mejor pagado que el diurno) de las locutoras que anuncian la salida de los diferentes vuelos en ciertos aeropuertos europeos es sustituido por el de otras locutoras en Norteamérica, cuyas voces suenan en perfecto inglés a través de los altavoces de los aeropuertos alemanes a miles de kilómetros de distancia. Cuando en Berlín oscurece, en Nueva York todavía brilla el sol y además, el ahorro para la empresa es mayor.

La globalización rompe el concepto moderno de tiempo en aras del beneficio económico. Si durante la modernidad el tictac que marcaban los relojes reinaba sobre el espacio y la sociedad en general, ahora en la postmodernidad globalizadora este tiempo medible y predecible se ha hecho añicos y ha estallado por los aires como las torres gemelas de Manhattan. El tiempo se considera como algo relativo que puede hacerse más lento o acelerarse según convenga. En la aldea global las sociedades avanzadas conviven simultáneamente con otras medievales o casi prehistóricas, en una fusión de tiempos diferentes. Y, a la vez, todo experimenta una aceleración que tiende a comprimir las duraciones. La velocidad de las operaciones bancarias es crucial para obtener beneficios inmediatos. Hoy, como nunca, puede afirmarse que el tiempo es oro. Las nuevas tecnologías de la comunicación están permitiendo que el hombre escape a la cultura del reloj y que aquella antigua sentencia: «con el sudor de tu rostro comerás el pan» se incumpla alegremente.

Un serio inconveniente de esta rapidez que se experimenta en la actualidad por especular con los capitales, o por hacer «dinero fácil», es la ruptura inevitable que se produce entre la idea de esfuerzo o trabajo y la de recompensa. El modelo social que así se genera, y que influye sobre todo en las jóvenes generaciones, es el de lograr riqueza aunque sea mediante procedimientos poco éticos. Hoy se aspira a los beneficios inmediatos, pero sin un trabajo previo. El héroe de las finanzas es el banquero avispado que progresa rápidamente porque sabe usar su mano izquierda. Esto destruye la experiencia común de las sociedades modernas basada en el valor del estudio, la investigación honesta, el trabajo bien hecho y el esfuerzo personal.

Al desvanecerse la idea clásica del tiempo, algunos (en contra de lo que afirma la Biblia) empiezan a creer que el tiempo es eterno, que no tiene principio ni fin. Este es el mensaje que intenta transmitir, por ejemplo, la música típica de la *New Age*. La asociación entre la meditación budista y los suaves sonidos electrónicos. En ella lo que importa es evocar sensaciones de la vida en medio del océano de la eternidad, con su ruido de fondo de olas y vientos atemperados. De lo que se trata es de situar el yo en la inmensidad del universo, enmarcar adecuadamente el instante en la eternidad y crear así lo que se ha llamado el «tiempo atemporal» (Castells, 2000a). Tal manipulación del tiempo procura colocar al individuo en la inmensidad del cosmos o, lo que es lo mismo, situarle convenientemente en la sociedad global.

La búsqueda de la propia identidad se hace hoy necesaria porque la tecnología científica de la globalización ha alterado el ritmo biológico natural del ser humano, desdibujando su esencia. Durante la mayor parte de la historia de la humanidad el tiempo del hombre dependía por completo de la ritmicidad del mundo natural. Las mujeres tenían que procrear cuando eran jóvenes porque la esperanza de vida era muy corta. Bastantes niños morían de pequeños ya que las plagas barrían a una buena parte de la población. A los ancianos que lograban sobrevivir se les respetaba y valoraba pues eran poseedores de experiencia y podían transmitir sus conocimientos a los más jóvenes. Sin embargo en la actualidad, gracias a los avances de la medicina, se han mitigado todos estos problemas. La esperanza de vida se ha alargado. Muchas enfermedades que antaño provocaban la muerte prematura, hoy se curan fácilmente. Los nacimientos se pueden planificar de antemano y, en general, el ciclo vital del ser humano se ha visto profundamente cambiado. Las consecuencias de tales alteraciones son múltiples. Si antes los ancianos al jubilarse morían, desde el punto de vista laboral y social, hoy nos encontramos con muchas más posibilidades. En el mundo occidental hay personas relativamente jóvenes y capaces que optan por la prejubilación, jubilados medios, jubilados que realizan otras tareas, así como toda una gama de individuos maduros con diversos grados de incapacidad. La llamada «tercera edad» se ha ensanchado hacia arriba y hacia abajo, diversificándose no solo en función de la edad real sino también dependiendo en buena parte del nivel social, la cultura y las relaciones que se han cultivado a lo largo de la vida. Las nuevas técnicas médicas permiten también disociar la reproducción de la edad biológica que tienen los progenitores. La paternidad y maternidad se han desvinculado del antiguo concepto de ciclo vital.

En la aldea global existen padres sesentones que presumen todavía de tener bebés; hermanos que se llevan más de treinta años con sus hermanastros menores; individuos de ambos sexos, con o sin pareja, que deciden ser padres sin importarles para nada la edad que ya tienen; abuelas que dan a luz a sus propios nietos; bebés concebidos con el semen de su difunto padre y, en fin, millones de niños que son traídos al mundo fuera del matrimonio. Tales tendencias de la sociedad global ponen de manifiesto, aparte del deseo de satisfacción individual y de la reivindicación de los derechos de la mujer sobre su destino, el anhelo de romper con el tiempo clásico y con el ritmo biológico del cuerpo humano que ha venido imperando hasta ahora.

La cultura de la ritmicidad biológica, de la calma y el sosiego propio de la creación original ha dado paso hoy a la cultura de la prisa o la rapidez. El hombre contemporáneo ha dejado de creer en el futuro y solo tiene ojos para el presente. Por eso vive con urgencia intentando disfrutar del instante mediante el exceso de consumo, las ansias por poseer o el deseo de gratificaciones inmediatas. Esto explicaría el incremento del mercado mundial de las drogas, así como el abuso y la explotación de los débiles, los niños o los indefensos. La cultura de la urgencia se desprende pronto del lastre de los valores morales para convertirlo todo en pura mercancía, en ganancia rápida, y esto genera un poder destructivo que es capaz de acabar con el propio hombre. Pero esta cultura del narcisismo consumista que se observa en el Primer Mundo no es exclusiva de él, existe también en los barrios marginales del Cuarto Mundo. No son únicamente los que tienen poder adquisitivo quienes desean probarlo y experimentarlo todo, sino también aquellos muchachos de los suburbios no industrializados que buscan gratificaciones inmediatas, aunque en ello les vaya la vida, porque saben muy bien que carecen de futuro. Se trata de una forma de refugio ante los ataques de la globalización.

Todo esto conduce a que el ciudadano de la aldea global viva como si nunca tuviera que morir, como si la muerte fuera solo una quimera irreal inventada por algún cineasta de Hollywood. Por eso se intenta disfrazar su realidad y se procura ocultar sus huellas más inmediatas. A los niños se les explica muy bien en la escuela cómo funciona el mecanismo anatómico y fisiológico de la sexualidad humana. Se les ilustra con todo lujo de detalles la llegada de los bebés a la vida. Sin embargo, nadie les comenta jamás cómo desaparecen sus abuelos de este mundo. Ese es el gran tema tabú de la globalización. La gran asignatura pendiente. No se quiere asumir la derrota que supone morir. Muchos médicos parecen preparados solo para sanar, pero no para ayudar a morir. Ante la muerte irremediable de sus pacientes se hallan desarmados. En ciertos hospitales se llega incluso a utilizar a los enfermos terminales como conejillos de Indias para experimentar con ellos. ¡Habrá otra forma peor de negar la muerte!

La inmensa mayoría de los fallecimientos ocurren en centros hospitalarios, fuera del entorno familiar y emocional más íntimo del enfermo. El cadáver se quita rápidamente de en medio ya que ha de ser convenientemente maquillado para no «herir la sensibilidad de los espectadores». En ciertas clínicas existe incluso un código secreto para comunicar desde los altavoces al personal sanitario, sin que el público se entere, que en tal ascensor se está trasladando a un difunto. En el tanatorio la asepsia es total y hasta el muerto parece estar vivo. La mayoría de los cementerios cuentan ya con modernos crematorios donde el fallecido puede hacerse desaparecer por completo. Después, en cualquier caso, las cenizas podrán ser arrojadas al mar, a los cuatro vientos o guardadas disimuladamente en el interior del marco de alguna pintura evocadora. Lo que importa es borrar cuanto antes las huellas de la muerte. El luto hace ya años que dejó de estar de moda, a pesar de ser, según afirman los expertos, sicológicamente recomendable. Este es el precio que la sociedad postmoderna está dispuesta a pagar, la negación de la muerte que le permita seguir creyendo que es eterna en su querida aldea global.

Sin embargo, tal negación de la realidad de la muerte no hace al hombre más feliz, sino que le distrae con ilusiones impidiendo que lleve una vida verdaderamente humana. Mientras se considera inmortal no tiene que planificar su existencia ya que dispone «de todo el tiempo del mundo». Pero lo cierto es que solo en esos momentos en que se reflexiona con seriedad acerca de la brevedad de la vida es cuando se aprende de verdad a vivir. Al vernos obligados a cuestionarnos qué es lo más importante de la duración humana, cómo vamos a enfrentar la llegada de la muerte o qué hay que sea más valioso que la propia vida, es cuando crecemos interiormente y empezamos a estar preparados para vivir y también para morir. Pero el alejamiento que se experimenta hoy de la realidad de la enfermedad o de la propia muerte empobrece moral y espiritualmente a las criaturas. Porque la muerte continúa siendo la gran desconocida, la última prueba de nuestra fe en la vida.

LOS NUEVOS GUERREROS CONTRA LA GLOBALIZACIÓN

Frente a todos estos inconvenientes que se dan hoy en el interior de la aldea global se han levantado voces de protesta por todo el mundo. Las reacciones contra la globalización no proceden de un tipo único de público o de un solo ámbito ideológico, sino que abarcan todo un espectro de creencias y convicciones personales diversas e incluso opuestas entre sí. Desde el nacionalismo cultural hasta el fundamentalismo religioso, pasando por los ecologismos o los agricultores que defienden sus intereses sobre la tierra, existe un extenso movimiento antiglobalización dispar y multiforme. Estas comunidades de resistencia critican unas veces la pérdida de autonomía que experimentan sus instituciones. Otras, se refieren al desdibujamiento que sufren las fronteras que les protegen del mundo exterior por culpa de las interconexiones globales. En ocasiones, señalan el paro laboral del propio país frente al aumento de puestos de trabajo en otras naciones no industrializadas. Incluso la pobreza económica, la crisis de la familia, el libertinaje sexual, la desaparición del fervor a la patria o la pérdida de los valores morales y de la fe en Dios, se achacan a un doble enemigo: el liberalismo económico y la cultura occidental de la globalización.

El sociólogo español Manuel Castells se refiere en su monumental trilogía acerca de la era de la información (la cual se menciona ampliamente en este trabajo debido a su riguroso análisis social del momento presente) a cuatro movimientos que, en su opinión, se han opuesto de forma explícita al orden global durante la década de los noventa: los *zapatistas de Chiapas* (México), la *milicia estadounidense*, la *secta japonesa Aum Shinrikyo* y los *grupos ecologistas* que existen por todo el mundo. Los cuatro provienen de contextos culturales y económicos muy distintos y presentan también ideologías opuestas, pero coinciden en su desafío manifiesto al nuevo orden global. Creo que a partir del 11 de septiembre del 2001, después del atentado terrorista a las torres gemelas en Nueva York, a esta lista hay que añadirle un quinto movimiento antiglobalización que, por desgracia, inaugura el siglo XXI: el *terrorismo fundamentalista islámico*. Veamos las principales características que presenta cada uno de ellos.

Los zapatistas de Chiapas

Las comunidades campesinas de Chiapas, indias en su mayoría, han estado respaldadas desde la antigüedad en sus luchas reivindicativas contra el gobierno mexicano por la iglesia católica, especialmente por los sectores partidarios de la teología de la liberación. También recibieron la ayuda de ciertos grupos comunistas maoístas formados principalmente en Ciudad de México y Monterrey durante la década de los setenta. El subcomandante Marcos, después de haber estudiado sociología y comunicación en una de las mejores universidades de México, llegó a Chiapas al principio de la década de los ochenta como un revolucionario que deseaba ayudar a los sectores más oprimidos de su país. Después de un paciente trabajo de adoctrinamiento y concienciación política de los indios, a partir de 1992, los revolucionarios zapatistas empezaron a prepararse para la guerra de guerrillas. Los líderes eran sobre todo indios y Marcos no podía actuar por su cuenta, sino que debía buscar siempre el consenso o la aprobación de la mayoría de ellos.

La primera escaramuza con el ejército mexicano tuvo lugar en mayo del año siguiente. Así se inició la lucha armada en la que se obligó a participar a todas las comunidades indígenas. A los que no se quisieron sumar al levantamiento se les persiguió y fueron expulsados de sus casas. Cuando en 1995 el ejército oficial tomó las aldeas, la mayoría de las comunidades lacandonas y de los indios de Chiapas huyeron adentrándose en la selva y uniéndose a los revolucionarios. Ahí empezó a producirse una importante fisura entre los pueblos indios de la región. Los que habían abrazado el catolicismo siguieron mayoritariamente la lucha armada contra los soldados del presidente Salinas. Sin embargo, muchos de los que se habían convertido a la fe protestante se negaron a tomar las armas para matar.

Mientras los evangélicos predicaban que para cambiar las estructuras sociales había primero que cambiar el corazón humano por medio del arrepentimiento y la conversión personal a Jesucristo, los partidarios de la teología de la liberación promovían también ese cambio social y político pero por medio de la lucha armada. A partir de ese momento el conflicto adoptó un carácter más religioso que político ya que las diferencias entre los propios indígenas se debían a motivos de conciencia o a enfrentamientos religiosos. Actualmente el número de cristianos evangélicos entre la población indígena está creciendo de forma notable en la región de Chiapas, y es lógico que así sea, ya que la fe sincera en Jesucristo y el nuevo nacimiento es algo que está al alcance de cualquier persona, sea pobre o rica. Sin embargo, la posibilidad de cambiar las estructuras sociales y económicas de un país escapa al control del propio individuo. El mensaje evangélico tiene más atractivo que el de la liberación por medio de las armas.

En cualquier caso, la lucha de los indios zapatistas fue ante todo contra las reformas realizadas por el presidente Salinas, que no les permitían sumarse al proceso general de modernización del país. Al modificar el artículo veintisiete de la constitución mexicana, que venía favoreciendo a los agricultores desde la época de Emilio Zapata, el gobierno excluía a las comunidades campesinas. Pero además de esto, sus protestas iban también contra la antigua colonización española recordada a través de la celebración del quinto centenario de la conquista de América. En el fondo, la queja era contra el desafío que supone el nuevo orden global. Al desvanecerse el sueño socialista y comprobar cómo el comunismo estaba agonizando por todo el mundo, se deseaba manifestar la no resignación a lo único que hoy queda en pie: la ideología neoliberal del capitalismo privado.

Desde la perspectiva sociológica, estos indios de Chiapas que luchan contra el Tratado de Libre Comercio de América del Norte, ayudados por el encapuchado subcomandante Marcos, constituyen un grupo singular de guerrilleros contra la globalización formado por ex maoístas nostálgicos y teólogos de la liberación. Ciertos grupos de católicos y comunistas se dan así la mano buscando justicia social a través de las armas y del Internet, en un desesperado intento por derribar al poderoso gigante de la globalización.

La milicia estadounidense

Se trata de un movimiento semiclandestino de «patriotas» estadounidenses originales que tienen una influencia directa sobre unos cinco millones de personas aproximadamente en los Estados Unidos. La mayoría suelen disponer de armas militares y periódicamente se someten a entrenamiento o a ejercicios de carácter bélico. A él pertenecen organizaciones extremistas como la *John Birch Society*, el *Ku-Klux-Klan* o el *Posse Comitatus*; asociaciones religiosas como *Christian Identity* y otros muchos grupos contrarios al gobierno federal y partidarios solo de las autoridades estatales. Todas estas asociaciones consideran que su enemigo principal es el nuevo orden mundial que atenta contra los intereses de los ciudadanos estadounidenses debido a que pretende arrebatarles su soberanía. Mediante tal idea negativa de la globalización, cuyo principal propósito sería la proclamación de un único gobierno universal, acusan al Fondo Monetario Internacional, a la ONU y a la Organización Mundial de Comercio, de pretender expiarles mediante cámaras ocultas para controlar todos sus movimientos. Creen en la existencia de un complot internacional que desearía acabar con la libertad y el estilo de vida que se disfruta en los Estados Unidos. Imaginan un ejército mercenario mundial que estaría encabezado por la policía de Hong Kong y dispuesto a luchar contra los norteamericanos para imponer la soberanía del nuevo orden global.

Acuden a la Biblia y rebuscan versículos, que sacan de su contexto o simplemente interpretan mal, para defender solo a los gobiernos de los condados que según ellos contarían con el beneplácito de Dios, mientras deslegitiman al gobierno federal promoviendo la desobediencia ciudadana a todas sus leyes e instituciones.

El lema que usan para hacerse publicidad en Internet es: «Únete al ejército y sirve a la ONU o únete a la Milicia y sirve a América». La bestia de siete cabezas y
diez cuernos, que se menciona en Apocalipsis 13, es interpretada por algunos teleevangelistas al estilo de Pat Robertson, el dirigente de la Coalición Cristiana,
como si se tratara del nuevo orden global que inauguraría el final de los tiempos.
La milicia patriótica ha hecho suya esta escatología-ficción y cree que pronto se
les pedirá a todos los americanos que se sometan a la «marca de la bestia», que
puede adoptar la forma de un simple código de barras, de papel moneda o de algún microchip subcutáneo. Desde algunos púlpitos de ciertas iglesias se insta a
los feligreses para que se opongan a la globalización ya que esta sería la gran estrategia del propio Satanás.

Entre otras cosas, los partidarios de la milicia defienden la práctica de la ta-
la de árboles, así como la minería indiscriminada y el pastoreo en tierras públicas.
Esto ha provocado serios enfrentamientos con los grupos ecologistas que proponen precisamente todo lo contrario. La clasificación de la tierra para su uso racional y la gestión de los ecosistemas se interpretan como prácticas socialistas de
dominación, típicas del nuevo orden mundial. Al considerarse hombres libres y so-
beranos de sus territorios, algunos de estos milicianos se niegan a pagar impuestos al gobierno federal. Mantienen una visión sumamente simplista de la sociedad
norteamericana. Creen que estaría constituida solo por dos tipos de ciudadanos:
los trabajadores y los parásitos. Los primeros serían los que producen bienes para alimentar a aquellos que no lo hacen y que además les oprimen, como políticos y funcionarios corruptos, empresarios y banqueros estafadores, o simplemente gente vaga o estúpida que no se merece la ayuda que recibe de la sociedad.

Es posible que algunas de sus críticas sean razonables y respondan a problemas reales, no obstante, las motivaciones sociológicas que hay detrás de este movimiento extremista tienen que ver principalmente con la crisis de valores
que padece la sociedad occidental en general, especialmente la familia, así como
la confusión sexual que tal crisis ha generado. También el aumento de la inmigración procedente de América Latina y Asia, que contribuye a aumentar el pluralismo étnico, cultural y religioso de Estados Unidos, genera un sentimiento de amenaza y pérdida del control entre los ciudadanos originales. Los individuos que tradicionalmente vivían y trabajaban en las grandes extensiones agrícolas han visto
como la tecnología de la información ha socavado aquellos conocimientos que
habían adquiridos pacientemente generación tras generación. Además, después
de la guerra fría, el enemigo por excelencia, el comunismo, prácticamente ha dejado de existir, y esto ha confundido al pueblo norteamericano debido a que ha
borrado un importante vínculo común que unía a todos los ciudadanos. De ahí
que la mayor información actual haya generado también mayor confusión social.
Todo esto podría explicar el avivamiento y la notable difusión que actualmente está experimentando la milicia estadounidense como movimiento antiglobalización.

La secta japonesa Aum Shinrikyo

Otro grupo de carácter religioso contrario al nuevo orden global es el que surgió en el seno de la comunidad nipona en torno al año 1985. Los términos del sánscrito *Aum Shirikyo*, que significan «sabiduría profunda y verdadera», le fueron impuestos a la nueva secta por su fundador, el profesor de yoga, Shoko Asahara. El movimiento se hizo tristemente famoso cuando el 20 de marzo de 1995 cometió un atentado terrorista en el metro de Tokio. El gas *sarin*, con el que atacaron a tres vagones, mató a doce personas y otras cinco mil resultaron heridas. Sin embargo, la peor herida fue la causada a una sociedad estable, rica y tecnológicamente avanzada como la japonesa, que hasta entonces se consideraba como una de las más seguras del mundo.

Los integrantes de esta secta religiosa, que hundía sus raíces en organizaciones políticas, económicas y paramilitares, no eran personas culturalmente poco preparadas sino que en ella había muchos científicos, licenciados en ciencias naturales e ingenieros salidos de las mejores universidades japonesas. Estaba formada tanto por hombres como por mujeres, aunque el elevado número de estas era un dato significativo teniendo en cuenta la tradicional ausencia de un movimiento feminista en la sociedad nipona y el objetivo manifiesto de *Aum Shirikyo* por terminar con la discriminación entre hombres y mujeres. Todos los miembros coincidían en el mismo objetivo: sobrevivir al inminente apocalipsis final. Estaban convencidos de que alrededor del año 2000 se iba a producir una guerra de exterminio global entre los Estados Unidos y la Unión Soviética, provocada por el egoísmo de las empresas multinacionales que desearían imponer un nuevo orden mundial controlado por un único gobierno. Para poder sobrevivir a semejante conflicto internacional, en el que moriría el 90% de los ciudadanos de todo el mundo, había que prepararse convenientemente. Era menester formar un nuevo tipo de superhombres más entrenados para el ejercicio físico, la reflexión y la espiritualidad. Sin embargo, en tal preparación no podía faltar el adiestramiento en el uso de las últimas armas de exterminio masivo, ya que había que defenderse de los atacantes y salvar así a Japón. Con esta idea central la secta montó varias empresas destinadas a elaborar armas químicas y biológicas.

En junio de 1994 realizaron un primer ensayo con gas neurotóxico en Matsumoto, donde murieron varias personas. Un año después se desató la psicosis en el seno del movimiento y se llegó a creer, tras la persecución policial y ciertas declaraciones aparecidas en la prensa, que el conflicto mundial había empezado. Esto desencadenó el ya mencionado ataque al metro de Tokio mediante el cual los miembros de la secta pretendían defender del cumplimiento de la profecía. Poco después, el gurú fundador fue detenido, juzgado y probablemente sentenciado a muerte. Sin embargo, actualmente la secta continúa siendo legal y a ella pertenecen bastantes creyentes de todo el Japón, aunque apenas aparece ya en los medios de comunicación.

Quizá pueda resultar difícil comprender cómo un movimiento religioso de las características de *Aum Shirikyo*, dirigido por un iluminado que creía tener poderes sobrenaturales, tales como levitar en el aire, haya podido influir tanto en ciertos jóvenes universitarios formados en una cultura científica y tecnológica. No obstante, si se piensa en el desencanto que supone para muchos muchachos japoneses de hoy una existencia materialista y aburrida, sin metas ni objetivos propios; una vida en la que impera la monotonía laboral, incapaz de motivarles o generarles emociones espirituales, es fácil entender cómo un movimiento capaz de hacer renacer su espiritualidad dormida haya podido conducirles donde lo ha hecho. Al sacarlos de una sociedad hiperorganizada se eliminó su sentimiento de alienación, aunque fuera ilusionándolos para que se convirtieran en los héroes supervivientes del gran holocausto mundial. Mezclando espiritualidad y electrónica, o meditación y guerra tecnológica, se consiguió seducir la rebeldía propia de la juventud para lograr guerreros contra la globalización, dispuestos a matar o a dar la vida en contra de un hipotético gobierno mundial.

Los grupos ecologistas antiliberales

Durante los últimos años el mundo ha asistido a las protestas de ciertos grupos contrarios a la globalización económica y cultural. Se han hecho famosas las manifestaciones violentas que se vienen realizando en aquellas ciudades (como Seattle o Génova) donde se reúnen las grandes potencias mundiales para deliberar acerca de sus planes políticos y económicos. En tales lugares se han dado cita diferentes organizaciones antiliberales, con aspectos y procedencias múltiples, pero que coinciden en su rechazo visceral a todo proyecto globalizador: ecologistas defensores del respeto a la naturaleza, agricultores franceses y de otros países que procuran mantener el precio de sus productos alimentarios, estudiantes e intelectuales «progres» que interceden por los derechos de los obreros de los países pobres y, en fin, comunistas nostálgicos que creen ver en tales protestas la antigua «lucha de clases» contra el capitalismo de siempre. Todos ellos proclaman que la globalización no es más que una conspiración mundial contra los trabajadores, que quita poder a los gobiernos elegidos democráticamente y, en cambio, se lo da a las empresas multinacionales egoístas que solo buscan su propio beneficio económico.

De manera que así, los países ricos se hacen más ricos, mientras los pobres se vuelven aún más pobres. El medio ambiente se destruye, igual que las culturas autóctonas de cada región. Si antes el enemigo era el imperialismo, hoy sería el neoliberalismo y la globalización. Estos conceptos vendrían a ser, en opinión de tales grupos, los únicos responsables de todas las calamidades que padece la humanidad, desde las hambrunas que sufren periódicamente algunos países africanos, hasta la explotación mediante el trabajo infantil o la falta de educación, pasando incluso por el calentamiento que está experimentando la Tierra. Todo sería culpa de un puñado de dirigentes malvados pertenecientes al G-8, las principales potencias mundiales, que solo buscarían satisfacer sus deseos de hacerse todavía más ricos, aunque fuera a costa de seguir contaminando el planeta o abusando de los más débiles.

Es cierto que, como se señala en este estudio, el proceso globalizador presenta algunas importantes sombras que es necesario iluminar con voluntad política para erradicarlas o reducirlas al mínimo. La globalización requiere un control mundial ejercido por todos los gobiernos de la tierra con el fin de suavizar sus principales asperezas y eliminar aquellas situaciones de injusticia a que pudiera dar lugar en determinadas regiones. Hacia ahí es donde conviene dirigir todos los esfuerzos y las negociaciones políticas. Sin embargo, es necesario valorar adecuadamente las propuestas alternativas que realizan todos estos grupos antiglobalización. ¿Es cierto que las políticas que ellos proponen solucionarían los problemas económicos, sociales y medioambientales que se han generado en la actualidad? ¿Se acabaría con el problema del trabajo infantil, con la degradación de los ecosistemas, con el paro de los obreros o con las desigualdades entre los países ricos y los pobres si se siguieran sus consejos? Me temo que, muy al contrario, si se asumieran fielmente sus propuestas antiliberales, la mayoría de tales situaciones negativas se agravarían todavía más.

Lo primero que conviene señalar es que la inmensa mayoría de los países pobres que durante el pasado siglo XX lograron salir de su situación de penuria económica no lo hicieron cerrando las fronteras al comercio exterior, sino precisamente abriéndolas todo lo que pudieron. Esto es lo que le ocurrió a España, Grecia, Portugal o Irlanda, dentro de Europa, pero también en Asia a países como Japón, Corea, Singapur, Taiwan, Malasia o Tailandia. Todos ellos aceptaron las inversiones extranjeras así como la tecnología proveniente de las naciones más industrializadas. ¿Hubieran prosperado cerrando sus fronteras al comercio internacional? Es muy posible que no, lo cual indica que la liberalización de los mercados o el hecho de abrirse a las influencias externas, tal como se hace en la globalización, supone un paso necesario para la mejoría económica de los países.

Pero también es verdad que por medio de esta apertura se consiguen mayores cotas de democracia y libertad política. Abriendo las fronteras al proceso globalizador las dictaduras se ven socavadas por la información abierta o por la comunicación mediante Internet. La opinión pública internacional, que no tolera la represión de la libertad o que no se respeten los derechos humanos, influye así decisivamente contra los gobiernos totalitarios. No es que la economía de mercado sea una especie de varita mágica que solucione todos los problemas sociales de los países, pero sí es cierto que sin ella es muy difícil que la nación progrese adecuadamente y sea libre. La historia reciente ofrece abundantes ejemplos de esto. Países como Alemania o Corea que fueron divididos en dos por la guerra y una de las dos partes quedó bajo un régimen socializado por el comunismo, mientras la otra se liberalizó empezando a participar del proceso globalizador, constituyen un experimento social suficientemente clarificador. Tanto Alemania del Este como Corea del Norte se fueron empobreciendo bajo una dictadura de izquierda cerrada al mundo exterior. No obstante, sus hermanas, la República Federal de Alemania y Corea del Sur, prosperaron económicamente, viendo cómo la democracia florecía en un ambiente abierto, libre y globalizado.

Lo mismo podría decirse de China o de la India, países sumidos en la miseria cuando estaban cerrados al mundo exterior y vivían sometidos a políticas socialistas de planificación central, pero que recientemente al adoptar la liberalización de la economía y la apertura de los mercados han visto como la renta per cápita de sus trabajadores está creciendo y se produce una erradicación de la pobreza como nunca antes había ocurrido. Estos y otros muchos ejemplos muestran que cerrarse a la economía internacional es siempre retroceder, mientras que lo contrario supone dar un paso adelante. La globalización no es tan mala como pretenden algunos.

Un asunto que viene golpeando la conciencia de occidente es la explotación laboral de los niños menores de catorce años que viven en su mayoría en los países en vías de desarrollo. Los grupos antiglobalización del Primer Mundo suelen acusar a ciertas empresas multinacionales de fomentar este trabajo infantil con el fin de obtener pingües beneficios económicos. Ante todo conviene remarcar que esta situación de los menores es absolutamente censurable. Ningún niño debería trabajar hasta que hubiera finalizado convenientemente sus estudios. Sin embargo, es menester ser realistas y pensar en lo que les ocurriría a estos pequeños si no fueran contratados por tales empresas. ¿Se les escolarizaría inmediatamente como si fueran niños europeos o norteamericanos? ¿Dejarían el trabajo para ocupar un pupitre de la escuela o, por el contrario, se dedicarían a pedir limosna por las calles o quizás a rebuscar en los estercoleros? Para que los gobiernos de los países no industrializados puedan escolarizar a todos sus niños y acabar así con el trabajo infantil necesitan el dinero de la recaptación fiscal razonable, que está íntimamente unida al crecimiento del país. Y esto solo puede lograrse mediante una economía de mercado abierta al mundo exterior.

Por otro lado, es evidente que el incremento de la industria ligado al actual proceso de economía global afecta negativamente a los ecosistemas naturales por todo el mundo. La contaminación del aire, el agua y la tierra es una triste realidad que habrá que tener en cuenta cada vez más para tomar medidas eficaces que permitan recuperar, en lo posible, muchos espacios naturales. Nadie afirma que la globalización no presente también sus inconvenientes o que los gobiernos no deban trabajar para solucionarlos. Sin embargo, decir que la globalización es la única culpable del deterioro ecológico que padecen sobre todo los países pobres, como hacen la mayoría de los grupos antiliberales, y que si se pusiera en práctica la alternativa socialista cerrada las cosas irían mucho mejor, es simplemente ir en contra de la experiencia histórica. ¿Es que acaso los países donde ha imperado el comunismo o los regímenes autárquicos, es decir aquellos que han desarrollado políticas para bastarse con sus propios recursos y no tener que importar nada del exterior, no han contaminado también el medio ambiente? ¿Aquellas industrias que existían bajo el antiguo «telón de acero» o «cortina de hierro» no esquilmaban la naturaleza?

Las catástrofes ecológicas provocadas por los gobiernos socialistas planificadores de la Europa del este no pueden achacarse a la globalización. Los incendios forestales originados por los agricultores autóctonos del sudeste asiático para obtener tierras de labranza no los provoca ninguna empresa multinacional. Lo mismo ocurre con la destrucción de la selva amazónica brasileña que fue iniciada por el propio gobierno autárquico mediante subvenciones a quienes le pegaban fuego. No existe ninguna compañía internacional que se dedique a pescar ballenas y comercializar su carne por todos los mercados del mundo. Quienes las capturan son países como Japón o Noruega y lo hacen solo para el consumo propio. Acaso si fuesen naciones con un gobierno cerrado y antiliberal, ¿no seguirían pescando como han hecho siempre y poniendo en peligro a estos grandes mamíferos marinos? La antiglobalización no es la solución, ni tampoco ofrece garantías de un mayor respeto por la biodiversidad o la conservación del medio ambiente.

La sensibilidad por la naturaleza aumenta en los países industrializados en relación con los más pobres. Y es lógico que así sea. Cuando la gente tiene que preocuparse por cómo alimentarse cada día y proveer para su familia es difícil que piense en proteger las selvas o salvar a las ballenas. Es en los países que disfrutan de un cierto bienestar económico y social donde surgen los principales grupos ecologistas. Proteger el medio ambiente supone un gasto económico que no está al alcance de muchos países del mundo no industrializado. De ahí que la mejor forma de luchar contra la degradación medioambiental sea precisamente generar riqueza en dichos países y esto, de nuevo, no se consigue cerrando las puertas a la economía global, sino abriéndolas de par en par. Las naciones ricas del norte tienen la obligación moral de ayudar a sus hermanas pobres en el sur, pero no únicamente mediante la concesión de limosnas, sino sobre todo comprándoles sus productos y vendiéndoles tecnología, capital para que puedan desarrollarse y prosperar mediante su propio trabajo. A esto es a lo que puede contribuir hoy la liberalización del mercado y la globalización.

El terrorismo fundamentalista islámico

Aunque ya se habían venido produciendo otros atentados terroristas desde la década de los ochenta procedentes de ciertos sectores del mundo islámico contra los intereses estadounidenses, ninguno alcanzó jamás la virulencia del ocurrido el 11 de septiembre del 2001. Ni los ataques de 1998 a las embajadas norteamericanas de Nairobi y Dar Es Salam, en los que murieron 258 personas; así como tampoco el perpetrado a la torre sur del World Trade Center de Nueva York, en 1993, y que causó seis muertos; o incluso la explosión de un avión de la PanAm en pleno vuelo sobre la localidad escocesa de Lockerbie, en el que perecieron otras 270 personas que viajaban a los Estados Unidos para pasar la Navidad de 1988 con sus familiares, ninguno de tales atentados, es comparable al que derrumbó las torres gemelas y parte del Pentágono a finales del verano boreal del año 2001.

Unos cuantos terroristas musulmanes entrenados para pilotar aeronaves de aviación comercial lograron evadir todas las medidas de seguridad de los aeropuertos, obtuvieron el control de los aparatos y los estrellaron, con todos los pasajeros dentro, contra los tres objetivos que tenían en mente: los dos emblemáticos rascacielos neoyorquinos y el centro neurálgico por excelencia de los militares en Washington. Elementos comunes de la vida cotidiana se convirtieron, en sus manos asesinas, en armas poderosamente mortíferas. El inaudito espectáculo de un Boeig 767 penetrando en aquella inmensa torre y generando una bola de fuego gigantesca que abrasaba todos los pisos superiores era tan increíble que parecía del todo imposible que se volviera a repetir por segunda vez a los pocos minutos, como ocurrió con la segunda torre. Varios miles de criaturas inocentes perdieron la vida de la manera más horrible sin saber por qué.

La prensa de todo el mundo empezó a publicar artículos con títulos espectaculares que anunciaban el inicio de la primera guerra mundial del siglo XXI. La imagen que más se repitió en todos los medios informativos fue sin duda la del multimillonario saudita, Osama Bin Laden, un terrorista refugiado en Afganistán y protegido por el régimen integrista de los talibanes. Pocos días después este siniestro personaje realizó unas declaraciones a la televisión saudita en las que planteó las tres «razones» que, en su opinión, justificaban la masacre: el conflicto entre judíos y palestinos, las sanciones contra Irak y la ocupación norteamericana de la península Arábiga. Mario Vargas Llosa escribió en el diario español *El País*: «Las organizaciones terroristas han sido las primeras en sacar buen provecho de la globalización, extendiendo "el dominio de la lucha" a escala planetaria. Ya nadie puede poner en duda que así como ha sido posible volar las torres gemelas de Wall Street y el Pentágono, el día de mañana, o pasado, un comando suicida puede hacer estallar en la Quinta Avenida (o en Picadilly Circus, Postdamer Platz o los Campos Elíseos) un artefacto atómico de pequeño calado que cause un millón de muertos» (*El País*, 16-09-01).

Casi un mes después, el día siete de octubre, se produjo la respuesta de los Estados Unidos. Las primeras bombas cayeron implacables sobre Kabul, la capital de Afganistán. El presidente George Bush se dirigió a la nación norteamericana y al mundo entero para asegurar que se haría justicia. El atentado no había sido solo contra los intereses estadounidenses sino contra todo el mundo civilizado y ponía en peligro a la cultura occidental. Se hizo especial énfasis en señalar que la respuesta militar no era un ataque al islam, ni tampoco al mundo musulmán en general, sino que únicamente iba dirigido contra el terrorismo islámico.

Desde luego, tal atentado supuso el ataque de cierto sector del integrismo islámico globalizado a la globalización económica y cultural de occidente. De ahí en adelante las cosas ya no iban a ser igual que antes, pues aunque Bin Laden y todos los que pensaban como él no consiguieran su propósito de crear un gobierno islámico mundial, de entrada, su terrible acción dañó seriamente la libertad que disfrutaba el mundo democrático. Era evidente que el mayor control que provocó en los aeropuertos y que, desde entonces, entorpece la libre circulación de personas o equipajes va contra uno de los principales anhelos de la globalización, la eliminación de toda frontera. Ahora la seguridad obliga a una mayor inspección de los transeúntes porque cualquier objeto sólido puede servir para matar. La sospecha del compañero de viaje se ha vuelto directamente proporcional al color de su piel o a la longitud de la barba. Se mira de reojo al extranjero, o a quien habla un idioma que no se comprende, porque ya no parece posible fiarse de nadie. Cualquier apariencia inocente en tierra puede transformarse en diabólicamente mortal en los aires. Por eso los ejecutivos de muchas empresas dejaron de viajar tanto como hacían antes y optaron por las videoconferencias, más baratas y menos arriesgadas. Ante todo esto, muchos líderes políticos y sociales se preguntaron si no corríamos el peligro de perder la libertad precisamente al intentar luchar por conseguirla.

Las consecuencias inmediatas al atentado fueron la bajada de las bolsas por todo el mundo, crisis en las compañías aéreas, disminución del turismo, reducciones de gastos o de plantilla en numerosas empresas y miedo generalizado a la correspondencia debido a que las cartas se convirtieron en potenciales vehículos capaces de transmitir las infecciones del ántrax. Sin embargo, los cambios más profundos motivados por el gran ataque del terror fueron aquellos que nos obligaron a plantearnos quiénes éramos en realidad, qué creíamos en lo más íntimo de nuestra conciencia, cuáles eran las bases de nuestra civilización.

La antigua utopía humanista de la modernidad que confiaba en la bondad del ser humano que vivía en democracia y libertad se vio desmentida salvajemente una vez más por un puñado de camicaces que antes de morir matando, todavía fueron capaces de amenazar al mundo con nuevos ataques de una guerra sin cuartel. Incluso hasta la propia postmodernidad descreída, tolerante y legitimadora de todas las ideologías, creencias o particularidades, se sintió golpeada en su fuero interno por la violencia intransigente anclada todavía en plena Edad Media. ¿Por qué ocurrió semejante atropello? ¿Cuáles fueron las causas de tanto odio y de tanto derramamiento de sangre inocente en los albores del tercer milenio?

Está claro que esto sucedió por la maldad que anida en el alma humana, que es incapaz de reconocer que el Creador, el Dios del universo, es un Dios de amor, de misericordia y perdón. No obstante, la mayoría de los políticos se apresuraron a decir que no se trataba para nada de «un choque de civilizaciones» sino solamente de un conflicto de poder basado en razones económicas, políticas y militares. Era una expresión más de la tradicional lucha entre los desposeídos del mundo y los ricos del norte. Numerosos intelectuales «progres» manifestaron en la prensa su oposición a la teoría de Huntington, que afirmaba precisamente todo lo contrario, es decir que en efecto el ataque a los Estados Unidos respondía sobre todo a un enfrentamiento de carácter cultural y religioso entre dos civilizaciones muy diferentes, el mundo del islam y el occidente de raíz cristiana. Interpretar de esa manera lo sucedido sería políticamente incorrecto (para quienes se oponían a Huntington) y una forma de hacerles el juego a los terroristas, ya que estos estarían muy interesados en disfrazar su lucha por el poder en un choque religioso-cultural entre civilizaciones y así conseguir más combatientes para su *yihad* o guerra santa.

La mayoría de los líderes sociales de occidente se apresuraron a calmar los ánimos y a señalar que no se trataba de una guerra de religión entre el cristianismo y el islam, sino solo de una lucha contra la amenaza del terrorismo. No obstante, el hombre de la calle no veía las cosas de ese modo. Unos pocos fanáticos religiosos habían sido capaces de matar miles de criaturas inocentes en nombre del islam. A esa acción se la calificaba de «guerra santa» y la respuesta de millones de musulmanes por todo el mundo fue levantarse en apoyo de Bin Laden, a quien consideraban como su héroe nacional. Cómo no iba a ser lógico pensar que la línea de separación entre el terrorismo y el islam se había hecho tan estrecha que incluso parecía desaparecer. Pues, a pesar de ciertas manifestaciones contra el atentado hechas por algunos políticos musulmanes, lo cierto fue que ningún líder religioso, ningún imán, mulá o ulema del mundo islámico condenó oficialmente los hechos desde una perspectiva confesional. Con su silencio más bien parecían aprobar lo sucedido y echar más leña al fuego.

Esto hace pensar que el islam juega con una doble moral. La que defiende en los países de occidente, en los que es minoría, acogiéndose a todas las leyes, derechos y libertades democráticas que le favorecen y le permiten difundir su religión; y aquella otra que practica en los propios países musulmanes donde está en mayoría, persiguiendo a todo aquel que no cree en las enseñanzas de Mahoma y eliminando las mismas libertades o derechos de que disfruta en el mundo globalizado. Cuando una religión se vuelve intransigente y criminaliza a quien no la profesa, esta se convierte en un peligro serio para todo el mundo.

Como escribió el canciller alemán Gerhard Schröder en el semanario *Die Zeit:* «Yo lo veo como un conflicto entre la Edad Media, por un lado, y la modernidad por el otro. Estados Unidos solo representa el símbolo máximo y más poderoso de la modernidad, de lo que llamamos civilización occidental. Y es también el símbolo opuesto a las estructuras medievales a las que aspiran los talibanes y sus aliados espirituales». Este es el problema principal, el enfrentamiento entre dos culturas que pertenecen a épocas distintas: la premodernidad teocrática e intransigente del islam frente a la globalización democrática y tolerante de occidente. El mapa político mundial ha cambiado radicalmente. En Europa y Norteamérica las relaciones con los musulmanes se han degradado mientras que, a la vez, países que antes estaban muy alejados, como Rusia, Estados Unidos y China, ahora tienden a unirse frente al enemigo común. El multiculturalismo o la diversidad de etnias, culturas y religiones ya no se contempla con los mismos ojos que antes. ¿Qué va a ocurrir? ¿Cómo afectará todo esto al mundo y a las iglesias cristianas?

A pesar de todas las posibles torpezas e injusticias sociales que haya podido generar la política exterior estadounidense en otros países del mundo, y en especial en las naciones islamitas, hay una cosa que es innegable, Estados Unidos es el espejo donde se miran todos los gobiernos de la tierra. Su hegemonía internacional, su poder económico y militar, su dinamismo generador de riqueza, su democracia, su libertad de credos y de conciencia, es decir, todo aquello que los convierte en hiperpotencia mundial, es el resultado de haber heredado de Europa aquel antiguo proyecto liberal forjado a partir del Renacimiento, así como la valoración del trabajo personal como algo querido por Dios y que se gestó con la Reforma protestante. Estados Unidos, con todos sus defectos, es el prototipo de la democracia liberal moderna que la mayor parte de los países de la tierra envidian o desean para sí.

El mundo musulmán, sin embargo, a pesar de haber tenido una gran influencia intelectual, sobre todo durante la Edad Media y principios de la Moderna, ha perdido hoy casi toda su relevancia en el mundo globalizado. Ha sido derrotado ideológica, económica, política y militarmente. El islamismo está actualmente en regresión y ya no satisface las aspiraciones sociales de las nuevas generaciones. Como afirma el famoso economista, Francis Fukuyama: «No hace falta decir que, a diferencia del comunismo, el islam radical no tiene prácticamente ningún atractivo en el mundo contemporáneo, excepto para aquellos que son culturalmente islámicos» (*El País,* 21-10-01).

Esta humillación general de la cultura y los valores musulmanes en el mundo de hoy ha sido interpretada por algunos grupos radicales como una consecuencia directa de no practicar el auténtico islam. Alá los habría castigado así por simpatizar con el mundo occidental. Por tanto, la única salida sería volver a la pureza del islamismo primitivo. Y esto es lo que pretendería el gobierno talibán e individuos como Bin Laden. Conseguir que su atentado sirviera para poner en pie de guerra a millones de musulmanes. La lucha sagrada del islam contra occidente. Los terroristas perseguirían enfrentar las dos culturas para lograr así más poder sobre el mundo islámico. Afortunadamente, no todos los que profesan la religión de Mahoma, muchos de los cuales viven y trabajan en Europa o en Norteamérica, piensan de la misma manera.

Cuando escribo estas páginas, poco más de un mes después del atentado, Bin Laden parece haberse salido con la suya. Para muchos de sus correligionarios es el héroe fundamentalista que ha triunfado al lograr la masacre de miles de infieles en el corazón de la capital del mundo globalizado. Después de treinta días de bombardeos selectivos de Afganistán, las fuerzas estadounidenses no han conseguido atraparlo y acaban de declarar que posiblemente nunca puedan lograrlo. El aumento de los daños colaterales y de las muertes entre la población civil afgana está preocupando cada vez más a la opinión pública internacional. Son ya numerosas las manifestaciones populares en los diferentes países pidiendo que se acabe cuanto antes con esta guerra. Mientras tanto en los Estados Unidos el miedo a las infecciones por ántrax (que al parecer podrían estar provocadas por otros grupos terroristas de extrema derecha del propio país) y a nuevos ataques suicidas está provocando psicosis y protestas contra la falta de previsión del gobierno. Occidente ha descubierto su vulnerabilidad. A pesar de toda su ciencia y tecnología está prácticamente desprotegido contra el terror. En estos momentos no es posible aventurar cómo evolucionará la situación.

Ante tal encrucijada es oportuno plantearse una cuestión de fondo que últimamente se ha venido aireando mucho. ¿Posee la religión islámica particularidades que la hacen incompatible con el mundo occidental globalizado o, por el contrario, estaríamos asistiendo solo al fanatismo aislado de un puñado de violentos que malinterpretan las enseñanzas del Corán? Europa está viendo cómo se construyen mezquitas en la mayoría de sus países; el idioma árabe se oye cada vez más en los barrios periféricos de las grandes ciudades; proliferan los comercios que ostentan rótulos escritos con caracteres arábigos; el Corán se distribuye libremente sin ningún tipo de problemas, como corresponde en una sociedad abierta, plural y democrática. Sin embargo, en la mayoría de los países musulmanes no se permite la entrada a los misioneros cristianos ni se concede permiso para distribuir la Biblia o para abrir iglesias.

Miles de creyentes, católicos y protestantes, fueron asesinados durante el año 2000 en diferentes lugares de Indonesia por negarse a aceptar el islam o por el simple hecho de creer en Jesucristo. En Afganistán, por ejemplo, se estableció la pena de muerte para los misioneros, así como para toda persona que se convirtiera a la fe cristiana. No existe ninguna comunidad musulmana establecida en occidente que haya sufrido las agresiones sangrientas que están padeciendo los seis millones de cristianos coptos establecidos en Egipto. A finales de octubre del 2001, seis terroristas irrumpieron en una iglesia cristiana de Pakistán al grito de «Alá es grande» y acribillaron a balazos a dieciocho personas que estaban celebrando un culto evangélico (*La Vanguardia*, 29-10-01).

Ante esta realidad, la prestigiosa periodista italiana Oriana Fallací se preguntaba en *Il Corriere della Sera*: «¿Qué sentido tiene respetar a quien no nos respeta? ¿Qué sentido tiene defender su cultura cuando ellos desprecian la nuestra?». Es verdad que no se puede juzgar de la misma manera a todos los musulmanes, pero ¿no debería haber mayor respeto, por su parte, hacia los valores de occidente? El líder de los Hermanos Musulmanes egipcios, Mohamed al Hudaibi, manifestó en una entrevista: «El islam es religión y estado, libro y espada, toda una forma de vida» (*El País*, 26-10-01). Esta es, en mi opinión, la raíz del problema que nos ocupa. Tal visión genera una violencia latente en el alma musulmana contra todo aquel que no profese o comparta las enseñanzas de Mahoma y hace que inevitablemente la civilización islámica sea incompatible con las demás civilizaciones, con las que tarde o temprano acabará chocando.

La visión cristiana del Nuevo Testamento, en cambio, propone la separación de la religión y el estado, así como el rechazo de la espada para solucionar los conflictos. Cuando los fariseos le preguntaron a Jesús acerca de la cuestión del tributo, si era o no lícito pagar los impuestos al gobierno romano, él respondió: «Dad, pues, a César lo que es de César, y a Dios lo que es de Dios» (Mt 22:21). La separación de la iglesia y el estado es, por tanto, una cuestión esencial dentro del auténtico cristianismo. Cuando esto no se ha respetado, como por desgracia ha ocurrido tantas veces a lo largo de la historia, se han cometido atropellos, alienación, exclusivismo e intolerancia religiosa.

Esto es precisamente lo que le ocurre hoy al mundo islámico, que no es capaz de concebir la idea de un estado laico. El Corán se interpreta no solo como texto religioso sino también como código político, social y cultural. La religión deja de ser entonces algo personal, íntimo y privado para transformarse en pública, externa e impositiva. De ahí que la cosmovisión musulmana genere eventualmente individuos violentos como los talibanes o el propio Bin Laden, que quieren solucionar los problemas sociales obligando a todo el mundo a practicar las exigencias originales de su religión. Pero, en el fondo, estos radicales no malinterpretan o deforman la religión de Mahoma, como muchos piensan, sino que procuran seguir una antigua tendencia religiosa característica del islam.

Como señala muy bien el catedrático de Pensamiento Político de la Universidad Complutense de Madrid, Antonio Elorza: «Se trata de un impulso de naturaleza fundamentalmente religiosa, con un sólido arraigo en el enfoque del sunismo, la creencia mayoritaria del islam, que se centra en la doctrina fundacional de Alá, contenida básicamente en el Corán y en las sentencias o *hadiths*» (*El País*, 22-10-01). La raíz de la actitud agresiva de Bin Laden y de sus partidarios es profundamente religiosa y va contra quienes no comparten tal punto de vista, sean ateos, cristianos, musulmanes o de cualquier otra creencia. Todos estos «infieles» serían candidatos para ser exterminados por medio de la guerra santa. El mito del islam de los orígenes, al que constantemente se refieren, no tolera los símbolos cristianos en el espacio sagrado de Alá, ni las costumbres o las indumentarias de occidente, ni las imágenes de seres vivos, ni la emancipación de la mujer, ni la contaminación con la globalización económica. Se trata de la «resurrección de un monstruo del pasado» que parecía muerto, pero desgraciadamente ha vuelto a la vida.

No obstante, el evangelista Mateo en su relato acerca de cómo fue prendido el Señor Jesús, antes de ser juzgado y sentenciado a muerte, dice: «Pero uno de los que estaban con Jesús, extendiendo su mano, sacó su espada, e hiriendo a un siervo del sumo sacerdote, le quitó la oreja. Entonces Jesús le dijo: Vuelve tu espada a su lugar; porque todos los que tomen espada, a espada perecerán» (Mt 26:51-52). Desde luego quien usó su espada, Pedro (según escribe el evangelista Juan), podía haber alegado que se trataba de un caso de legítima defensa, de esos que suele aceptar la moral clásica. Sin embargo, el argumento contundente de Cristo fue que la violencia desata una lógica interna que termina por destruir al mismo que la ejerce. Por más vueltas que se le dé, esta es la auténtica filosofía cristiana acerca de la violencia. Otra cosa es que se haya o no respetado a lo largo de la historia. Desgraciadamente no ha sido así, pero esto no quita valor a la esencia genuina del mensaje de Cristo. El cristianismo no es religión y estado o escritura y espada, como el islam, sino amor al prójimo, solidaridad y respeto hacia aquellos que no comparten nuestra misma fe. Hay un abismo entre las dos creencias.

Las buenas nuevas de Jesucristo implican también madurez y responsabilidad en la vida de cada creyente. Por el contrario, el islam demanda ante todo obediencia y sumisión total por parte de la *umma* o comunidad de los creyentes en Alá. Si los cristianos tienen que leer individualmente la Biblia (sobre todo a partir de la Reforma) para poder aplicar sus reflexiones a la vida diaria, la inmensa mayoría de los musulmanes no suelen hacer lo mismo con el Corán, sino que se alimentan de aquello que interpretan los imanes y se les predica en las mezquitas. Son estos quienes instruyen al pueblo y piensan por él. Se genera así una dependencia del líder religioso que en ocasiones puede resultar muy peligrosa, en especial si el imán tiende a ser radical en su interpretación del texto coránico. Frente a la ética del amor al prójimo y de la solidaridad con el débil o el humilde, propia de las confesiones cristianas, la religión de Mahoma fomenta una ética salvacionista que busca ante todo el triunfo del individuo mediante la acumulación de méritos que le granjeen la entrada directa en el paraíso celestial. El cristianismo es revelación sin religión, mientras que el islam es todo lo contrario, religión sin revelación.

Según el Corán, Alá se complace en conceder a sus fieles la victoria en este mundo y en el otro el deleite eterno, aunque para obedecerle hayan tenido que recurrir a la violencia más sanguinaria o hayan inmolado su vida por la causa. Mahoma fue un triunfador en el terreno político y sus seguidores, los califas ortodoxos (*rasidun*), llegaron a conquistar medio mundo en nombre de Alá. Estas son también las motivaciones reales que hay detrás de los talibanes y del propio Bin Laden, extender los dominios del islam por todo el mundo haciendo uso de la fuerza. La referencia a la causa palestina o a Irak, aunque sean problemas reales que la diplomacia internacional deberá solucionar, son meras excusas que buscan legitimidad en el mundo musulmán. Las verdaderas raíces hay que buscarlas en sus convicciones religiosas que consideran a la *umma* o comunidad de seguidores de Mahoma como el ente superior a cualquier otra sociedad humana. Es obvio que ante semejante lógica la confrontación con otras formas de pensamiento sea inevitable.

Se ha señalado también que quizás el problema que hoy suponen ciertas formas de islam para la convivencia internacional se deba a la falta de una adecuada reforma religiosa dentro del mundo islámico. Se dice, por ejemplo, que así como occidente comenzó hace casi quinientos años una lucha que a través de la reforma protestante alcanzó la democracia y la separación de las iglesias y los estados, también al mundo musulmán le haría falta un proceso similar que recluyera la religión al ámbito de lo privado y respetara las creencias religiosas de cada cual (Culla, 2001). Es cierto que la democracia liberal moderna se originó en el mundo occidental cristiano precisamente porque la universalidad de los derechos del ser humano hundía sus raíces en la Biblia y en el concepto de que todos los hombres son iguales delante de Dios. Esto llevó a la convicción de que la democracia es mejor que la teocracia ya que esta última tiende a someter al estado y genera totalitarismos alienantes. No cabe duda de que tal reforma de la religión islámica sería algo deseable pues beneficiaría las relaciones entre todas las naciones de la tierra.

Sin embargo, no me parece que la comparación entre esta renovación necesaria del mundo musulmán y la reforma protestante del siglo XVI sea una equiparación acertada. Lutero, Calvino, Zuinglio y los demás reformadores pretendieron señalar los errores teológicos y doctrinales en los que había caído la religión de Roma. Para ello se volvieron a las Sagradas Escrituras, miraron al cristianismo primitivo con el fin de constatar cómo vivían los primeros creyentes y cuáles habían sido las genuinas enseñanzas de Jesucristo. La reforma protestante fue, por tanto, un intento de volver a la pureza de la fe original y de la relación personal con Dios solo a través de Cristo. Los derechos humanos y la democracia de que hoy se disfruta en el mundo occidental son el resultado positivo de aquella vuelta a los valores del evangelio, llevada a cabo a principios de la época moderna. Esto es algo que todo el mundo reconoce.

No obstante, cuando se afirma que el islam necesita también una reforma, ¿qué se quiere decir? ¿Que vuelva a su pureza original? ¿No es esto mismo lo que están proponiendo Bin Laden y los talibanes? El mahometano que desee retornar a los orígenes de su fe debe ser leal con sus correligionarios y, a la vez, tiene que considerar enemigos a todos los infieles de las demás religiones. En este sentido, los fundamentalistas islámicos son reformadores de su religión, pero esta reforma no le conviene para nada al mundo libre y plural de la globalización.

Por el contrario, el protestantismo del siglo XVI, mediante su intento de poner la Biblia al alcance del pueblo, pretendió acabar con el exclusivismo, la intolerancia y la alienación religiosa que existía en el seno del cristianismo. Fue como la entrada del aire fresco de la libertad para occidente, lo que hizo posible la aparición de la democracia y de muchos de los valores sociales que existen hoy en día. Sin embargo, la reforma que pretende Bin Laden es una reivindicación del sometimiento teocrático a las opiniones de una clase dirigente religiosa e intransigente. Es la negación de la democracia y de los derechos fundamentales de las personas. Más que una reforma islámica habría que desear una evolución del mundo musulmán o una aproximación a los valores occidentales de inspiración cristiana. En este sentido habría que «protestantizar» o, mejor aún, cristianizar el mundo islámico. Tal sería, en mi opinión, la verdadera reforma que está necesitando.

En contra de aquellos oportunistas ateos que ante la guerra entre Estados Unidos y Afganistán aprovechan la confusión general para culpar a Dios o a la fe en el más allá de los males del terrorismo, que afirman que si no existiera la idea de Dios no se darían tampoco esos creyentes canallas, capaces de suicidarse matando inocentes y no habría violencia ni terror global, podemos decir que quien conoce verdaderamente a Dios es incapaz de destruir a su prójimo porque, ante todo, Dios es amor. El cristiano está llamado a ser un pacificador y nunca jamás un terrorista. Dios no es responsable de las atrocidades que a lo largo de la historia se han cometido en su nombre. El único culpable es el propio ser humano equivocado. La religión pura y sin mancha, según la Biblia, es la que se ocupa del débil en sus necesidades. Aquella que construye una conciencia personal en el ser humano. La que ha sido capaz de proporcionar un fundamento ético al estado y un horizonte de sentido a la democracia.

El terrible atentado de Nueva York ha servido para demoler todos los esquemas laicistas en que confiaba el hombre postmoderno. Una vez más se ha demostrado que, por encima de los planteamientos evolucionistas o ateos, el hombre es creación de Dios y cuando se le derrumba su mundo protector que tan cuidadosamente ha construido, se siente inseguro, se vuelve hacia sus semejantes y levanta los ojos a los cielos buscando la compañía del Creador. Esto es lo que les ocurrió a millones de neoyorquinos, aparcaron su individualismo consumista, le dieron la mano al vecino y destaparon su solidaridad. La mañana del 12 de septiembre todas las iglesias estaban repletas de creyentes, porque la sed de Dios se agudiza ante la impotencia que provoca el sufrimiento y brota como un volcán ardiente.

Ante esta nueva situación mundial, ¿qué podemos hacer los cristianos? ¿Cuál debe ser nuestra actitud frente a los radicalismos, los sentimientos enfrentados, las pasiones humanas y la espiral de la violencia? Creo que para seguir siendo testigos de Cristo en el siglo XXI los creyentes debemos adoptar el equilibrio y la misericordia que siempre caracterizó a Jesús. Es conveniente que recordemos y definamos cuál es la postura cristiana con relación a la caridad y a la justicia entre los hombres. El atentado terrorista del 11 de septiembre y los bombardeos sobre Afganistán han desatado los sentimientos más viscerales que el alma humana es capaz de ocultar. Unos claman por venganza y desean aplicar cuanto antes la ley del talión, otros piden solo que se haga justicia, y algunos miran al Sermón del monte proponiendo que la obligación de los cristianos es ofrecer la otra mejilla.

Conviene pues meditar en las Escrituras y reconocer que en ellas se hace distinción entre las normas de conducta personal que Jesús exige a sus seguidores, claramente establecidas en el Sermón del monte así como en el capítulo doce de la carta a los Romanos, y aquellas otras normas indispensables para el mantenimiento de la justicia y el orden público por las que deben velar las autoridades superiores, es decir, el estado y que el apóstol Pablo menciona en el capítulo trece también de Romanos. Es verdad que dice a los creyentes: «bendecid a los que os persiguen», «no paguéis a nadie mal por mal» y «no os venguéis vosotros mismos», pero pocos versículos después afirma también que «los magistrados no están para infundir temor al que hace el bien, sino al malo ... Pero si haces lo malo, teme; porque no en vano lleva la espada, pues es servidor de Dios, vengador para castigar al que hace lo malo». El cristiano debe regirse por los principios bíblicos del amor al prójimo y por la misericordia, pero el estado tiene que aplicar la justicia y debe defender siempre a sus ciudadanos, castigando a aquellos culpables que atentan contra la vida de sus semejantes. De otro modo, las naciones se regirían por la ley de la selva y no sería posible la convivencia social.

Los creyentes no deben dejarse llevar por sentimientos viscerales de odio, sino que han de procurar el equilibrio entre la conducta personal misericordiosa y la justicia legítima que deben ejercer las instituciones, pero por encima de todo, nuestra esperanza debe estar depositada siempre en el Señor Jesús. Solo él pagará a cada cual lo que le corresponde y podemos estar seguros de que será un juez justo e imparcial. Mientras tanto, la misión del cristiano debe ser la de demostrar con su fe y su conducta la superioridad moral, social y espiritual del evangelio de Jesucristo sobre el islam o cualquier otra religión humana. Los cristianos estamos en este mundo para dar testimonio de nuestra fe y fomentar una nueva cultura de la paz, pero para conseguirlo, más que «vencer» hemos de procurar «convencer» (que es «vencer con» el prójimo). Es verdad que se ha de hacer justicia a los violentos y que los terroristas deben ser castigados, pero también tenemos que luchar por erradicar la miseria o el hambre del mundo y por eliminar las dramáticas diferencias entre el norte y el sur. Se ha de buscar un nuevo orden económico mundial y una solución pacífica a todos los conflictos por la vía del diálogo político.

Marx dijo en cierta ocasión que «la violencia era la que daba luz a la historia», pero la Biblia afirma que «Dios aborrece al que ama la violencia» (Sal 11:5). El defensor del pueblo negro de los Estados Unidos, Martin Luther King, poco antes de morir asesinado, escribió en su último artículo estas palabras: «Si todos los negros americanos se dedicasen a la violencia, yo seguiría siendo la voz solitaria que les diría: os equivocáis de camino para conseguir el triunfo de vuestra causa justa». Pienso que, en pleno siglo XXI y ante la amenaza del terror mundial, estas palabras continúan señalando el camino que debemos seguir.

EL RETO DE LA GLOBALIZACIÓN A LA FE CRISTIANA

La mayor parte de los problemas que presenta la globalización, según se ha visto, se deben a la falta de una adecuada regulación de la misma. La economía global es capaz de producir riquezas pero nunca generará solidaridad o redistribución equitativa, a menos que sea convenientemente controlada por las autoridades de las diversas naciones. Un cierto control político de los beneficios del proceso globalizador haría posible generalizarlos sabiamente, con justicia y responsabilidad, por todo el mundo. Si se concede libertad a los capitales para que traspasen las fronteras entre las naciones sin ningún tipo de problemas, también debería hacerse lo mismo con los trabajadores. Estos tendrían que poder viajar allí donde las oportunidades laborales son mejores o donde se les ofrecen condiciones de vida mucho más dignas. La economía planetaria debe someterse a un control válido que la oriente hacia el bien común y no solo hacia el enriquecimiento de unos pocos. No es lógico ni deseable que un sistema económico global tan poderoso como el actual carezca de instituciones globales que lo controlen o dirijan.

De forma paralela, la globalización económica tendría que ser seguida por otra globalización fraternal y solidaria. Los bienes deberían universalizarse cada vez más con el fin de que llegaran a todos los miembros de la gran familia humana. Y para lograr este control no sería imprescindible la creación de un único gobierno mundial (temido por algunos) que impusiera a todo el mundo sus criterios. Esta solución podría llegar a ser mucho peor ya que cabría la posibilidad de dar lugar a un planeta menos democrático. De lo que se trata es de establecer una democracia universal formada por todos los estados de la tierra. Tal autoridad mundial capaz de controlar la globalización debería contener en su seno a ciertas organizaciones que en la actualidad están ya, mejor o peor, desempeñando una función internacional, como la ONU (Organización de Naciones Unidas), el Banco Mundial, el Fondo Monetario Internacional y otras. Organismos que, reformados y democratizados adecuadamente, podrían contribuir a esa regulación necesaria de la globalización.

El actual contraste entre la opulencia de occidente y la extrema miseria que existe en tantos países sigue constituyendo un dramático reto para todos los cristianos de la tierra. Como escribe el teólogo español Luis González-Carvajal: «Deberíamos sentir como una bofetada en pleno rostro cuando los informes internacionales nos dicen que actualmente hay más personas hambrientas en el mundo que en ningún otro momento de la historia humana, y el número no deja de crecer. Pensemos, por ejemplo, en esos "niños de la calle", extendidos por casi toda América Latina, que en el seno de la economía globalizada necesitan drogarse oliendo el pegamento que usan los zapateros para poder soportar una vida sin alicientes. En Río de Janeiro y Sao Paulo existen "escuadrones de la muerte" especializados en matarlos, y, según Amnistía Internacional, el promedio viene siendo de dos niños asesinados cada tres días» (González-Carvajal, 2000: 44).

Ante semejante situación se hacen pertinentes, hoy más que nunca, aquellas antiguas palabras de Dios dirigidas a Caín: «¿Dónde está Abel, tu hermano?» (Gn 4:9). ¿Dónde están nuestros hermanos pobres? ¿Los hemos eliminado ya de la conciencia? ¿Amontonamos sus cadáveres en algún oscuro rincón del alma? ¿Hemos dejado de hablarles, de relacionarnos con ellos? ¿Vivimos como si de verdad estuvieran muertos? Caín mintió descaradamente y con increíble desfachatez respondió a Dios con otra pregunta: «¿Soy yo acaso guarda de mi hermano?» Es como si dijera: «Guardar es oficio más bien de pastor y yo soy labrador, ¿le toca guardar a un labrador? ¿He de ser yo el que guarde al que guarda el ganado?»

Caín no había querido entender que la responsabilidad ante Dios es responsabilidad por el hermano; que el hermano mayor debe cuidar del hermano menor; que es imposible amar a Dios cuando se desprecia o se abandona al hermano. Pero Dios le respondió: «La voz de la sangre de tu hermano clama a mí desde la tierra». Y es que la sangre derramada siempre clama al cielo y demanda justicia. Por eso los homicidas procuran «echar tierra» sobre las pruebas del delito. La voz de las fosas comunes, los terrorismos y los enterramientos masivos de la historia puede apagarse con el transcurso del tiempo en los oídos humanos, pero el Dios Creador sigue oyendo y a su tiempo hará justicia. Según la Biblia, la sangre y la vida solo pertenecen a Dios y a nadie más. Cuando el hombre asesina se entromete en la más estricta propiedad divina y rebasa con mucho sus propias atribuciones.

No obstante, Abel, el hermano que iba a ser asesinado, no pronuncia una sola palabra: trabaja, ofrenda, calla y es víctima inocente. A pesar de todo, su ejemplo sigue gritando desde las primeras páginas bíblicas, prestando su voz a todas las víctimas inocentes de la historia humana, y continúa denunciando el odio, el rencor y la violencia fratricida. En una época individualista y narcisista como en la que vivimos, ¿cuál puede ser el mensaje de esta historia? ¿Qué significa hoy ser guarda del hermano?

El mandamiento supremo de Jesucristo nos da una vez más la respuesta: «Amaos unos a los otros como yo os he amado». Cuando predomina el amor, como dice Proverbios 10:12, «se cubren todas las faltas», todas las discrepancias, desavenencias y rencores. Porque el auténtico amor no tiene envidia. El verdadero amor no puede gozarse de la injusticia, sino de aquello que es verdadero. El amor se traduce en servicio mutuo, en solidaridad, comprensión y perdón. Como Pablo escribe en Filipenses 1:9: «Y esto pido en oración, que vuestro amor abunde aún más y más en ciencia y en todo conocimiento». Es decir, que el amor entre los hermanos solo puede crecer cuando hay conocimiento e interés de los unos por los otros. En una palabra, cuando hay «delicadeza cristiana». El mensaje del primer Abel de la historia nos exhorta a que resucitemos esos cadáveres imaginarios que hemos ido enterrando a lo largo de nuestra vida. Se nos demanda que les devolvamos a la existencia por medio de este amor que no tiene envidia; que volvamos a entablar relaciones más maduras de amistad y comprensión; que entendamos, de una vez, que somos un pueblo y que como tal hemos de responder delante de Dios y de los hombres.

Las desavenencias dentro del pueblo de Dios, los enfados y las rupturas de relaciones entre los hermanos, solo contribuyen a desacreditar el reino de Dios en la tierra. Los cristianos no estamos aquí para eso, sino para todo lo contrario, para hacer de la diversidad y de la diferencia una unidad en el Señor. Nuestra misión será siempre procurar hacer de muchos altares separados un único altar de unidad. De ahí que, ante los desafíos de la globalización, sea deseable que todos los creyentes del mundo se pusieran de acuerdo para pedirle a los respectivos gobiernos que introdujeran en sus agendas el tema de la regulación de la economía global. Es menester que durante este siglo XXI se acabe cuanto antes con el infierno de la criminalidad, los escándalos políticos, el racismo y los nacionalismos excluyentes, así como con la miseria y el hambre que existe en el mundo. Ya no es posible decir que faltan alimentos o recursos para hacerlo. Lo único que se requiere es voluntad política y sensibilidad fraternal.

Aquella antigua predicación que hacía Juan el Bautista recorriendo la ribera del Jordán se ha vuelto hoy tan necesaria como entonces. Cuando, después de oír su mensaje acerca del bautismo del arrepentimiento para perdón de pecados, la gente le preguntaba: "¿qué haremos?", respondía: «El que tiene dos túnicas, dé al que no tiene; y el que tiene qué comer, haga lo mismo» (Lc 3:10-11). La comunicación verdaderamente cristiana consiste en poner los bienes en común cuando es necesario hacerlo; en recoger ofrendas y ayuda material para aquellos que lo necesitan, sean o no hermanos en la fe. Este carácter solidario del pueblo cristiano es una consecuencia inmediata de la esencia del reino de Dios en la tierra.

El apóstol Pablo negó incluso a la iglesia de Corinto el derecho a seguir celebrando la Cena del Señor, precisamente por los abusos y las discriminaciones económicas que durante tal celebración se realizaban (1 Co 11:17-34). Y algo más tarde, en relación con esta misma idea, les escribe en los siguientes términos: «Porque no digo esto para que haya para otros holgura y para vosotros estrechez, sino para que en este tiempo, con igualdad, la abundancia vuestra supla la escasez de ellos, para que también la abundancia de ellos supla la necesidad vuestra, para que haya igualdad, como está escrito: El que recogió mucho, no tuvo más, y el que poco, no tuvo menos» (2 Co 8:13-15). Tal ejemplo de fraternidad continúa siendo necesario en nuestro mundo globalizado. Las leyes que gobiernan el cosmos no se pueden cambiar, fueron diseñadas así por el Creador, pero aquellas que controlan el universo económico de la globalización han sido creadas por el hombre y, por tanto, la acción humana es capaz de cambiarlas o mejorarlas con el fin de eliminar la exclusión social.

Los cristianos debemos influir para que tal cambio se haga pronto una realidad auténtica. La iglesia de Jesucristo debe aprender hoy a ponerse en el lugar de quien escucha por primera vez el mensaje cristiano. Tiene que hacer un esfuerzo por entender al hombre que vive en plena globalización y poder así presentarle las buenas nuevas con sabiduría y humildad de espíritu. En el momento presente es imprescindible predicar por medio de ese testimonio personal que siempre resulta más atractivo, en el fondo y en la forma, que la referencia pasiva a una religiosidad fría del pasado. La cristiandad debe revalorizar su celebración cúltica y hacerla atractiva para la sociedad actual ya que, al fin y al cabo, se trata de la mayor fiesta del universo debido a que gira en torno a la única esperanza que le queda al ser humano. En el culto cristiano hay que festejar la vida, el amor y el perdón que Jesucristo ofrece a la humanidad. Pero hay que hacerlo entender esto de manera adecuada a las personas de hoy.

No debemos pensar solamente en las almas de los hombres sino también en toda la esencia de la persona, en sus necesidades materiales y morales. De esta manera el pueblo de Dios anunciará eficazmente el mensaje de salvación al ser humano, a las culturas y a los pueblos, dejándose a la vez influir e inculturizar por ellos. La predicación del evangelio tiene que hacer un énfasis especial en la justicia social, así como en la no violencia activa y en el cuidado de la creación. Estos valores cristianos deben ser resaltados hoy más que nunca y llevados a la práctica o exigidos a las autoridades respectivas.

Si queremos que la globalización adquiera un rostro más humano y que las minorías frustradas no se dejen llevar por la envidia y actúen violentamente contra el mundo rico que no parece tenerlas en cuenta para nada, hay que actuar de inmediato. No podemos permanecer sordos y mudos ante esa bestia salvaje del neocapitalismo que actúa según los principios evolucionistas del darwinismo social. Hay que desmentir a quienes predican que los poderosos son siempre los mejores, mientras que los pobres serían la peor raza humana. Esta filosofía es absolutamente contraria al evangelio de Cristo porque, entre otras cosas, Dios hizo todo el linaje humano «de una sola sangre», tal como también lo demuestra en la actualidad la genética moderna (Cruz, 1999: 230). Jesús estuvo siempre al lado de los necesitados.

Así como en Apocalipsis 13:2-4 se habla de aquella bestia que tenía «gran autoridad» y que consiguió maravillar a toda la tierra para que la adoraran, refiriéndose probablemente al Imperio Romano que sometía a los cristianos primitivos a crueles persecuciones porque no aceptaban que el César fuese su Dios y Señor, también hoy la globalización económica del Primer Mundo puede convertirse en una nueva bestia que esclavice y destruya a millones de criaturas.

De ahí que los creyentes tengamos que luchar contra ciertos aspectos negativos del proceso globalizador para que tal bestia no llegue a convertirse en un poder absoluto e inamovible. Frente a la lógica egoísta de «todo y cuanto antes» o del «mayor rendimiento en el menor tiempo posible», el cristiano debe replicar con los valores de la libertad de conciencia, el altruismo, la solidaridad y la gratuidad. Porque si la existencia del ser humano es un don, puesto que todos hemos sido creados por Dios; si la salvación llevada a cabo por Jesucristo es gratuita para toda persona que desee aceptarla, entonces la gratuidad debe ser también la fuente y la fuerza que mantenga unida toda la realidad social. Si somos un don de Dios, ¿cómo no asumir con todas las criaturas de la tierra, la solidaridad fraternal, la convivencia pacífica y la coparticipación en la labor de guardar la creación y hacer una sociedad más justa?

En el siglo XXI se necesitan cristianos que sepan ponerse en el lugar de quien todavía no es creyente porque no ha descubierto el mensaje de Jesucristo, hombres y mujeres que sean capaces de expresar su fe de manera testimonial, con un estilo de vida que resulte atractivo en el fondo y en la forma. Es necesaria una iglesia que sepa celebrar la fiesta de la esperanza, la vida, el amor y el perdón que solo ofrece Jesús. En la actualidad, los discípulos del Maestro no deben preocuparse únicamente por las almas de las personas, sino también por todos los requisitos que atañen al espíritu y al cuerpo. Las congregaciones tienen que ser sensibles a las necesidades que tiene el pueblo para suplirlas de acuerdo a sus posibilidades. Hay que procurar anunciar las buenas nuevas a cada cultura y, a la vez, dejarse inculturizar por aquellos valores positivos que existen en cada tradición autóctona. Solo de esta manera la iglesia podrá seguir extendiendo el reino de Dios en la tierra y contribuirá a paliar las oscuras sombras que hoy se ciernen sobre la globalización.

—2—

El desafío de las migraciones y la diversidad cultural

L os éxodos o traslados masivos de personas han existido desde la más remota antigüedad. El ser humano ha venido cambiando su lugar de residencia desde la noche de los tiempos con el fin de buscar mejores tierras, nuevos alimentos o climas más saludables. En las páginas de la Biblia se describen algunas de estas migraciones como, por ejemplo, la del patriarca Abraham, que con su esposa Sara y todas sus posesiones salió de la tierra de Ur de los caldeos, «sin saber a dónde iba», y fue extranjero durante muchos años, peregrinando en busca de una patria mejor. También ocupa una posición importante en las Escrituras la migración del pueblo hebreo, dirigida por Moisés, que duró cuarenta años a través de un desierto inhóspito, y que les llevó desde la esclavitud en Egipto hasta la anhelada libertad de la Tierra Prometida.

No obstante, las migraciones que se están produciendo en el presente son diferentes a las antiguas porque no afectan a toda la sociedad o a todo un grupo social, sino únicamente a ciertos individuos. Hoy no suele trasladarse toda la familia a la vez. Unas veces es el padre, otras la madre, quien se marcha primero en busca de trabajo, para reclamar después a los hijos o demás familiares cuando disponen de los recursos económicos necesarios. Estas situaciones de separación generan traumas familiares y sicológicos que repercuten en la sociedad. Actualmente hay entre 130 y 145 millones de inmigrantes en todo el mundo y este número continúa aumentando. Más de un 2% de la población mundial vive y trabaja en un lugar distinto del que nació. En opinión de los sociólogos, el siglo

XXI va a ser el siglo de las grandes migraciones desde los países pobres a aquellos otros industrializados que tienen necesidad de mano de obra joven y trabajadora.

El hambre, las frecuentes guerras, así como la devastación que padece el continente africano, han incrementado tanto la inmigración legal como la ilegal, en condiciones desesperadas, hacia la Europa del bienestar. Pero también de Sudamérica y los países de Europa oriental, cientos de miles de personas abandonan su patria con la esperanza de encontrar mejores condiciones de vida. Esta palpable afluencia de criaturas pertenecientes a diferentes etnias, culturas y religiones ha contribuido a crear la sensación, en ciertos sectores de la población autóctona, de que se está produciendo una auténtica invasión extranjera que vendría a poner en peligro la cultura del país que los acoge, así como las tradiciones e incluso los propios recursos económicos. Tal sentimiento constituye el caldo de cultivo para la generalización de la xenofobia y los prejuicios contra los inmigrantes.

Sin embargo, a pesar de las apariencias, lo cierto es que los estrictos controles inmigratorios que existen en los países de entrada, como España e Italia con relación a la Unión Europea, así como la falta de oportunidades laborales, han limitado considerablemente la afluencia de inmigrantes desde el sur y el este hacia las naciones europeas. Las catastróficas previsiones que hablaban del arribo de casi 25 millones de rusos se han quedado solo en unos pocos miles (Castells, 1999). Lo mismo ha ocurrido con los cálculos para África. Hay que entender que países como España e Italia, que prácticamente no tenían inmigrantes, han visto aumentar su población en varios cientos de miles, lo que ha convertido a la sociedad en multiétnica. Y los ciudadanos originarios no estaban acostumbrados a esto. La psicosis de invasión de inmigrantes creada es mayor que el número real de los mismos que consiguen establecerse en el país. Según las autoridades españolas, de cualquier manera, la baja tasa de natalidad de la sociedad española haría necesaria la presencia de un mayor número de extranjeros que viviera y trabajara allí.

Durante la década de los noventa se produjo también un notable aumento de la inmigración en los Estados Unidos, Canadá y Australia. Incluso países que solían tener muy poca afluencia de inmigrantes con la intención de quedarse a vivir, como Japón, han visto recientemente cómo su población acogía a cientos de miles de ciudadanos procedentes de todo el mundo. Este creciente flujo de inmigración ha provocado que la sociedad occidental, en general, se haya vuelto más diversa desde el punto de vista étnico y cultural. Por desgracia, tal transformación ha generado también la degradación del concepto de «inmigrante» que, en ciertas regiones, viene a ser sinónimo de ciudadano de segunda, perteneciente a una minoría discriminada. A pesar de todo, parece que la tendencia que marcará el siglo XXI será la acentuación de las migraciones y la multietnicidad de la población del Primer Mundo.

Los inmigrantes han sido denominados los «nuevos bárbaros» (Rufin, 1992) debido a que al igual que los bárbaros primitivos intentaron traspasar las fronteras del Imperio Romano durante el siglo II de nuestra era y lo consiguieron, también los actuales inmigrantes están logrando introducirse en los países ricos, aunque sea jugándose la vida. Miles de personas consideradas como los «espaldas mojadas», «balseros» o «sin papeles» procuran cada día burlar la vigilancia de la policía estatal tejana, los guardacostas de Florida, los agentes de aduanas de Marsella o las patrulleras de la Guardia Civil española. El Primer Mundo intenta cerrar herméticamente sus puertas y no quiere reconocer que no es posible ponerle fronteras al hambre. La gente va irremediablemente allí donde están las oportunidades de supervivencia, de manera que este flujo migratorio continuará en tanto las criaturas se vean empujadas a salir de su patria para poder comer. Y esto nos lleva a preguntarnos con González-Carvajal: «¿quiénes son los "bárbaros", ellos o nosotros?».

El RESPETO AL EXTRANJERO SEGÚN LA BIBLIA

Los libros bíblicos Éxodo, Levítico y Números están repletos de versículos que defienden al extranjero y proponen normas para proteger sus derechos. Uno de los textos más antiguos de la Biblia, escrito entre los siglos XII y XI antes de Cristo, es decir cuando los hebreos se establecieron en la tierra de Canaán, pone en boca de Dios las siguientes leyes para Israel: «La misma ley será para el natural, y para el extranjero que habitare entre vosotros» (Éx 12:49). «Seis días trabajarás y harás toda tu obra; más el séptimo día es reposo para Jehová tu Dios; no hagas en él obra alguna, tú, ni tu hijo, ni tu hija, ni tu siervo, ni tu criada, ni tu bestia, ni tu extranjero que está dentro de tus puertas» (Éx 20:9-10). «Y al extranjero no engañarás ni angustiarás, porque extranjeros fuisteis vosotros en la tierra de Egipto» (Éx 22:21; 23:9). «Cuando el extranjero morare con vosotros en vuestra tierra, no le oprimiréis. Como a un natural de vosotros tendréis al extranjero que more con vosotros, y lo amarás como a ti mismo» (Lv 19:33-34). «Un mismo estatuto tendréis vosotros de la congregación y el extranjero que con vosotros mora; delante del Señor, vosotros y los extranjeros sois iguales» (Nm 15:15).
En el libro de Deuteronomio se llega incluso a proponer un impuesto social a cada judío para beneficiar a los menesterosos y también a los extranjeros: «Al fin de cada tres años sacarás todo el diezmo de tus productos de aquel año, y lo guardarás en tus ciudades. Y vendrá el levita, que no tiene parte ni heredad contigo, y el extranjero, el huérfano y la viuda que hubiere en tus poblaciones, y comerán y serán saciados; para que Jehová tu Dios te bendiga en toda obra que tus manos hicieren» (Dt 14:28-29). Pero, desde luego, donde la relación con el extranjero alcanza un grado superior es en el Nuevo Testamento. En el juicio de las naciones se llega a decir que acoger o dejar de acoger al forastero equivale

exactamente a hacerlo con Cristo: «Porque tuve hambre y me disteis de comer; tuve sed y me disteis de beber; fui forastero y me recogisteis ... Señor ... Y ¿cuándo te vimos forastero y te recogimos, o desnudo y te cubrimos? ... De cierto os digo que en cuanto lo hicisteis a uno de estos mis hermanos más pequeños, a mí lo hicisteis» (Mt 25:35-40).

El mensaje cristiano no hace jamás acepción de personas porque entiende que el amor a Dios conlleva inevitablemente el amor al prójimo. Por tanto, cada creyente debe hacerse prójimo del necesitado, sea forastero o no. Esto es una responsabilidad fundamental de cada discípulo de Cristo, de ahí que la Iglesia tenga que acoger al extranjero y facilitar su integración en el seno de la misma. Seguramente las congregaciones que entiendan esto y permitan que los creyentes recién llegados se conviertan en miembros activos de las mismas, serán ejemplos positivos no solo para las demás iglesias sino también para la sociedad en su conjunto.

Es cierto que el tema de la integración social del inmigrante es delicado y matizable ya que depende de múltiples factores. También es verdad que las diferencias étnicas, culturales y religiosas hacen que unos grupos se integren mejor o más rápidamente que otros. Sin embargo, desde la fe cristiana hay que ser sensibles a las necesidades humanas de todas las criaturas que se ven obligadas a emigrar. Estas cosas suelen percibirse de manera distinta desde el cómodo sillón del hogar, que desde una balsa repleta de inmigrantes que va a la deriva. Todo depende del «dolor» con el que se mira, de ahí que los cristianos tengamos especiales motivos para convertirnos en defensores de los extranjeros.

DIÁLOGO ENTRE CULTURAS

Según se vio en el primer capítulo, hasta ahora la globalización no se ha caracterizado por el respeto a las demás culturas sino, más bien, por la imposición de la cultura de occidente sobre todas las demás. Es lógico, por tanto, que algunos pueblos se sientan menospreciados e incluso maltratados por la civilización del hombre blanco. Este es otro de los comportamientos equivocados que los cristianos debemos contribuir a cambiar durante el presente siglo. Pensar que nuestras costumbres y tradiciones son siempre superiores a las de los demás o que ninguna etnia de la tierra tiene nada que enseñarnos es un gran acto de soberbia por nuestra parte. ¿Cómo es posible creer que culturas que durante mucho tiempo han dado significado a la vida de tantas personas no tengan ningún valor positivo que ofrecernos? ¿Acaso el mundo occidental puede presumir hoy de poseer tantos valores humanos como para despreciar los de otros pueblos? Es cierto que no todos los comportamientos que se conservan en las tradiciones de ciertas civilizaciones son buenos o que haya que respetarlos por el mero hecho de que existan como reliquia cultural. La práctica de la ablación del clítoris a las niñas, por ejemplo, es un salvajismo que ninguna sociedad debiera permitir. Quemar viva a la esposa junto con el difunto marido, como se hacía en la India hasta mediados del siglo XX, es una costumbre absolutamente inhumana. Obligar a las mujeres afganas a llevar la humillante *burka* que las convierte en fantasmas ambulantes o a abandonar su educación, así como el ejercicio de su profesión, es algo que no debiera permitirse en un mundo global. En esto estamos de acuerdo. Sin embargo, también es verdad que existe mucha riqueza cultural escondida en la mayoría de las tribus y pueblos de la tierra. Si nuestra civilización occidental construida sobre muchos principios bíblicos, valora hoy ante todo la libertad, el espíritu crítico, los derechos humanos o la democracia, algunas etnias por su parte pueden enseñarnos el valor del tiempo, a distinguir lo importante de lo secundario o a vivir en armonía con la naturaleza.

En ciertas culturas se da también una capacidad especial para soportar el sufrimiento así como un espíritu de resignación ante las adversidades de la vida que la mayoría de los habitantes del mundo globalizado parecen haber perdido. La serenidad con que se enfrenta la muerte y se le integra con la propia existencia, el respeto por los ancianos y la valoración de su experiencia vital, la buena relación existente entre las distintas generaciones, el sentimiento solidario de comunidad, la sabiduría con la que se pasa del período laboral al ocio, así como la capacidad para ser felices en la austeridad y la facilidad con la que el ser humano cree y se relaciona con lo divino, constituyen otras tantas lecciones que algunos pueblos le siguen dando al Primer Mundo.

Por supuesto que algunas de sus tradiciones religiosas o culturales pueden ser solo supersticiones equivocadas y ahí es donde la fe cristiana debe ayudar mostrándoles el evangelio de Jesucristo, pero esto no significa que ellos no puedan enseñarnos nada bueno a nosotros. La iglesia debe inculturar el evangelio a todos los pueblos de la tierra y nunca jamás imponerlo como, por desgracia, se hizo en el pasado. A la vez, las congregaciones cristianas tienen que dejarse inculturar por aquellos valores positivos que hay en cada tradición autóctona. Esto no significa que se deba cambiar o modificar el mensaje de Jesucristo, ni mucho menos que se practique un sincretismo que tome doctrinas de aquí y de allá para contentar a todo el mundo. Las buenas nuevas reveladas por Dios en las Sagradas Escrituras son inmutables. No pueden cambiarse en función de las modas o las costumbres humanas.

No obstante, lo que sí debe adecuarse a cada grupo humano es el envoltorio cultural mediante el cual se transmite la Palabra de Dios. El evangelio debe predicarse en las categorías culturales de cada etnia y esto significa que parte de la liturgia cultual (la que no sea revelada) puede y tiene que recoger las expresiones típicas de cada pueblo. La revelación divina, que no cambia, debe poder manifestarse mediante el pluralismo litúrgico, que sí puede hacerlo. Esto es lo que se observa en el Nuevo Testamento, por ejemplo, cuando la iglesia primitiva pasó del cristianismo de influencia judía al de carácter griego. De manera que hoy la iglesia cristiana deberá pasar también de ser una iglesia exclusivamente occidental a ser una iglesia universal.

Identificar el cristianismo con la cultura occidental ha sido la gran equivocación de los misioneros de la época moderna (Cruz, 1997: 199). El armonio, por ejemplo, es un instrumento musical que, si se toca bien, es capaz de producir melodías agradables que pueden inspirar espiritualmente, sobre todo al creyente europeo y norteamericano. Pero convertir semejante aparato en parte fundamental del culto, casi como si se tratara de la Santa Cena o la predicación, asumir su uso como la única posibilidad musical para la alabanza aceptada por Dios, e imponerlo a todas las congregaciones cristianas del planeta, ha sido durante siglos el gran error de las iglesias evangelizadoras del norte. ¿Es que acaso a Dios no le agrada la música producida por los instrumentos de los demás pueblos? Lo mismo ha ocurrido con el estilo arquitectónico de los templos, la educación occidental impartida en las escuelas bíblicas, la vestimenta de los pastores o líderes religiosos y otras muchas tradiciones culturales. Por tanto, en la actualidad es menester que el cristianismo respete los valores de cada pueblo y sea inculturado con sensibilidad hacia ellos. Solo así podrá recuperar la credibilidad que tantos años de imposición cultural le hicieron perder.

El verdadero diálogo intercultural solo puede darse en un clima de reciprocidad. Hay que acabar cuanto antes con la idea errónea de que la civilización occidental no necesita nada de nadie. En realidad, lo cierto es que todas las culturas están llamadas a aprender unas de otras, así como a enseñarse mutuamente. De ahí que el verdadero actor de la inculturación evangélica no sea tanto el misionero, ni la comunidad de origen que financia sus gastos, sino la congregación local que es quien verdaderamente conoce su propia cultura, así como los signos de identidad comunes a todas las personas de su tierra. La tarea del misionero que dedica su vida a llevar el evangelio a unas determinadas personas es muy importante y loable ya que, aparte de la vocación y el altruismo, implica un esfuerzo por traducir el mensaje de la mejor manera que pueda, con el fin de que la gente lo entienda y se convierta a Jesucristo, pero debe ser siempre consciente de que la verdadera protagonista del diálogo entre el evangelio y la cultura autóctona tiene que ser la propia iglesia local. Ella es, en definitiva, quien mejor conoce su cultura y quien tiene la mayor responsabilidad de testificar a sus semejantes.

LA RAZA UNE HASTA CIERTO PUNTO

La consecuencia lógica de las migraciones que se están produciendo actualmente por todo el mundo es el surgimiento de una sociedad cada vez más plural y multirracial. Parece obvio que los inmigrantes pertenecientes a la misma raza, cuando arriban a un país, tiendan a agruparse y a crear asociaciones en las que se relacionan, comparten experiencias comunes, plantean sus problemas laborales o sociales y procuran buscar soluciones o reivindicar sus derechos de acuerdo con las leyes propias de cada estado. Se da así una cierta conciencia de grupo que es fortalecida por la pertenencia a la misma etnia. Desde este punto de vista, en pleno proceso globalizador, la raza continúa teniendo un significado importante en casi todos los debates políticos y sociales.

Sin embargo, a medida que transcurre el tiempo y los individuos se van integrando en los distintos estratos sociales, en función de sus conocimientos profesionales o sus capacidades intelectuales, el concepto de raza empieza a perder sentido para cedérselo poco a poco al de clase social. Esto no significa que la raza deje de tener importancia, ya que puede continuar habiendo discriminación o xenofobia, pero sí que progresivamente la idea de etnicidad se va fragmentando como fuente de sentido para fusionarse con otras identidades más amplias que la raza, como pueden ser el género, los partidos políticos o la misma religión. Muchas agrupaciones feministas acogen a militantes pertenecientes a diversas etnias. Algunos partidos asumen en sus idearios las reivindicaciones propias de los inmigrantes, y bastantes iglesias cristianas reciben con los brazos abiertos a creyentes procedentes de todos los rincones del mundo. La fe y las convicciones personales pueden jugar un papel más importante a la hora de unir a las personas que la conciencia de pertenecer a una misma raza.

En las naciones multirraciales, como los Estados Unidos, Francia o el Reino Unido, la pluralidad étnica suele darse primero en determinados estamentos de la sociedad, como la empresa, la iglesia, el ejército o la educación, para ir escalando después posiciones a otros niveles de mayor prestigio social. Esto es lo que se observa actualmente, por ejemplo, en la comunidad afroamericana estadounidense, que durante los últimos treinta años ha visto como se resquebrajaba su antigua identidad de raza por culpa de las diferencias de clase (Castells, 2000b). Cada vez existe una mayor hostilidad de parte de los negros pobres hacia sus hermanos que se han enriquecido, olvidándose de ellos y contribuyendo a su exclusión social. Por tanto, actualmente la raza sigue siendo importante pero, según algunos sociólogos, ya casi no tiene sentido en las sociedades multiétnicas.

CONSECUENCIAS NEGATIVAS DEL PLURALISMO

Uno de los principales peligros de la sociedad plural es la idea, que tiende a generalizarse, de que el mundo y la realidad pueden ser interpretados desde muchos puntos de vista diferentes. Esta «teoría del perspectivismo» que afirma que todo depende de la perspectiva individual que se adopte, del punto de vista personal o del «color del cristal con que se mire», genera tarde o temprano un estilo de vida caracterizado por la incertidumbre y el malestar existencial. Si todo es relativo, entonces desaparecen las verdades absolutas y el ser humano se queda sin suelo bajo los pies ni cielo sobre la cabeza. Las coordenadas vitales que sostuvieron desde siempre a la humanidad se desvanecen en un mar de dudas e inseguridades. Los valores quedan cuestionados, las preguntas se conforman sin respuestas solo con la pura interrogación, y los sistemas de vida como la familia, la política o la fe religiosa experimentan una profunda degradación.

Ante semejantes incertidumbres generadas en el pluralismo de la aldea global, algunas personas optan hoy por huir de la sociedad. Aun viviendo en medio de la muchedumbre deciden aislarse de todo y ascender a la cima de su monte particular para estar solas. Incluso hay artefactos electrónicos, como los populares *walkmans*, que facilitan a través de la música esta escapada existencial. Cada vez es mayor el número de individuos huraños que cambian la vida solidaria por la solitaria. Y en esta búsqueda de la soledad se prescinde del prójimo y hasta del mismo Dios porque en el terreno baldío del ateísmo, antiteísmo, muerte de Dios, agnosticismo, religión *light* o esoterismo, solamente parecen florecer la «sociedad sin iglesia», la «iglesia sin creyentes» o los «creyentes sin fe». La crisis de identidad que lleva al aislamiento rompe las creencias y cambia la forma de vivir del ser humano. Las consecuencias de tal situación son fáciles de constatar en la actualidad: materialismo, corrupción, inmoralidad, desintegración familiar, violencia, drogadicción, divorcio, embarazos de adolescentes, insolidaridad y un largo etcétera de comportamientos indeseables.

Esta situación supone un serio reto para la iglesia de Jesucristo que tiene la responsabilidad de enfrentar la creciente secularización que afecta a la sociedad global. Hay que denunciar desde la fe cristiana esa búsqueda egoísta de placer o bienestar personal que caracteriza al hombre de hoy y que le conduce inevitablemente al individualismo, incapacitándole para sacrificarse por los demás o actuar con espíritu fraternal. También el eclecticismo postmoderno, que pretende mezclar toda clase de creencias variadas en una suerte de rompecabezas multirreligioso, debe ser contestado desde el evangelio. La llamada «religión a la carta» no puede sustentarse en la verdadera palabra de Dios. La iglesia deberá luchar asimismo contra la creencia sin práctica y la indiferencia religiosa de tantos creyentes nominales que solo acuden a los cultos para celebrar el bautismo, la boda o el funeral.

LA FE EN MEDIO DE LA DIVERSIDAD

¿Cómo debemos interpretar los cristianos la diversidad racial que existe hoy en tantos países? ¿Qué nos dice la Biblia acerca del pluralismo étnico, cultural y religioso? Una respuesta equivocada sería la de cerrarse por completo a la realidad que existe actualmente en nuestro mundo y no querer ver en él más que las consecuencias del pecado y el orgullo humano. Es cierto que, como se ha indicado, la maldad anida en muchos rincones de la aldea global. Sin embargo, no todo lo que forma parte de la cultura actual debe ser rechazado o condenado como contrario a la fe. La iglesia debe vivir en cada momento histórico sin detenerse o anclarse en un determinado período del pasado. Está llamada a ser crítica con todo aquello que deshumanice a la persona, pero tiene también que ser sabia y no lamentarse por el pluralismo contemporáneo. Más bien, debería usar esta oportunidad de tener muchas personas de diferentes religiones conviviendo juntas para mostrarles adecuadamente el evangelio de Jesucristo. Conviene recordar que, a partir de Pentecostés, la iglesia habla todas las lenguas.

Los cristianos debemos salir a la intemperie y exponernos a los elementos plurales de hoy con la convicción que nos da la Gran Comisión de Jesucristo. No se trata de imponer la fe cristiana, como por desgracia se hizo en el pasado, o de adoptar una táctica puramente defensiva, sino de presentar la oferta de Jesucristo como la posibilidad más humanizadora. Es menester persuadir a las personas mediante una argumentación coherente y comprometida. La iglesia tiene que ser la levadura dentro de la masa que apueste decididamente por el ser humano y se haga solidaria con aquel que sufre. La postura cristiana actual no debiera ser la del fiscal airado que condena constantemente todo lo que ve, sino la del abogado dialogante que desea colaborar en la humanización de esta sociedad. El cristianismo debiera convertirse en la conciencia de la aldea global que mostrara la bondad y la verdad del evangelio frente a otras concepciones que entorpecen el progreso moral y espiritual del ser humano. El amor de Cristo es el que de verdad hace creíble la fe cristiana. Si los creyentes constituimos comunidades que sirven a los demás, seremos el signo real de ese amor de Dios a todas las criaturas.

Uno de los mejores ejemplos que puede sernos útil para dar respuesta a todas estas cuestiones, se encuentra en el libro de los Hechos de los Apóstoles (17:16-34). En aquella época Atenas era uno de los principales centros neurálgicos del mundo antiguo. Allí confluían muchas personas pertenecientes a diversas razas, lenguas, culturas y religiones, pero donde la pluralidad se hacía más evidente era en la variedad de dioses y santuarios que adornaban la ciudad. El apóstol Pablo se dio cuenta inmediatamente de esta religiosidad pagana de los atenienses y de su predilección por «oír algo nuevo», a ellos les atraía la diversidad religiosa así como escuchar acerca de nuevas divinidades o cultos diferentes a los que ya conocían.

No obstante, lo primero que hizo el apóstol fue documentarse sobre la cultura y las religiones paganas de los griegos. Observó sus santuarios, leyó las inscripciones que figuraban en el pedestal de sus ídolos, se interesó por conocer el pensamiento de los filósofos y la literatura helénica, y solo después estuvo en condiciones de presentarles el evangelio de Jesucristo y de manifestarles: «como algunos de vuestros propios poetas también han dicho: Porque linaje suyo somos». Es decir, antes de inculturar el mensaje cristiano tuvo necesariamente que aprender cómo era la cultura a la que se dirigía, y al realizar tal trabajo, descubrió un importante hueco religioso que le sirvió para iniciar su predicación. El altar vacío con el lema: «Al Dios no conocido» fue el desencadenante de su magistral discurso evangelístico, pues, en realidad, ninguno de sus oyentes conocía al verdadero Dios Creador del universo que él les anunciaba.

El mensaje del apóstol atacó directamente la multiplicidad de dioses y religiones. Su enseñanza se centró en que solo existe un único Dios que es el Creador de todo cuanto hay y del propio ser humano. De la misma manera, solo existe una «sangre» humana a partir de la que Dios hizo «todo el linaje de los hombres». Por tanto, el politeísmo era la peor aberración en que podían caer las personas, igual que el racismo y la xenofobia son los principales cánceres capaces de destruir las sociedades de todos los tiempos. Sin saber nada de la genética moderna ni del mapa del genoma humano, Pablo se adelantó a la ciencia actual deduciendo que no era posible hacer una valoración racista o discriminatoria de las distintas etnias humanas (Cruz, 1999: 230). Y si, por tanto, las diferencias en la pigmentación de la piel o el cabello, la forma de la nariz o la expresión del rostro son insuficientes para realizar una clasificación del ser humano en distintas razas, según reconoce hoy la biología, ¿qué sentido tiene hablar de la «pureza de la sangre» o poner reparos al mestizaje genético de las personas? La Biblia no prohíbe en absoluto los llamados matrimonios mixtos entre hombres y mujeres de diferente etnia, como piensan algunos. Hace dos mil años el apóstol Pablo acabó con estos mitos aunque, por desgracia, sus palabras no siempre se entendieron bien.

Pero si la unidad de la raza humana constituye una premisa fundamental del mensaje cristiano, la diversidad cultural existente en el planeta debe verse también como una consecuencia del mandato divino: «multiplicaos y llenad la tierra». Pablo dijo que Dios hizo a los hombres «para que habiten sobre toda la faz de la tierra; y les ha prefijado el orden de los tiempos, y los límites de su habitación». Esto constituye una proclamación de la diversidad étnica que se produjo después de la creación, así como una expresión del control divino sobre la historia y la geografía de la humanidad. Lo que el apóstol afirmó es que todo está en las manos de Dios, el tiempo, el espacio, la continuidad de los acontecimientos históricos y la pluralidad cultural del ser humano. Él sigue siendo el alfa y la omega, el principio y el fin, quien sostiene el cosmos y posee en su mano los hilos que mueven la historia de los hombres.

No obstante, no se puede deducir del hecho de que Dios haya permitido la amplia diversidad humana en todos los órdenes que todas las manifestaciones culturales de las distintas etnias sean siempre positivas, bellas, justas o bondadosas. Desgraciadamente las consecuencias del pecado humano han dejado su huella de maldad en muchas expresiones del hombre que se dan en todos los pueblos. De ahí que la ignorancia, la superstición y el error deban ser siempre rechazados y sustituidos por la sabiduría, la justicia y la bondad de los valores inspirados en el evangelio. El ser humano es una criatura ambivalente capaz de comportarse como ángel, pero también como demonio. Igualmente, su cultura manifiesta también esta ambivalencia moral. El conjunto de creencias, costumbres, valores e instituciones que posee cada sociedad y que se va transmitiendo de generación en generación es portador de esa mezcla dispar de bondad y maldad inherente a toda criatura después de la caída. Por eso el creyente debe distinguir entre los valores y antivalores que existen en cada cultura, para enriquecerse con lo positivo y, a la vez, denunciar aquello que puede degradar a la persona. El mensaje cristiano insiste, por tanto, en la unidad de la raza humana así como en la valoración de todo lo positivo que hay en las diversas etnias y culturas de la tierra.

En el texto del libro de Hechos a que nos referimos se afirma que el espíritu del apóstol Pablo «se enardecía viendo la ciudad entregada a la idolatría» y que «discutía en la sinagoga con los judíos y piadosos, y en la plaza cada día con los que concurrían», predicándoles el evangelio de Jesús y hablándoles acerca de la resurrección. Su actitud fue la de oponerse abiertamente a la idolatría existente en Atenas. Una cosa era la riqueza de culturas y otra muy diferente el politeísmo grosero y supersticioso que allí imperaba. Pablo se había educado en varias culturas diferentes de su época, como escribe Umberto Eco: «el modelo del milenio será San Pablo, que nació en Persia, de una familia judía, que hablaba griego, leía la Torá en hebreo y vivió en Jerusalén, donde hablaba el arameo y que cuando se le pedía el pasaporte era romano» (Eco, 2000). El apóstol fue buen conocedor de diversas tradiciones culturales, las amaba y respetaba, pero su celo misionero no le permitió tolerar ningún rival de Jesucristo, ni llamar «Señor» a nadie en la tierra. Solo Jesús es el Señor del universo, que se humilló hasta la muerte para redimir a la raza humana y que juzgará al mundo con justicia.

Así como en el Antiguo Testamento se explicita el origen de la diversidad étnica y cultural de los distintos pueblos que habitan la tierra a partir de una primera pareja creada por Dios, en el Nuevo Testamento se indica todo lo contrario: una auténtica inversión de aquel proceso original de dispersión. Si los descendientes de Noé se esparcieron por todas las latitudes y climas del planeta, formando así la elevada diversidad de aspectos y tradiciones humanas, a partir de la divulgación del mensaje de Jesucristo toda esa rica variedad humana puede confluir ya en el Hijo del Hombre y ser consciente de que todas las personas pertenecen, en realidad, a la misma raza humana. Independientemente del color de la piel o de la lengua que se hable, la redención de Cristo unifica a las naciones y da lugar a una sola sociedad universal. Como escribió Pablo: «Ya no hay judío ni griego; no hay esclavo ni libre; no hay varón ni mujer; porque todos vosotros sois uno en Cristo Jesús» (Gá 3:28).

Tal convicción cristiana echa por tierra todo comportamiento racista o xenofóbico, todo orgullo racial o sexual, toda discriminación del hombre por el hombre y, a la vez, fomenta el respeto a la variedad cultural existente en el mundo de hoy. En este sentido nos identificamos plenamente con las palabras del pastor John Stott: «A causa de la unidad de la humanidad demandamos iguales derechos e igual respeto para las minorías raciales. A causa de la diversidad de grupos étnicos repudiamos el imperialismo cultural y defendemos la preservación de la riqueza de una cultura interracial, compatible con el señorío de Cristo. A causa de la finalidad de Cristo, sostenemos que la libertad religiosa abarca el derecho a difundir el evangelio. A causa de la gloria de la iglesia debemos librarnos de todo resabio de racismo y esforzarnos porque la iglesia sea un modelo de armonía entre las razas, en el que se cumpla el sueño multirracial» (Stott, 1999: 254). En pleno siglo XXI, nos parece que estas deben seguir siendo las legítimas aspiraciones del pueblo de Dios.

CÓMO INCULTURAR HOY EL EVANGELIO

El término *inculturación* significa mucho más que una mera adaptación de la fe cristiana a la idiosincrasia de un determinado pueblo. No se trata solo de traducir el mensaje evangélico sino, sobre todo, de vivir y expresar de forma nueva las convicciones cristianas desde dentro de las raíces de cada cultura. En este sentido, el verdadero evangelizador no es aquel que presenta el evangelio subido a ese pedestal arrogante que le confiere un equivocado sentimiento de superioridad, sino quien lo hace humildemente, abriéndose a la posibilidad de aprender también del evangelizado. Para presentar las buenas nuevas de Jesucristo en la aldea global hoy se impone la necesidad de hacerlo mediante un estilo totalmente nuevo.

La arrogancia tradicional de unas iglesias que se limitaban a traducir lo que creían saber muy bien y que además del mensaje cristiano exportaban el colonialismo de su propia cultura, junto a sus mismas divisiones internas, no podrá prevalecer en un mundo que se ha globalizado y se ha liberado de la tutela de los países ricos. Inculturar el evangelio es predicar al otro aquello que se lleva en el corazón y, a la vez, aprender lo que no se sabe de él y que nos puede enriquecer como personas. Es evidente que las iglesias cristianas colaboran al desarrollo de las culturas que evangelizan, pero también pueden recibir grandes enseñanzas de esas mismas culturas. E incluso, en esta peculiar inculturación de la fe, es posible que el evangelizador pueda resultar evangelizado en algunos aspectos.

No existe ninguna cultura actual que pueda presumir de tener el monopolio de la fe cristiana. Es verdad que al principio Dios eligió al pueblo de Israel para transmitir su mensaje de salvación en las categorías culturales hebreas. Pero a partir de los judíos, el plan divino se extendió al mundo griego, a los romanos y así a los demás pueblos de la tierra. Jesucristo asumió todas las culturas humanas.

La totalidad de los hombres y mujeres del planeta fueron acogidos por el sacrifico redentor de Cristo a través de su propia manera de ser, de su lengua, raza o civilización. El arrepentimiento sincero y la fe en el Hijo de Dios abren las puertas del reino eterno a toda criatura, independientemente de cuál sea su procedencia cultural. Por tanto, como la fe y la cultura de cada persona se interpelan mutuamente, la iglesia de Cristo deberá solidarizarse con todas las civilizaciones en el seno de la historia.

Aunque no hay fe sin cultura, lo cierto es que la fe no se puede reducir a una determinada cultura. El evangelio deberá por tanto adecuarse a cada forma de ser. En este sentido, el apóstol Pablo escribió a los corintios en los siguientes términos: «Por lo cual, siendo libre de todos, me he hecho siervo de todos para ganar a mayor número. Me he hecho a los judíos como judío, para ganar a los judíos; a los que están sujetos a la ley (aunque yo no esté sujeto a la ley) como sujeto a la ley, para ganar a los que están sujetos a la ley; a los que están sin ley, como si yo estuviera sin ley (no estando yo sin ley de Dios, sino bajo la ley de Cristo), para ganar a los que están sin ley. Me he hecho débil a los débiles, para ganar a los débiles; a todos me he hecho de todo, para que de todos modos salve a algunos. Y esto hago por causa del Evangelio, para hacerme copartícipe de él» (1 Co 9:19-23).

El deseo del apóstol fue que las personas se convirtieran a Cristo y para lograr este objetivo subordinó todo lo demás. En estas frases se detecta un respeto especial hacia la sensibilidad cultural y religiosa de cada pueblo. Pablo se acomodó a los sentimientos y la manera de pensar que tenían sus compatriotas judíos, pero también hizo lo mismo con los gentiles que eran culturalmente muy diferentes, así como con aquellos que tenían escrúpulos espirituales. El apóstol se hizo de todo a todos. Asimismo en su epístola a los efesios habló de «reunir todas las cosas en Cristo» (Ef 1:10) porque él es «aquel que todo lo llena en todo» (Ef 1:23). Según Pablo el objeto del plan divino era el ordenamiento de todas las cosas no a una cultura determinada, sino a Cristo como su centro. Y este plan de Dios abarca a todas las criaturas y pueblos de la tierra ya que todos deben hallar en Jesús su punto de confluencia. Cristo es el principio y el fin de todo ser viviente, sea de la etnia que sea. Él es la razón última y el punto final de la historia de la humanidad. De ahí que la inculturación del evangelio no tenga por qué ser monopolio de una determinada cultura dominante o dominadora.

Si algo puede aprenderse del pluralismo actual es que la cultura de occidente no posee la exclusiva de la verdad. Las iglesias cristianas del Norte pueden aprender de las tradiciones religiosas de otros pueblos de la tierra. Es cierto que para los cristianos la Biblia será siempre la principal revelación divina, pero esto no impide que otras civilizaciones puedan mostrarnos actitudes que desconocíamos o, simplemente, que habíamos olvidado. Todo lo que pueda haber de justo, bueno, bello y honesto en el mundo procede en definitiva de Dios. El Espíritu Santo actúa

también fuera de la iglesia visible haciendo que la historia avance hacia la plenitud del reino divino. Podríamos decir con el evangelio que si alguien hace milagros, no importa que no sea de los nuestros, también a través de él puede actuar
el designio de Dios. En cierta ocasión el apóstol Juan le comunicó a Jesús:
«Maestro, hemos visto a uno que en tu nombre echaba fuera demonios, pero él
no nos sigue; y se lo prohibimos, porque no nos seguía. Pero Jesús dijo: No se lo
prohibáis; porque ninguno hay que haga milagro en mi nombre, que luego pueda
decir mal de mí. Porque el que no es contra nosotros, por nosotros es» (Mr 9:38-
40).

En este sentido se debería prestar mayor atención, por ejemplo, al sentimiento de gratitud por la vida que profesan ciertas culturas, así como al deseo de pro-
tegerla en todas sus manifestaciones que hay en tantos pueblos considerados
«primitivos». Lo mismo puede decirse del elevado sentido comunitario, de ver la
mano de Dios en todos los acontecimientos de la vida cotidiana, de la convicción
de que lo corporal no se puede separar de lo espiritual, de la actitud de meditación o silencio ante lo divino, y de otros comportamientos que son tan necesarios
para equilibrar la superficialidad, el materialismo y el individualismo propio de la
cultura occidental.

No se trata de que «ellos» se conviertan a «nosotros», sino de que «todos»,
ellos y nosotros, nos convirtamos a Cristo. El Nuevo Testamento relata detallada-
mente el encuentro entre Pedro y Cornelio, dos personas pertenecientes a diferentes culturas (Hch 10 y 11). Pedro era judío y Cornelio romano. Hasta entonces
la cultura hebrea prohibía que un judío entrase en casa de un gentil ya que se podía contaminar con los muchos objetos «impuros» que había en la vivienda. Sin
embargo, el apóstol Pedro tuvo un sueño en el que Dios le manifestó, por medio
del simbolismo de un gran lienzo que descendía repleto de «cuadrúpedos terrestres, reptiles y aves del cielo», que debía ir a predicar a casa de un centurión romano. En realidad, en el sueño se le ordenó que matara a aquellos animales y se
los comiera, a lo que él respondió que como buen judío no había comido jamás
«ninguna cosa común o inmunda». La voz onírica le reprendió: «Lo que Dios lim-
pió, no lo llames tú común». Esta imagen que se repitió tres veces en el sueño
fue la que le hizo comprender a Pedro que el evangelio era también para los gentiles y le llevó a decir: «En verdad comprendo que Dios no hace acepción de personas, sino que en toda nación se agrada del que le teme y hace justicia».

Pedro y Cornelio se necesitaban mutuamente y su encuentro los transformó
a los dos. Sin la predicación del apóstol, probablemente Cornelio no habría podido conocer a Jesucristo como su Salvador personal. Pero sin la entrevista con el
centurión de Roma, Pedro no habría entendido que el mensaje cristiano era también para todas las demás culturas de la tierra. Dios permitió por medio de este
encuentro intercultural que el exclusivismo de la iglesia naciente se transformara
en una actitud de acogida universal a todos los pueblos. Por eso el cristianismo

debe vaciarse y salir de sí mismo, como hizo Jesús. Tiene que abrirse a todas las tradiciones culturales por medio de una actitud humilde, dialogante y servicial. En definitiva, es necesario reconocer que el Reino de Dios es mucho más grande que una denominación cualquiera o una iglesia cristiana concreta. El Espíritu Santo puede actuar dentro y fuera de ellas, como dijo Jesús a Nicodemo: «El viento sopla de donde quiere, y oyes su sonido; más no sabes de dónde viene, ni a dónde va; así es todo aquel que es nacido del Espíritu» (Jn 3:8). Los creyentes no podemos monopolizar a Cristo, ni tampoco tenemos la exclusiva de la bondad, la moral o la esperanza. De ahí que nuestra actitud deba ser como la de Juan el Bautista: «Yo no soy el Cristo», ni mi congregación, ni mi denominación, ni el protestantismo, ni siquiera el cristianismo en general, tampoco son Cristo. Lo único que podemos y debemos hacer es señalar y preparar el camino que conduce hacia él.

Por supuesto, hay que evitar también ceder ante las influencias paganas o anticristianas que puedan existir en las diferentes culturas. La inculturación de la fe tuvo siempre que luchar contra aquellos aspectos culturales que eran opuestos al evangelio de Jesucristo. No debemos engañarnos y dar por cristiano lo que es solo un estilo de vida pagano. Algo así ocurrió en el mundo antiguo, en el que en ciertos ambientes se llegó a confundir al dios de la cultura grecorromana con el Dios de la Biblia. Hoy también corremos el peligro de adorar al dios de la cultura que hemos heredado, en lugar de al Dios Padre de nuestro Señor Jesucristo.

El diálogo con la cultura contemporánea no debe hacerse a ciegas sino mediante una conciencia crítica que permita vislumbrar sus aspectos negativos para la realización del ser humano y poderlos así superar con sabiduría. La verdadera inculturación será aquella que permita expresar la fe cristiana mediante los matices enriquecedores de la cultura. Si hoy el mundo occidental aprecia valores como la libertad, la igualdad, el respeto a la diversidad, la no violencia ni engaño, la tolerancia, la emancipación de la mujer, la paz y todo cuanto tenga que ver con los derechos humanos, la iglesia de Jesucristo debe ir más lejos todavía y añadir a todo esto los valores bíblicos de la fe, la esperanza y el amor, que además de contribuir a la convivencia humana constituyen el germen de la salvación.

El diálogo entre el evangelio y la pluralidad de culturas constituye el gran desafío del siglo XXI. En medio del actual proceso de globalización los creyentes debemos aprender a trabajar juntos con miembros de otras confesiones en aquellas tareas comunes que nos unen. No solo hay que seguir predicando el evangelio de Jesucristo, sino también colaborando en asuntos que tengan que ver con la acción social, con todo cuanto promocione la paz y la justicia, con lo que contribuya a la inserción de los marginados en la sociedad, el cuidado de los enfermos y los encarcelados, los problemas de los inmigrantes, los refugiados, etc. Es decir, prodicar a Cristo y, a la vez, orar y trabajar por la humanización de este mundo tan plural.

La variedad de ofertas religiosas y cosmovisiones que existe hoy obliga a los cristianos a realizar un mayor esfuerzo por fundamentar su propia fe. En estos tiempos el creyente debe saber muy bien en qué cree y cuáles son los pilares doctrinales donde se apoyan sus convicciones. Será necesaria la razón de la argumentación teológica convincente, pero también el testimonio personal o estilo de vida que corrobore aquello que se cree y predica. A pesar de la actual «planetización» del mundo, la evangelización continúa siendo la principal tarea de la iglesia ya que dos de cada tres personas viven aún sin haber oído hablar de Cristo. Por eso hay que emprender la tarea de reorientar al ser humano hacia el amor que Jesucristo encarnó. Solo mediante ese amor al prójimo será posible que en este planeta los besos destierren por fin a las pistolas.

CULTURA DE LA
IMAGEN VIRTUAL

ivimos en un mundo en el que el estímulo de los sentidos se ha convertido en el valor dominante de la existencia humana. Para millones de criaturas de la aldea global el fin supremo de sus vidas es conseguir el máximo placer posible. Hoy, como nunca, el antiguo lema de Voltaire: «El placer es el objeto, el deber y el fin de todo ser racional», se sigue cumpliendo cueste lo que cueste, como si fuera la ley primordial del hombre. Este hedonismo universal se detecta en múltiples comportamientos que van desde el deseo insaciable por comprar y consumir, hasta el anhelo de goce corporal o la tendencia al bienestar y a eliminar de la vida todo aquello que pueda resultar molesto u obligue a reflexionar. De ahí el éxito alcanzado por los medios audiovisuales de comunicación que han sabido respetar esa otra ley, «la del mínimo esfuerzo», imprescindible para conquistar el corazón hedonista del mundo contemporáneo.

La Biblia recoge entre los mandamientos de Dios al pueblo hebreo las siguientes palabras: «No te harás imagen, ni ninguna semejanza de lo que está arriba en el cielo, ni abajo en la tierra, ni en las aguas debajo de la tierra. No te inclinarás a ellas, ni las honrarás» (Éx 20:4-5). Tales decretos pretendían inculcar al pueblo escogido, que vivía rodeado de vecinos politeístas adoradores de muchas divinidades celestes y nacionales, que solo había un único Dios creador de todo lo existente y que era a él a quien debían adorar. Pues bien, en la actualidad parece que en este aspecto hemos retrocedido algunos milenios. La idea de un creador omnisciente ha perdido fuerza en ciertos sectores sociales, mientras que simultáneamente la tecnología ha facilitado el resurgimiento del ancestral culto a las imágenes.

La cultura de la imagen virtual propia de la era de la información ha reducido la realidad a un universo de representaciones y símbolos visuales. La idea de que «una imagen vale más que mil palabras» es la filosofía que ha desencadenado el doble paso desde la galaxia Gutemberg a la galaxia Marconi, y de esta a la de la televisión. La letra impresa se transformó con el transcurso del tiempo en ondas de radio y estas finalmente fueron capaces de transportar imágenes centelleantes. La pequeña pantalla atrajo así la mente humana mediante su calidoscopio de colores, ya que consiguió ofrecer al espectador unos tres millones de puntos brillantes por segundo, y además le empezó a ahorrar el esfuerzo psicológico que supone la lectura. Ante el televisor ya no había que recuperar, traducir y analizar los signos pues la información entraba por los ojos y estaba lista para producir entretenimiento, diversión y placer. Por tanto, el ubicuo electrodoméstico se convirtió en el epicentro cultural de la sociedad global.

Sin embargo, lo más interesante estaba todavía por llegar. La posibilidad de integrar texto, sonido e imágenes en un mismo sistema capaz de interactuar desde numerosos puntos del planeta, en el tiempo que se deseara, y a lo largo de una red global, iba a revolucionar la comunicación humana. El invento del Internet no solo ha modificado la relación entre las personas, sino que probablemente contribuirá también a transformar nuestra cultura. Los medios de comunicación ya no pueden prescindir de las imágenes. Estas han entrado a formar parte de nuestras vidas. Vivimos incesantemente con y por las imágenes mediáticas. La civilización actual ha sido calificada por algunos sociólogos como la «cultura de la virtualidad real», en la que «el hacer creer acaba creando el hacer» (Castells, 2000a). Los medios actuales de comunicación son capaces de capturar la realidad y sumergirla en un mar de imágenes virtuales en el que las apariencias se convierten en la experiencia. Es lógico, por tanto, pensar que el bombardeo sistemático de estímulos visuales que realizan los medios de comunicación masivos pueda tener efectos secundarios o ejercer algún tipo de control sobre la conducta social.

No obstante, lo cierto es que la mayoría de las investigaciones en este sentido indican más bien todo lo contrario. Después de cincuenta años de estudio se ha visto que a pesar de la insistencia de los mensajes audiovisuales, publicitarios o de otro signo, sus efectos sobre la sociedad suelen ser muy limitados. No existen pruebas concluyentes acerca de que la televisión o cualquier otro medio audiovisual cause impactos importantes en la conducta de las personas. Al parecer, el espectador no estaría tan indefenso frente a lo que ve en la pantalla, ya que lo traduciría e interpretaría según sus preferencias o criterios personales. Además, se ha comprobado que de las aproximadamente 3.600 imágenes que transmite cada canal por minuto, el cerebro humano solamente respondería de manera consciente a un estímulo sensorial por cada millón enviado.

Desde luego, esto no significa que los medios de comunicación no ejerzan influencia sobre la población o que sus efectos sean insignificantes. Si fuera así, ninguna empresa comercial anunciaría sus productos en la televisión. Lo que sí parece cierto es que aquel primitivo pánico moral a las posibles repercusiones negativas de los medios de comunicación sobre la sociedad debería moderarse, ya que hoy se sabe que todo emisor organiza las imágenes que observa en función de sus propios códigos éticos, de su fe y de sus convicciones personales. De ahí la importancia de que los niños, que carecen de códigos suficientemente maduros, no vean solos la televisión, sino acompañados por la opinión equilibrada de sus padres o de algún educador adulto, pues, incluso aquellos asuntos negativos pueden convertirse en lecciones positivas si se saben explicar con tacto y sabiduría.

Víctor Hugo escribió en *Los miserables* que: «el porvenir está en manos de los maestros de escuela», refiriéndose a que el futuro de una nación depende de la educación que reciben sus ciudadanos. Sin embargo, no siempre son los profesores quienes educan. Hoy, aparte del maestro tradicional, existen en la sociedad muchas más entidades que aspiran a enseñar o instruir a jóvenes, adolescentes y niños. Elementos como la televisión, la publicidad, el vídeo, el Internet, el cine, los juegos de ordenador, algunas revistas y ciertas tiras cómicas son utilizados a menudo como vehículos para transmitir ideas que responden a intereses particulares o egoístas. No solo asistimos a la proliferación de entes que contribuyen a adoctrinar, sino también a una confusión de valores y contravalores que se mezclan entre sí, pudiendo desorientar muchas conciencias infantiles e inmaduras a menos que la información que se recibe sea convenientemente contrastada con la opinión de los educadores.

EL *HOMO SAPIENS* SE HA CONVERTIDO EN *HOMO VIDENS*

La cultura de la imagen en la que vivimos tiene un denominador común. Se trata de ese «tele-ver» que provoca un «vídeo-vivir». Según el profesor de la Universidad de Florencia, Giovanni Sartori, la televisión y el vídeo están «transformando al *Homo sapiens*, producto de la cultura escrita, en un *Homo videns* para el cual la palabra está destronada por la imagen» (Sartori, 1998: 11). Y es que la sociedad occidental parece apoyarse hoy sobre los frágiles hombres del «vídeo-niño», ese novísimo ejemplar de ser humano educado en el tele-ver, es decir, delante de un televisor, incluso antes de saber leer, escribir y entender. Si tal como afirma el evangelio de Juan «en el principio fue el Verbo, la Palabra», hoy podría decirse que lo principal es la imagen, en torno a la que gira todo lo demás.

La expectación de las imágenes se ha convertido en la nueva religión del mundo globalizado. La televisión representa para los ciudadanos de las sociedades modernas lo que el tótem para las tribus primitivas. Es el objeto fundamental de veneración y reverencia, signo de identificación individual o colectiva. Igual que los antiguos ídolos, la pequeña pantalla concentra las expectativas o temores del hombre actual y a ella se le sacrifica el tiempo que haga falta. Para millones de criaturas, poder elegir entre los diferentes programas es lo más importante que ocurre en sus vidas. Se trata de una nueva religiosidad porque provoca un «re-ligare», es decir, una nueva forma de atar al ciudadano con el mundo, de relacionarlo con la realidad. En muchas familias, este tótem televisivo condiciona tanto la organización del tiempo como la del espacio. De la televisión depende cuándo se acuestan, cuándo van al baño, cuándo comen y cenan, cómo organizan el fin de semana, el ocio, qué consumen e incluso hasta las relaciones sexuales vienen condicionadas a veces por la programación nocturna.

Sin embargo, se trata de un tótem que provoca una ambivalencia afectiva. Se ama y, a la vez, se odia, se desea pero también se desprecia. Todo ello se pone de manifiesto en los numerosos nombres con los que se designa al receptor de televisión: escuela paralela, aula sin muros, aula electrónica, caja sabia, caja tonta, caja mágica, niñera electrónica, tercer padre, etc. Según un estudio del Consejo de Europa, los jóvenes europeos pasan una media de veinticinco horas semanales ante la televisión. Si se mantiene esta dedicación, cuando estos jóvenes de hoy cumplan los setenta años, habrán estado un total de ocho años enteros ante la pequeña pantalla. Leibniz decía que «el que es dueño de la educación puede cambiar la faz del mundo». Hoy es la televisión la que se ha convertido en el instrumento privilegiado de penetración cultural, de socialización, de formación de las conciencias, de colonización o de transmisión de ideologías y valores. Porque, como señaló Feuerbach, nuestro tiempo «prefiere la imagen a la cosa, la copia al original, la representación a la realidad, la apariencia al ser».

Incluso en ciertos círculos intelectuales «ser» se ha convertido hoy en «ser visto en la televisión». Quien no aparece con frecuencia en la pequeña pantalla es como si no existiera. Se supone que al que no se le invita periódicamente a posar ante las cámaras es porque no tiene nada interesante que decir. De esta manera el periodismo televisivo se erige en el juez cultural e ideológico que decide quién tiene algo interesante que aportar y quién debe ser marginado al ostracismo o al silencio. De manera que «la pantalla del televisor se ha convertido hoy en día en una especie de fuente para que se mire en ella Narciso» (Bourdieu, 1998: 17). Pero el narcisismo contemporáneo solo desea ver su propia belleza física. El humor, la diversión y la satisfacción egoísta parece ser lo único que tiene audiencia en la sociedad del bienestar y la abundancia. Por eso a quienes destapan la verdad se les destierra al anonimato. Aquellos que se refieren al evangelio para desenmascarar la insolidaridad narcisista de nuestro mundo y la necesidad de Dios que sigue teniendo el ser humano no suelen ocupar casi nunca los asientos del *plató* televisivo. No cuentan para ese público que nunca lee y que está atado de pies y manos a lo que diga la televisión.

RIESGOS DE LA COMUNIDAD INTERACTIVA

¿Cómo puede repercutir esta predilección generalizada por la imagen virtual y la comunicación interactiva sobre los individuos de la aldea global? ¿Favorece el uso del Internet la creación de nuevas comunidades virtuales solidarias, o, por el contrario, lleva al aislamiento personal y hace que el ser humano viva en una especie de burbuja sin contacto con la realidad? Es evidente que las redes electrónicas de comunicación permiten a sus usuarios intercambiar información, pensamientos y creencias en torno a intereses comunes. Mediante ellas es posible desarrollar lazos débiles con muchas personas a la vez, y obtener así conocimientos acerca de temas que pueden enriquecer culturalmente.

En este sentido, los vínculos sociales y culturales se ven notablemente ampliados en una sociedad que en muchos aspectos es claramente individualista e insolidaria. Parece que el tipo de comunicación *on-line* favorece la desinhibición y la sinceridad de quienes se comunican, aunque en ocasiones ocurre que la propia comunicación en sí misma se vuelve más importante que los fines compartidos o el asunto del que se está tratando. También es cierto que en aquellos países donde todavía se discrimina a la mujer o a otros colectivos, estos pueden manifestar abiertamente sus opiniones a todo el mundo gracias al anonimato y a la protección que les proporciona el medio electrónico.

La sociología no ha determinado todavía con exactitud cuánta sociabilidad real se desarrolla mediante esta comunicación interactiva. Es posible que para algunas personas que viven solas y están necesitadas de relación, el Internet sea un buen medio capaz de satisfacer el diálogo y la autoexpresión. No obstante, existe también la posibilidad de que tales relaciones sociales producidas por medio del ordenador contribuyan a la deshumanización de los individuos, ya que pueden ser una forma demasiado fácil de escapar a la vida real. Con frecuencia se da la paradoja entre numerosos usuarios de la red de que, a la vez que aumentan sus contactos y comunicaciones con personas desconocidas de todo el mundo, se aíslan por completo de su propia familia, no hablan con nadie de su entorno personal, reducen su círculo social y, en ocasiones, entran en un auténtico estado de depresión y soledad.

El sexo por ordenador, así como su amplio abanico de aberraciones, es otro de los grandes asuntos peligrosos que se extiende cada vez más rápidamente por la red electrónica. La gente tímida, solitaria o con problemas de comunicación en la vida real busca, por medio de las líneas de conversación, alternativas para satisfacer su sexualidad. Muchas personas que carecen de una vida conyugal equilibrada, pero que pueden pasar en su comunidad por ciudadanos moralmente intachables, van en pos de las fantasías sexuales y del erotismo que les puede proporcionar un medio tan aséptico, impersonal y discreto como el Internet.

Igual que todos los grandes inventos de la humanidad, la comunicación electrónica actual tiene ventajas y también peligros. Al permitir la integración de toda la información y de todos los mensajes en un mismo modelo global, el Internet hace posible el acceso rápido a noticias, educación, espectáculos visuales y musicales, pero también a la pornografía, pederastia, ideas antidemocráticas, racismo, violencia, etc. Se trata del multimedia que ha capturado en su interior casi todas las expresiones positivas y negativas del mundo, ofreciéndolas a todo aquel que las desee. De ahí la obligación que poseen los padres y educadores cristianos de regular su uso a los menores y de saberles asesorar adecuadamente, igual que ante el consumo de la televisión o cualquier otro medio plural.

EL PROBLEMA DE LA TELEADICCIÓN

Algunos sociólogos creen que el niño que ha crecido ante un televisor, el vídeo-niño, se convierte cuando madura en un adulto marcado durante toda su vida por una importante atrofia cultural. Los estímulos ante los cuales responde son casi exclusivamente audiovisuales, mientras que ante la lectura y la cultura escrita permanece bastante insensible. Esto le originaría un empobrecimiento en su capacidad para entender las cosas porque el lenguaje concreto de la imagen es infinitamente más pobre que el de la palabra, más conceptual y abstracto. El acto de ver estaría así atrofiando la capacidad de entender. En España, por ejemplo, uno de cada dos adultos no lee ni siquiera un libro al año, mientras que en Estados Unidos, entre 1970 y 1993, los diarios perdieron casi una cuarta parte de sus lectores. Al leer menos y hacerse teleadictas, las personas pierden la capacidad de abstracción y la capacidad para distinguir entre lo verdadero y lo falso, de ahí que el ser humano haya iniciado el tercer milenio sumido en una crisis de pérdida de conocimiento y discernimiento.

No obstante, en el ámbito escolar las opiniones sobre el fenómeno de la televisión están divididas. Los apocalípticos o catastrofistas creen que el televisor provoca toda clase de males físicos y psíquicos: problemas de visión, pasividad, consumismo, alienación, violencia, agresividad, etc. Pero no debe olvidarse que las actitudes apocalípticas han existido siempre a lo largo de la historia de la humanidad. En el estado ideal de Platón, por ejemplo, la literatura fantástica estaba prohibida porque se le atribuían malas influencias. Siglos más tarde, Blas Pascal escribía que «todas las grandes distracciones son perniciosas para la vida cristiana, pero entre todas las inventadas por el mundo, no hay ninguna más temible que la comedia». Un siglo después, Jean-Jacques Rousseau arremetía contra las fábulas y contra las comedias de Moliere. Y en el siglo pasado fueron las novelas, la ópera y hasta las salas de conciertos las que merecieron toda clase de censuras. También hoy la televisión es considerada por algunos como la principal causante de los males de la época.

En el extremo opuesto figuran las posturas integradas de aquellos para los cuales el consumo de televisión contribuiría a la democratización del saber y de la cultura, a la potenciación del aprendizaje, la libertad y las opciones múltiples. Ante tal disparidad de criterios lo que suele ocurrir con frecuencia es que los extremos acaban por confluir, llevando a resultados similares. Pienso que lo más correcto es la aceptación crítica, el equilibrio entre el optimismo ingenuo y el catastrofismo estéril. La televisión es un medio ambivalente, con aspectos negativos y también positivos, con posibilidades pero a la vez limitaciones para la educación, y con contradicciones internas.

Algunas influencias negativas que han sido señaladas desde la pedagogía (Ferrés, 1998) apuntan al hecho de que la televisión multiplica las experiencias. Hoy cualquier niño que ve la pequeña pantalla ha tenido acceso a una cantidad de información y experiencias muy superior a las de un anciano de hace varias generaciones. De alguna manera el niño teleadicto se ha hecho viejo a los tres años, y es casi Matusalén cuando en la escuela quieren empezar a enseñarle cosas sencillas. Esta es una de las principales críticas que se hacen a la televisión, la de expulsar a los niños del jardín de la infancia porque les ofrece de forma indiscriminada la información que antes estaba reservada a los adultos. Por tanto, la televisión contribuye a eliminar parte de la infancia.

También tiende a incrementar el sentido de la impaciencia. La letra impresa obliga a ejercitarse en la satisfacción retardada, en postergar o posponer el placer de la lectura y, por tanto, ayuda a desarrollar la paciencia. Únicamente después de reflexionar el texto gramatical se puede comprender el sentido de una frase o una determinada palabra, y solo entonces puede producirse el placer de leer. Las imágenes, en cambio, ofrecen una gratificación inmediata, casi instantánea y sin ningún tipo de esfuerzo reflexivo. Incluso, si alguna imagen resulta desagradable, siempre es posible cambiar de canal con el control remoto en la mano.

El problema de los escolares y de sus primeras frustraciones docentes empieza cuando se dan cuenta de que en la vida no se puede cambiar tan fácilmente de canal ni se puede acelerar el ritmo de los acontecimientos. No es posible vivir con la impaciencia del *zapping* en los ojos y en el corazón. El control remoto, símbolo del poder y de la libertad absolutos, puede convertirse en el instrumento de la propia aniquilación como personas. Sin embargo, la paciencia y la capacidad de asumir los propios límites son fundamentales para el conocimiento y el crecimiento personal. Querer estar (gracias al *zapping*) en todas partes al mismo tiempo significa no estar en ninguna parte. Pretender verlo todo significa no ver nada. Querer saberlo todo conlleva acabar sin saber casi nada.

El hecho de que cada cual pueda confeccionarse su propio menú televisivo a la medida, gracias al control remoto y al cambio continuo de canales, contribuye también a fomentar cierto individualismo en el seno de la aldea global. El deseo por contemplar un mosaico visual propio tiende a negar la idea misma de la globalización ya que, como escribe Castells, al final resulta que «no estamos viviendo en una aldea global, sino en chalecitos individuales, producidos a escala global y distribuidos localmente» (Castells, 2000a: 415).

El tema de la violencia en la pantalla televisiva es uno de los más controvertidos y polémicos. Tampoco hay acuerdo entre pedagogos, sicólogos y sociólogos. Para algunos la televisión es responsable directa del impresionante incremento de los índices de violencia y delincuencia que sufren los países industrializados. Según estos autores, los programas violentos incitarían a la imitación y estimularían las conductas agresivas como si estas fueran algo normal. Mientras que, en el extremo opuesto, están los que consideran que la auténtica violencia está en la sociedad y no en la televisión. En su opinión, la violencia se aprendería en el entorno social y, por tanto, acusar a las imágenes sería solo una excusa o un recurso fácil para eludir el auténtico problema de la violencia que hay en la calle. Incluso algunos autores llegan a decir que las imágenes violentas permiten al espectador descargar sus tensiones, como en una especie de catarsis o válvula de escape que haría posible renunciar a la propia agresividad. La cuestión es, por tanto, compleja y no puede resolverse mediante soluciones simplistas.

Sin embargo, hay que tener en cuenta que una cierta dosis de violencia en la televisión puede cumplir un efecto pedagógico. También en algunos cuentos infantiles tradicionales existen escenas o situaciones violentas. El niño que se asusta al leer u oír un cuento aprende, de forma implícita y natural, que en la vida hay maldad, dolor, sufrimiento y muerte. Pero conviene dosificar esta violencia. Una cosa es que el niño aprenda que en la vida hay violencia y otra que aprenda que la vida es violencia. No es lo mismo, por ejemplo, que en un cuento se diga que el lobo se comió a la abuela, que verlo explicitado en imágenes, como tampoco es igual la violencia con personajes humanos que con dibujos animados.

Se sabe que la frustración puede también generar violencia, sobre todo cuando la persona compara su propia vida con la ostentación de riqueza, de lujo o con las promesas de felicidad fácil que se hacen constantemente por la televisión. ¿Hasta qué punto esta frustración puede ser causante de las actitudes agresivas de los ciudadanos, más que la propia violencia de las películas?

A pesar de los aspectos negativos mencionados y de que, tanto en televisión como en Internet, todo parezca relativo, distante y virtual, lo cierto es que también constituyen, si se utilizan bien, poderosos medios para la extensión del reino de Dios en la tierra. El mensaje evangélico de salvación sigue conquistando almas por medio de la tecnología de la comunicación. La predicación electrónica y las redes apologéticas interactivas son formas eficaces y penetrantes de mostrar las buenas nuevas de Jesucristo a todo el mundo. Es cierto que en el mismo medio coexisten mensajeros diabólicos que difunden pornografía, ofrecen líneas de contactos eróticos o promueven ideologías neonazis cuya finalidad es degradar al ser humano. Sin embargo, el evangelio ha tenido siempre que abrirse camino en un mar de paganismo, superstición y maldad y, en el futuro, lo seguirá haciendo por medio de los recursos legítimos que la ciencia pone a su disposición.

Esencia de la imagen publicitaria

La publicidad incita constantemente al consumo. Las noticias verdaderas se consideran casi siempre como malas, mientras que los anuncios publicitarios serían las buenas noticias. Walter Cronkite, uno de los magnates de la televisión americana, decía que «la imagen no miente», y que por lo tanto los informativos televisivos superan en veracidad a la información escrita. Sin embargo, esto no es verdad. Una fotografía miente si es el resultado de un fotomontaje arbitrario. Y las imágenes de los acontecimientos y de la publicidad, cuando llegan al espectador, son casi todas un auténtico fotomontaje.

¿Cuáles son los principales valores que se potencian y promocionan desde la publicidad o desde la mayoría de los programas de la televisión? ¿Se trata de los mismos valores que a los cristianos les interesa transmitir a sus hijos?

En primer lugar, habría que señalar que uno de esos valores es el de la anhelada felicidad. La televisión es experta en mostrar toda una profusión de caras sonrientes, satisfechas, en actitudes eufóricas (histéricas a veces) que suelen estar vinculadas siempre a los productos promocionados. Pero la mayoría de tales anuncios publicitarios son un chantaje al espectador, basado en una promesa de felicidad fácil. El mensaje que se transmite es que la felicidad consiste en tener o consumir y esto genera lógicamente un afán de posesión en las personas.

Otro valor familiar entre los mensajes televisivos es el del éxito, sea este social, económico o sexual. Según tal punto de vista, la vida sería solo para los triunfadores y, por supuesto, el triunfo iría asociado a los productos que se intentan vender. Lo mismo ocurre con la idea de la competencia o la agresividad profesional. Para poder triunfar en la actualidad habría que ser el primero en todos los campos de la existencia humana, y lograrlo sería muy fácil, ya que en cada caso habría un determinado producto para conseguirlo.

También se promociona el valor de la libertad, pero generalmente se trata de una libertad falseada, trivializada, del estilo de escoger entre una lata de Coca-Cola u otra de Pepsi-Cola. Se pretende vender libertad cuando en realidad se está apelando continuamente a la autoridad, al mimetismo o a la esclavitud de la moda. Por lo que respecta al sexo se promociona una sexualidad mercantilizada, una especie de instinto erótico que solo triunfaría gracias a la utilización de los objetos anunciados. La imagen de la juventud se usa de manera ingenua, o absurda, para convencer al espectador de que la posesión de tal o cual producto lleva asociado inevitablemente el elixir de la eterna juventud. Otro tanto ocurre con la belleza. La aplicación sistemática de pomadas, cremas, perfumes o pócimas de todo tipo se presenta como elemento clave para el triunfo en la vida. La consigna parece evidente: «Los feos no triunfan nunca». Esto genera un culto a la apariencia y a la estética. Aquí el mensaje sería: «Para convertirse en ganador no hace falta ser, basta solo con parecer». Se trata, en el fondo, de una auténtica sustitución de la ética por la estética y de un culto al cuerpo, como si este fuera la única dimensión del ser humano.

Asimismo la comodidad como negación del esfuerzo nos sugiere que todo en esta vida es fácil y puede conseguirse al instante. No hace falta paciencia, espera, estudio, trabajo o lucha. Igual ocurre con la idea del lujo, la moda, el prestigio o el poder, valores que estarían íntimamente relacionados con las marcas de ciertos productos maravillosos. La moda es uno de los grandes mitos de nuestro siglo que se ha convertido casi en un fetiche. A menudo se valora más la marca que la calidad real del producto. En el fondo, se juega con el deseo humano de singularizarse, distinguirse y sentirse aceptado e integrado.

Por último, también el culto a la fama como suprema aspiración humana se ofrece al módico precio de ciertos productos. Con frecuencia, entre el objeto anunciado por la publicidad y el valor promocionado no existe la más mínima relación. Incluso en determinados casos se da una auténtica contradicción entre el producto y el valor. Las bebidas alcohólicas, por ejemplo, suelen promocionarse por la televisión asociadas a la virilidad, al machismo y al éxito sexual, cuando se sabe a ciencia cierta que el abuso del alcohol conlleva precisamente a todo lo contrario, a una cierta impotencia o, por lo menos, al debilitamiento del impulso sexual.

Pero la imagen publicitaria no es más que el síntoma de una sociedad basada en el consumismo, las diferentes categorías sociales, el materialismo y esa tendencia absurda a crearse necesidades innecesarias. En la aldea global se vive hoy con la sensación de que todo se puede comprar y vender. Todo sería mercancía, incluso los valores y las personas. Todo tendría fecha de caducidad, hasta las relaciones de amistad o el matrimonio. De ahí que se la haya denominado la «sociedad del *Klennex*» (Lipovetsky, 1994), ya que lo característico sería: usar y tirar.

En esta particular aldea de lo novedoso se sigue potenciando ante todo la escala social y la división en categorías sociales. No se trata solo de la antigua lucha de clases a que se refería Marx, sino que hoy se promueve también otro tipo de luchas sociales: entre lindos y feos, jóvenes y viejos, triunfadores y fracasados o entre autóctonos e inmigrantes. La sociedad materialista reduce casi todos los valores, hasta los más entrañables, a la posesión de objetos materiales, y esto crea la falsa sensación de que la solución de los problemas está siempre fuera de la persona, nunca en su interior. En realidad, las imágenes que presenta la publicidad constituyen el síntoma de una sociedad absurda que gasta la mayoría de sus esfuerzos no en satisfacer las necesidades reales del ser humano, sino en crear otras ficticias que le alienan y esclavizan todavía más.

Se ha dicho de los publicistas que son los «mercaderes del descontento», porque en algunos casos aprovechan el desagrado de las personas, mientras que en otros, lo crean. Muchos anuncios publicitarios son los «modernos cuentos de hadas» que ofrecen una visión de la vida y del hombre completamente falsa e imaginaria. Casi nunca tienen en cuenta realidades como la enfermedad o la muerte. No ayudan al televidente a asumir los fracasos de la vida porque se pretende que no hay fracasos que no puedan superarse mediante el consumo. De manera que el consumidor acaba siendo una especie de paciente reconfortado por la terapia instantánea de la publicidad y del producto todopoderoso. Se tiende así a perpetuar eternamente en el adulto la inmadurez propia del niño.

VALORES EVANGÉLICOS EN UN MUNDO DE IMÁGENES

Frente al impacto audiovisual e ideológico que sufre la sociedad contemporánea, ¿cómo debemos actuar los padres y educadores cristianos? ¿Cómo encarar desde la fe las malas influencias de la cultura de la imagen? Pienso que con relación a los menores, debemos dosificarles el consumo de televisión. Los padres deben evitar que sus hijos se conviertan en teleadictos o que un exceso de tiempo delante del televisor les haga perder el contacto directo con la realidad. No se trata de prohibirles completamente que vean la «tele», sino de aprovechar aquellas imágenes o programas que pueden suponer un enriquecimiento personal o un acceso a experiencias que, de otra forma, serían difíciles de adquirir: países lejanos, ambientes naturales exóticos, experiencias de riesgo, informaciones especializadas, etc. Los programas audiovisuales deben cuestionarse desde la realidad. Hay que dialogar con los niños o adolescentes para que aprendan a confrontar las imágenes televisivas con el mundo que ellos conocen. Es menester que comprendan bien que la pequeña pantalla puede prestarse a toda clase de manipulaciones interesadas, así como a reduccionismos y ocultaciones.

Una cuestión importante que deberíamos plantearnos es si los niños teleadictos no lo son, en buena medida, a consecuencia del vacío afectivo y espiritual en que viven. En estos casos quizás la televisión sea más un síntoma que una causa de los problemas. ¿Cómo contrarrestar estos valores negativos que se transmiten por medio de las imágenes con los principios bíblicos del evangelio? ¿Cuáles son los valores evangélicos básicos con los que debe llenarse este vacío espiritual de los niños y adultos?

El primero de todos los valores es el propio ser humano. La persona debe quedar siempre por encima de las cosas. Según recoge el Evangelio de Mateo, Jesús dijo a sus discípulos: «No os afanéis por vuestra vida, qué habéis de comer o qué habéis de beber; ni por vuestro cuerpo qué habéis de vestir. ¿No es la vida más que el alimento, y el cuerpo más que el vestido?» (Mt 6:25). El Maestro les echa en cara que se preocupaban por cosas que carecían de importancia, como hacían también los gentiles. No obstante, la vida humana es mucho más importante que todas las demás pequeñeces o futilidades materiales. Jesús se avergüenza al comprobar las insignificancias que ocupaban el pensamiento de sus discípulos. El ser humano es la criatura más compleja y singular de la creación, y no ha sido creado para malgastar su existencia detrás de cosas intrascendentes. La vida en la tierra es limitada, todo hombre tiene que morir, ¿por qué perder el tiempo y engañarse corriendo tras objetos de consumo, absurdos e innecesarios?

También el evangelista Lucas pone en labios de Jesús estas palabras: «Mirad, guardaos de toda avaricia; porque la vida del hombre no consiste en la abundancia de los bienes que posee» (Lc 12:15). Tenemos que aprender a valorar adecuadamente todas las cosas, en medio de un mundo pagano que estima sobre todo la abundancia de bienes y objetos materiales. El hombre se define hoy por lo que tiene, por lo externo, por la fachada visible. Sin embargo, el equilibrio y la moderación son valores evangélicos que debemos defender e inculcar. El cristianismo entiende la grandeza y, a la vez, la limitación del hombre, así como su responsabilidad en este mundo. Por eso Cristo acaba su reflexión diciendo: «... vuestro Padre celestial sabe que tenéis necesidad de todas estas cosas. Mas buscad primeramente el reino de Dios y su justicia, y todas estas cosas os serán añadidas» (Mt 6:32-33).

El segundo valor evangélico por excelencia es el amor. Amar no es una virtud o un mérito, sino una manera de ser. Para el Señor Jesús solo existe una forma posible de ser su discípulo, y es amando. ¿Por qué? Pues porque solamente hay un Dios, el que ama. La ética de Jesús es una ética radical: «Oísteis que fue dicho: Amarás a tu prójimo, y aborrecerás a tu enemigo. Pero yo os digo: Amad a vuestros enemigos, bendecid a los que os maldicen, haced bien a los que os aborrecen, y orad por los que os ultrajan y os persiguen» (Mt 5:43-44). ¿Cuál es la razón o el motivo que se nos da para hacer esto? «... para que seáis hijos de vuestro Padre que está en los cielos, que hace salir su sol sobre malos y buenos, y que hace llover sobre justos e injustos» (Mt 5:45). Es decir, «amar... ¿por qué? Porque Dios ama». Este debe ser el segundo valor de todo cristiano: amar, porque Dios también ama.

La intuición de la libertad es también un valor central del evangelio. En cierta ocasión Jesús dijo a sus discípulos: «Si vosotros permaneciereis en mi palabra, seréis verdaderamente mis discípulos; y conoceréis la verdad, y la verdad os hará libres» (Jn 8:31-32). Para los judíos la verdad era la ley, y el estudio de esta hacía al hombre libre. Pero para Jesús, la verdad era la vida que él comunicaba. El Maestro les está diciendo que no era posible para ellos la verdadera libertad mientras vivieran bajo el orden injusto en que se había convertido la ley mosaica. Solo si se quitaban el yugo de opresión en que estaban viviendo bajo la ley podían ser verdaderamente libres como lo era el propio Jesús.

De la misma manera, en el mundo actual el ser humano solamente puede llegar a ser libre cuando acierta a vivir la verdadera vida que Jesús le ofrece, cuando se libera de todo aquello que le impedía llegar a ser él mismo. Y ¿en qué consiste la verdadera vida? En amarlo todo y, a la vez, saber desprenderse de todo. Esta es la libertad del evangelio. Tal liberación es la que pudo verse en el juicio que se le hizo a Jesús poco antes de su crucifixión. La única persona libre fue precisamente la que estaba presa, el propio Jesucristo. Todos los que participaron, el pueblo, las autoridades, Pilato, todos eran esclavos de mil intereses mezquinos, autoafirmaciones, complicidades, pactos y corruptelas. Sin embargo, el único verdaderamente libre fue él, porque se liberó de todo para ser fiel al Padre y a los hombres. Tal es el singular valor de la libertad cristiana.

Para el cristianismo el ser humano se define por lo que cree. En el evangelio de Juan (3:36) puede leerse que «el que cree en el Hijo tienen vida eterna; pero el que rehúsa creer en el Hijo no verá la vida, sino que la ira de Dios está sobre él». La auténtica vida se obtiene solamente por la fe en Jesús. Todos aquellos que piensan obtenerla de otra manera se engañan a sí mismos. El amor de Dios a la humanidad se ha mostrado en Jesús, dando a todos y a cada uno la posibilidad de salir de la muerte por medio de una aceptación personal de Jesucristo. La fe cristiana es un valor fundamental del evangelio que puede llenar el gran vacío espiritual del ser humano contemporáneo. De ahí que el hombre o la mujer que descubren esta fe encuentren una razón para vivir y para superar con éxito todas las tentaciones alienantes de la imagen virtual publicitaria y de la religión audiovisual de nuestro tiempo.

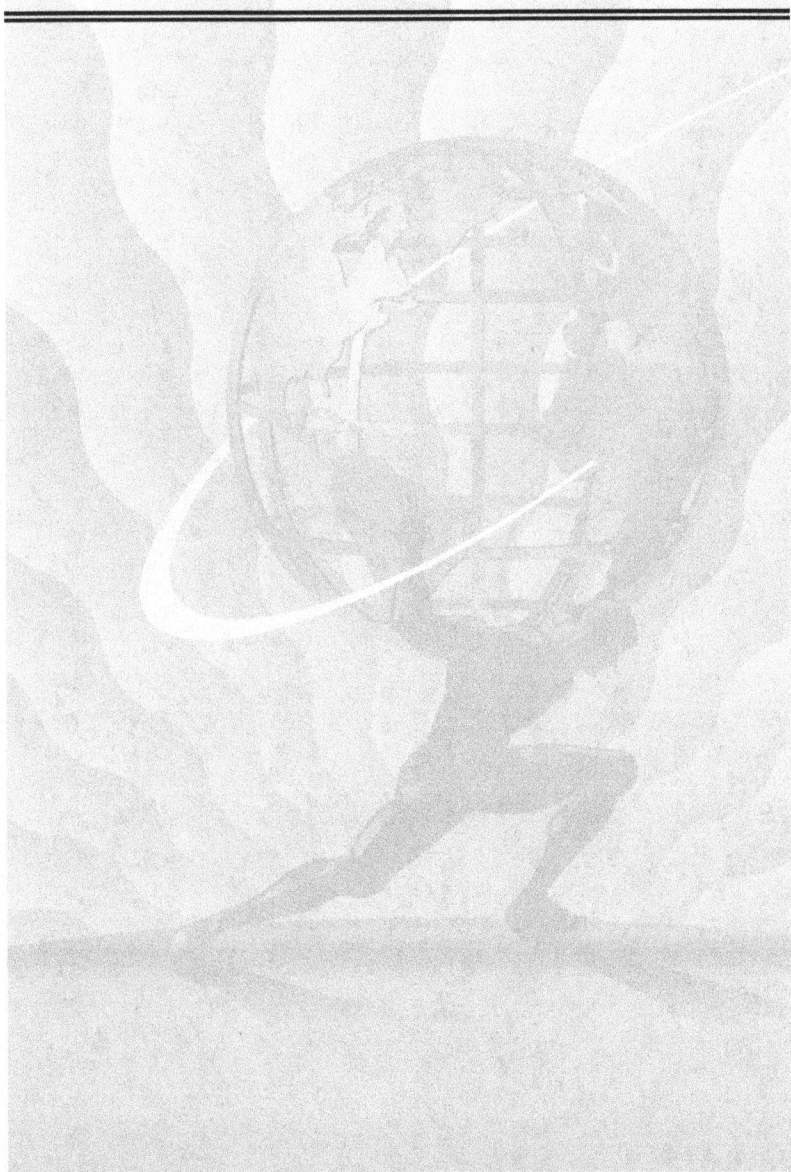

—4—

EL FANTASMA DE
LA GUERRA

"*S*olo en el período 1989-1992, Naciones Unidas relacionó 82 conflictos armados en el mundo, de los cuales 79 eran internos de una nación. Las guerrillas indígenas de Guatemala, las interminables luchas revolucionarias de Colombia y Perú, la rebelión cristiana del sur de Sudán, las luchas de liberación del pueblo kurdo, la rebelión musulmana de Mindanao, la mezcla del tráfico de drogas y las luchas nacionales de Myanmar y Tailandia, las guerras tribales-ideológicas de Angola y el Congo, las confrontaciones de los señores de la guerra de Somalia o Liberia, las guerras civiles étnicas de Ruanda y Burundi, la resistencia del Sahara a Marruecos, la guerra civil de Argelia, la guerra civil de Afganistán, la guerra civil de Sri Lanka, la guerra civil de Bosnia y Kosovo, las guerras y confrontaciones árabes-israelíes, las guerras del Cáucaso, y tantas otras confrontaciones armadas y guerras que duran años y décadas, demuestran a las claras que las guerras debilitadoras a cámara lenta siguen siendo, y lo serán en el futuro previsible, el signo ignominioso de nuestra capacidad destructiva». (Manuel Castells, *La era de la información*, Vol. 1, *La sociedad red*, p. 538).

La guerra es un invento del hombre pues los animales, aunque se peleen o devoren unos a otros, jamás lo hacen con el empeño, la frialdad sistemática y la magnitud que alcanzan los conflictos humanos. Paul Tournier escribe al respecto: «El animal mata para alimentarse, sin pasión, sin odio, pacíficamente, podría decirse. Mata lo que su instinto le señala como alimento, pero no a su hermano. El gato mata al ratón, pero no mata al gato. Es un orden y no un desorden.

El hombre, en cambio, mata al hombre y, además, también, por añadidura, al gato y al ratón» (Tournier, 1986: 23). La violencia y la crueldad son realidades propias del espíritu humano. Desde que Caín se levantó contra su hermano Abel para quitarle la vida, la violencia se diseminó por la creación dando lugar a un sinfín de enfrentamientos bélicos. En el Antiguo Testamento es posible leer hasta trescientas trece veces la palabra hebrea *milhamâ* que se traduce como «guerra» o «lucha», mientras que en el Nuevo Testamento (y esto es muy significativo) el término equivalente, *polemos,* solo aparece en dieciocho ocasiones. Más adelante se verá por qué esto es así. De momento, es menester reconocer que las guerras no solo han ocupado un lugar destacado en la historia de la humanidad sino también en las sociedades veterotestamentarias.

La Biblia se refiere con frecuencia a guerras defensivas, guerras de conquista, guerras ganadas por Yahvé así como a leyes para la guerra o contra ella. El hecho de que Palestina ocupara un lugar geográfico estratégico entre Mesopotamia y Egipto la convirtió pronto en foco permanente de enfrentamientos armados. Desde entonces, la guerra ha constituido el modo de vida del ser humano a lo largo de toda la historia, aunque durante la primera mitad del siglo XX adquiriera una especial virulencia e intensidad. Las múltiples contiendas a muerte han demostrado que, tal como señaló Hobbes, el hombre sigue comportándose como un lobo para el hombre.

En la actualidad, con la llegada de la tecnología nuclear y los proyectiles dirigidos vía satélite, el «arte de la guerra» ha experimentado cambios espectaculares que lo han vuelto mucho más mortífero e instantáneo. Las últimas guerras, como las del Golfo y de Afganistán contra el terrorismo islámico, han demostrado que hoy las batallas pueden ganarse desde el aire o el mar casi sin necesidad de fuerzas terrestres. La destrucción masiva y sistemática sobre objetivos precisos parece ser la estrategia adecuada para vencer los combates en la aldea global. Sin embargo, hoy se tiende a disimular tales contiendas con la intención de volverlas más digeribles al espíritu del hombre civilizado.

Para que la guerra sea más aceptable ante la opinión pública de las naciones democráticas avanzadas se procura respetar a la población civil o en su defecto se habla de «daños colaterales» o de «fuego amigo». En la pelea actúa generalmente un ejército profesional que intenta por todos los medios hacerla corta, rápida y muy destructiva, ya que si se alarga demasiado existe el peligro de que los ciudadanos de occidente empiecen a cuestionar su legitimidad. Los militares no solo han de estar pendientes del enemigo sino también de la opinión de sus propios conciudadanos. Por ello se ven obligados a ocultar ciertas acciones y a controlar la información o a censurar las imágenes que llegan al espectador medio.

La guerra penetra en los hogares por medio del receptor de televisión que ofrece una visión depurada de la muerte y el sufrimiento humano. Antiguamente, en los circos y coliseos, los romanos preferían las luchas asesinas en directo, hoy las mostramos entre candilejas para no herir demasiado la sensibilidad del televidente pero, en el fondo, siguen alimentando el mismo espíritu morboso de siempre. Los informativos que comunican las noticias bélicas son los que captan un mayor índice de audiencia. El ciudadano del mundo globalizado se ha convertido en un continuo espectador. Los acontecimientos se suceden incesantemente por la pequeña pantalla. Hasta los mayores asesinos pueden ser entrevistados para justificar sus acciones como si fueran estrellas cinematográficas, mientras que las diferentes cadenas se disputan la posibilidad de asistir a cada una de sus matanzas, convirtiendo así la guerra en un serial televisivo.

Frente a tanta publicidad de la violencia el espectador llega a acostumbrarse a la sangre y al dolor ajeno. De alguna manera se hace cómplice de lo que ve mediante su pasividad e impotencia. Como escribe Enzensberger: «El horror transmitido por las imágenes acaba por convertirlo a uno en terrorista o en *voyeur*. Cada uno de nosotros está expuesto a un chantaje permanente. Porque solo aquel que se ve obligado a ser testigo ocular puede ser el destinatario del reproche de qué piensa hacer contra las tropelías que se le muestran. Y por esta vía el más corrupto de todos los medios de comunicación, la televisión, se erige en instancia moral» (Enzensberger, 1994: 68). Las imágenes de la guerra apelan a nuestras conciencias, al corazón de occidente que cree haber monopolizado la civilización y la moral mundial. Pero, ¿qué puede hacer el espectador? ¿Qué actitud cabe ante el horror de la guerra-espectáculo? Se dan dos sensibilidades radicalmente opuestas: la de quien deja florecer en su interior sentimientos de culpabilidad que transforma en donativos para los afectados y la de aquel que se siente impotente, se encierra en sí mismo y elude cualquier responsabilidad moral.

DOS BOMBAS AMENAZAN AL MUNDO: LA ATÓMICA Y LA MISERIA

Después de la Segunda Guerra Mundial, Europa y el resto del mundo quedaron divididos en bloques militares antagónicos. Esto condujo a que se destinaran muchos recursos económicos a una carrera armamentista absurda. Se empezaron a construir armas nucleares con la intención de disuadir al enemigo, mantener la paz y dominar así el planeta. Con la cantidad total de armas que se llegó a fabricar, en el año 1994, había suficiente potencia como para destruir la tierra más de cincuenta veces. La idea del hipotético ataque nuclear alimentó la paranoia defensiva y ofensiva de ambos bloques militares, llevándoles mucho más allá de los límites razonables, en una competición para ser el más poderoso.

La fiebre por armarse hasta los dientes que experimentaron tanto el Primer como el Segundo Mundo tuvo graves consecuencias sobre el Tercer Mundo, que cada vez estaba más endeudado. La carrera armamentista del norte indujo en el sur un rearme progresivo. Los países industrializados fabricaban y vendía armas a los que estaban en vías de desarrollo, contribuyendo así a la proliferación de guerras civiles y luchas tribales en dichos países. El tráfico de armas se incrementó notablemente en el hemisferio sur y esto hizo que aumentara la deuda externa y la pobreza. De ahí que el presidente Eisenhower llegara decir: «Cada fusil que se fabrica, cada buque de guerra que se bota, cada cohete que se lanza significa ... un robo a quienes tienen hambre y no tienen qué comer, a quienes tienen frío y no tienen con qué abrigarse» (Stott, 1999: 111).

Además, las luchas armadas de los países pobres incrementaron la degradación de los sistemas naturales. La pobreza era el principal motivo por el que se talaban los bosques, se sobre-explotaban los pastos y la población rural se diseminaba en busca de alimento. Por tanto, la carrera armamentista del norte destruía tanto al hombre como al medio ambiente de los países pobres del hemisferio sur. La espiral del miedo, que había dado lugar a la cultura de las armas, significaba muerte para el ser humano y para la naturaleza en que este habitaba.

No obstante, a finales del segundo milenio de la era cristiana se produjo un acontecimiento que cambió radicalmente el rumbo de la historia. El derrumbamiento del muro de Berlín fue la constatación del desmoronamiento del estatismo soviético y la posterior desaparición del movimiento comunista internacional. Esto puso fin a la guerra fría que durante años había mantenido enfrentadas a las dos potencias principales, Estados Unidos y la Unión Soviética. También disminuyó algo el peligro de un holocausto nuclear ya que se empezaron a desmantelar por ambas partes muchos proyectiles atómicos. Rusia y el resto de las repúblicas soviéticas no pudieron mantener en pie su antigua superpotencia ya que no se apoyaba sobre una economía suficientemente productiva ni tampoco su sociedad era lo bastante abierta y democrática. Los ciudadanos soviéticos que todavía creían en los valores solidarios que llevaron a la creación del estado comunista comprobaron con desengaño cómo una elite de burócratas perversos había engañado durante bastantes años a todo un pueblo. Una vez más la historia demostraba que no es sensato confiar en las promesas y utopías sociales de los hombres.

Pero, por desgracia, a pesar del final de la guerra fría, la amenaza nuclear no ha desaparecido por completo de nuestro mundo. El sueño de Mijaíl Gorbachov, el presidente soviético que se atrevió a lanzar su *perestroika* o reforma aperturista del sistema político, fue el de «un mundo sin armas nucleares». Sin embargo, este sueño no se ha cumplido todavía y parece que, tal como están las cosas, será muy difícil verlo hecho realidad. Como escribió el teólogo protestante Jürgen Moltmann: «La humanidad perdió en Hiroshima, en 1945, su "inocencia atómica", y ya no volverá a recobrarla» (Moltmann, 1992: 37). Todo parece indicar que estas palabras eran certeras.

Cuando un país adquiere armas atómicas y se transforma en potencia nuclear da un salto inmenso hacia la destrucción de la humanidad. Es capaz de decidir acerca del destino de miles de millones de personas y de toda la biosfera.

El legado histórico de las culturas de la antigüedad, el equilibrio ecológico del planeta, así como el potencial genético del futuro, está en sus manos, y amenaza con desaparecer de la faz de la tierra. Frente a este inmenso poder suicida, la política internacional se debilita y casi deja de tener sentido. El planteamiento de que una guerra nuclear podría limitarse solo a un área geográfica restringida goza de poca credibilidad entre los expertos. Todo esto hace que el problema de las armas nucleares rebase con mucho las consideraciones políticas o éticas para adentrarse en el terreno de la fe y la religión porque, con la bomba atómica, el hombre se convierte en dios de su propio destino y responsable de la supervivencia de la humanidad.

Sobre la cabeza de la aldea global penden hoy dos poderosas bombas que a modo de espadas de Damocles pueden desprenderse en cualquier momento. Se trata de la temible conflagración nuclear a que nos referimos, pero también de la profunda división económica norte-sur (Lacroix, 1995). El Primer Mundo no solo ha fabricado un gran arsenal nuclear para sí, sino que también ha vendido todo tipo de armas, incluidas las atómicas, a numerosos países del Tercer Mundo. Esto constituye una segunda bomba de relojería capaz de estallar en cualquier momento, como se ha demostrado con el ataque integrista de Bin Laden a las torres gemelas de Nueva York. ¿Cuánto tiempo más podrán aguantar los países pobres, hambrientos, hiperarmados y dispuestos a luchar? A la siempre amenazante bomba termonuclear hay que añadir el poder destructor de esta otra bomba, la de la miseria, que puede llevar a la rebelión contra el mundo rico. Este peligro existirá mientras se sigan desviando importantes recursos vitales hacia fines militares y no se solucione el abismo económico existente entre el norte y el sur.

UN MONSTRUO QUE SE DEVORA A SÍ MISMO

Los mayores vendedores de armas que hay en el mundo son países que pertenecen al Consejo de Seguridad de la ONU. A pesar de la existencia de un acuerdo entre las naciones miembros de la OTAN de no vender armamento a aquellos países que no respetan los derechos humanos, durante muchos años casi nadie ha respetado dicho acuerdo. En España, por ejemplo, se obtienen más de doscientos setenta millones de dólares cada año por la venta de armas. La industria del armamento para la guerra se ha convertido en una auténtica industria de consumo que distribuye lo que produce y lo perfecciona constantemente. Aunque las exportaciones de armamento supongan solo el 0.006 por ciento del comercio mundial (Enzensberger, 1994), es evidente que si se siguen fabricando armas es porque existe una demanda global y continúa siendo un negocio lucrativo.

¿No induce todo esto a sospechar que la mayoría de las guerras tienen más que ver con el mercado de las armas que con la lucha por la libertad de los pueblos o los derechos de las personas? ¿No sería más eficaz invertir todo ese dinero que

se gasta en armamento en solucionar las causas reales que provocan tanta guerra? A veces la sociedad se queja de la actitud de ciertos adolescentes a quienes un buen día se les cruzan los cables, toman una pistola, y entran en un colegio para asesinar a sangre fría a sus propios compañeros. Tales comportamientos, ¿no serán el resultado de una sociedad adicta a la violencia? ¿El fruto, quizás, de imitar muy bien a sus mayores? Al fin y al cabo los niños hacen lo que
ven hacer.

La guerra mata actualmente a millones de pequeños por todo el mundo,
mientras que a decenas de miles los convierte en soldados sin escrúpulos capaces de asesinar como si se tratara de un juego. Algunos guerrilleros, como los Jemers Rojos de Camboya o los antigubernamentales de Mozambique, torturan a
los niños para convertirlos en guerreros feroces. En otros casos, como en el Zaire, se les hace creer que tienen poderes mágicos, son invencibles y no pueden
morir. A veces se les envía directamente a la muerte ordenándoles que atravie-
sen campos sembrados de minas. La UNICEF informó en 1996 que después de
la guerra fría, durante la última década del siglo XX y como consecuencia de los
numerosos enfrentamientos armados, murieron dos millones de niños en todo el
mundo, entre cuatro y cinco millones resultaron inválidos, más de un millón quedaron huérfanos o separados de sus padres, doce millones perdieron su hogar y
más de diez millones sufrieron traumas sicológicos (Castells, 1999). La mayoría
de los niños que sobreviven a la guerra quedan profundamente marcados para el
resto de sus vidas.

Esta triste realidad actual lleva a pensar que la sociedad globalizada se com-
porta con los más débiles como si fuera un monstruo loco que se devorara a sí
mismo y destruyera a sus propios hijos. Es el nihilismo suicida de rechazar el porvenir de la humanidad, inmolando a las criaturas indefensas que constituyen precisamente el futuro de la especie humana. Mientras en unos países se lucha por
los derechos del niño y se consiguen importantes conquistas sociales en este
sentido, en otros se masacran de forma dramática y cruel como si no contaran para nadie. Son las sinrazones satánicas de la guerra contemporánea.

Violencia sin sentido

Durante las últimas cinco décadas a los países del norte la guerra les ha
quedado muy lejos. La mayoría de los enfrentamientos armados se desarrolla-
ron, salvo dramáticas excepciones como el reciente conflicto de los Balcanes,
en las antípodas de los países industrializados, y su lejanía resultaba exótica.
Tal situación contribuyó a extender la idea de que la violencia armada estaba
exclusivamente relacionada con la pobreza del Tercer Mundo. Sin embargo, en la
actualidad este planteamiento ya no resulta válido. La guerra se ha introducido
también en el corazón de las grandes ciudades del Primer Mundo. Se trata de una

especie de guerra civil llevada a cabo por «cabezas rapadas» (*skinheads*) contra inmigrantes de cualquier procedencia; terroristas que asesinan por la espalda a ciudadanos indefensos en nombre de nacionalismos oscuros y excluyentes; mafiosos traficantes de droga que se matan entre sí en particulares ajustes de cuentas; escuadrones de la muerte, neonazis, policías corruptos, pero también ciudadanos «decentes» que cuando viajan como hinchas de su equipo de fútbol se transforman en un ejército de vándalos capaz de destruir, provocar incendios e incluso asesinar a los seguidores del equipo contrario.

En la actualidad la violencia armada no se da solo en los países pobres, también en París, Londres, Los Ángeles, Madrid, Roma, Nueva York o Berlín existe una agresividad latente y sin sentido que estalla de forma intermitente, constituyendo uno de los peores cánceres de la aldea global. Se trata de una violencia sin convicción que parece haber perdido todo contacto con la realidad histórica y social del ser humano. No se tiene en cuenta quienes son las víctimas. Da igual que perezcan culpables o inocentes, hombres o mujeres, negros o blancos, niños o ancianos, armados o indefensos. Es la violencia para combatir el aburrimiento. «De este modo, cualquier vagón del metro puede convertirse en una Bosnia en miniatura. Ya no hacen falta judíos para llevar a cabo un *pogrom* ni contrarrevolucionarios para ejecutar la limpieza étnica. Basta con que alguien prefiera otro club de fútbol, que su tienda de comestibles funcione mejor que la de enfrente, que vista de otro modo, que hable otra lengua, que precise de una silla de ruedas o que ella se tape la cabeza con un pañuelo. Cualquier diferencia se convierte así en un riesgo mortal» (Enzensberger, 1994: 28). A este peculiar tipo de guerras civiles se las ha llamado «moleculares» debido a su reducido tamaño ya que todavía no se han adueñado por completo de las masas.

Pero la violencia molecular adquiere rasgos suicidas. No se conforma con destruir al prójimo, que suele ser también el que está más «próximo», sino que agrede también lo propio, como si lo que se odiara en el fondo fuese la vida de uno mismo. A los guerreros postmodernos parece que no les importe vivir o morir, quizás porque creen haber nacido en un mundo sin futuro para ellos. Su particular autodestrucción empieza por romper los vidrios de los comercios, semáforos, buzones de correos, cabinas telefónicas o instalaciones deportivas, pero termina aniquilando sus propias escuelas, las instalaciones hospitalarias que curan a sus familiares o las iglesias que les ayudan mediante alimentos gratuitos. Son las guerras civiles sin sentido en las que se lucha y se destruye a cambio de nada. Los protagonistas principales de tales batallas ciudadanas son los jóvenes obcecados por un automóvil que ven en el paro laboral a su peor enemigo. Esto les conduce a un desenfreno por el alcohol que les fomenta la codicia por poseerlo todo, las ganas de pleitear con cualquiera, de expresar su racismo o de volverse violentos incluso contra los propios padres. Es la vuelta al mundo primitivo que vislumbraba Hobbes, la guerra de todos contra todos.

EL IDIOTA MORAL

Según la añeja teoría de Rousseau (mil veces demostrada falsa) de que el hombre es bueno por naturaleza (Cruz, 2001), los violentos no serían del todo culpables de sus acciones, sino que estas vendrían determinadas por el influjo de la sociedad, el entorno familiar, el consumismo, la televisión o los malos ejemplos que se sufrieron a lo largo de la vida. En la actualidad, ciertos planteamientos acerca de la socialización o el psicoanálisis confluyen para facilitar a los criminales una especie de cuestionario en el que puedan descargar sus posibles culpas indicando las causas que les llevaron a la delincuencia. «Mis padres no me amaban o me mimaron demasiado; los profesores siempre me castigaban o no se ocuparon suficientemente de mí; el alcoholismo de papá me hizo tal como soy; el divorcio fue la causa de que siempre me regalaran más de lo que necesitaba o se desentendieran por completo; no tuve buenos amigos durante la infancia; me quedé sin trabajo; no me concedieron el préstamo que les solicité, etc». Todo puede servir para justificar el robo, el atentado o el asesinato.

El criminal se convierte así en paciente del terapeuta o en cliente del asistente social y por tanto se diluye el problema de la culpabilidad. Nadie es ya responsable de sus actos pues siempre habría múltiples condicionantes externos. Y como la prisión no rehabilita al delincuente, lo mejor es ponerlo en libertad cuanto antes para que sea convenientemente tratado por un psicoterapeuta a cargo de la seguridad social. Esta manera de enfocar el problema de la violencia delictiva es la que predomina hoy en buena parte de la sociedad occidental. Se considera que la inmensa mayoría de los criminales, en el fondo, son buenas personas, solo que han tenido la desgracia de nacer en un ambiente problemático. Tal creencia absolutamente indemostrable lo justificaría todo, desde el robo millonario del oficinista que asalta el propio banco en que trabaja porque está convencido de merecer un sueldo superior al que le pagan, hasta el homicidio llevado a cabo por un muchacho que solo desea apropiarse de un par de zapatillas *Nike*. Cualquier delito vendría rodeado por una nube de atenuantes que siempre disculparían al criminal.

No obstante, el aumento de la agresividad en todas las grandes ciudades de la aldea global demuestra que este enfoque de la justicia penal está fracasando estrepitosamente. Una de las características que contribuye a la singularidad del ser humano es precisamente la de poseer un alma trascendente que le confiere libertad para realizar elecciones moralmente significantes. Cuando se pierde de vista tal realidad moral se despoja al hombre de su capacidad para elegir entre el bien y el mal. El sentido de la responsabilidad individual se diluye y la persona se degrada a la condición del animal, sin posibilidad de reflexión o de arrepentimiento. Al negar el pecado personal o el compromiso ético que cada persona tiene delante de Dios y de los demás se difunde la creencia errónea de que no se es nunca culpable de nada y, por tanto, tampoco hay que rendir cuentas delante de nadie debido a que la culpabilidad recaería siempre en algún agente externo al individuo. En el fondo, mediante tal actitud se le roba dignidad al ser humano pues se niega valor a sus decisiones personales. ¿Cuál es la causa del incremento de la violencia que se da en la actualidad? Se ha apuntado que la biología podría ofrecer una posible respuesta. Igual que los *lemmings*, esos pequeños mamíferos roedores del hemisferio norte que, según se dice, se suicidan en masa cuando escasea el alimento, también el ser humano se volvería más agresivo y violento a medida que aumenta la población mundial. Es como si la masificación hiciera disminuir el valor que se concede a la propia vida y a la de los demás, generando una violencia ciega o psicótica contra las personas y contra todo lo que está al alcance. Según este planteamiento, el desprecio por la existencia humana obedecería a tales imperativos biológicos misteriosos que procurarían equilibrar la población mundial soportable por el planeta. Esto explicaría desde los holocaustos masivos hasta las automutilaciones particulares que se dan hoy en el corazón de las grandes urbes.

Es evidente que ante situaciones de aglomeración se producen tensiones que pueden provocar comportamientos agresivos neuróticos. Esto se ha descrito en numerosas especies animales, no solo en los *lemmings* sino también en monos, gatos, ratas e incluso seres humanos confinados durante algún tiempo en locales reducidos (Wilson, 1980). De ahí la importancia de diseñar las ciudades y las viviendas con el espacio necesario para evitar que la densidad incremente las agresiones. Por otro lado, también se ha constatado la disminución en la producción de espermatozoides fértiles en aquellos varones sometidos a las tensiones del hacinamiento, lo cual se ha interpretado como una estrategia propia de la naturaleza para luchar contra la superpoblación humana.

Sin embargo, no creo que tales experimentos con animales puedan decirnos gran cosa acerca de las guerras humanas. Ya señalamos al principio del capítulo que la agresividad del hombre es radicalmente distinta a la de los animales. En estos últimos domina el instinto de supervivencia, no el deseo de venganza o el odio visceral hacia sus congéneres. Es precisamente dicho comportamiento instintivo, que les sirve casi siempre para ritualizar sus enfrentamientos o evitar así la muerte innecesaria de alguno de los combatientes, el que obviamente parece faltar en el ser humano, ya que este no suele detenerse e incluso es capaz de exterminar a todo un pueblo o a su propia raza. Hay una diferencia fundamental desde el punto de vista moral entre la violencia de las personas y la de las demás criaturas vivas que desautoriza cualquier explicación meramente biológica del comportamiento humano. La guerra no puede ser entendida desde la pura biología, sus raíces hay que buscarlas más profundamente en la naturaleza moral y espiritual del alma humana.

El siglo XX ha sido el peor período de la historia en lo que respecta a la liberación de las fuerzas satánicas de la violencia. Es verdad que la guerra ha existido siempre y que las masacres se han dado en todas las épocas. Desde la destrucción de Cartago y las Cruzadas medievales hasta la primera Guerra Mundial, pasando por la conquista de América, la Inquisición o la Noche de San Bartolomé, las matanzas de multitudes indefensas han constituido una nefasta mancha en el currículo de la humanidad. Sin embargo, los exterminios minuciosamente planificados parecen ser un descubrimiento especial de la segunda mitad de siglo pasado.

La muerte de millones de judíos durante el nazismo, la ofensiva del turco Talaat Bey contra los armenios, el *pogrom* de Simon Petlyura contra los judíos de Ucrania durante la guerra civil rusa, los *gulags* soviéticos, las explosiones nucleares sobre Hiroshima y Nagasaki, la matanza del pueblo vietnamita de My Lai en marzo de 1968 por parte de un pelotón de soldados norteamericanos, los asesinatos en masa sobre la población civil efectuados en Camboya por los Jemers Rojos de Pol Pot, las acciones de Sendero Luminoso en Perú, la matanza de centenares de refugiados palestinos en los campos de Sabra y Shatila en Israel durante el año 1982, los miles de bosnios aplastados en una limpieza étnica realizada por el ejército serbio de Milosevic y tantos otros derramamientos masivos de sangre inocente sustentan la tesis de que en los últimos tiempos las matanzas son diferentes a las realizadas en siglos anteriores.

El poder sofisticado de la maquinaria bélica ha sustituido a la agresión individual. La razón de ser un estado pretende justificar cualquier locura asesina. Las ejecuciones metódicas de «ojo por ojo» se realizan de manera profesional, sin ira ni enojo. Un simple botón, un interruptor o la tecla de una computadora hacen aséptica la operación de matar. La intransigencia dogmática se reviste de verdad científica. Los antiguos sentimientos de culpabilidad ante el mandamiento bíblico de «no matarás» se han convertido hoy en una completa falta de arrepentimiento. Las masacres salvajes del pasado han dado lugar al exterminio refinado y científico del presente. Hoy se mata igual que antes pero de manera mucho más inteligente.

Aquellas palabras de Jesús pronunciadas cuando se estaba muriendo en la cruz: «Padre, perdónalos, porque no saben lo que hacen» (Lc 23:34), indicaban que era la necedad de la multitud hebrea y de los verdugos romanos la ejecutante de su asesinato. El desconocimiento real de lo que estaban haciendo les había llevado a crucificar al Hijo de Dios. La necedad puede ser tanto o más peligrosa que la propia maldad. Como escribió el teólogo protestante Dietrich Bonhoeffer cuando acababa de ser condenado a muerte por Hitler: «Debe tenerse mayor precaución frente al necio que frente al malo» (Bonhoeffer, 1969). El necio ignora la gravedad del mal que hace y por eso puede resultar mucho más peligroso que el malvado. Sin embargo, Jesucristo perdonó y demandó el perdón del Padre para aquellos necios que no sabían lo que hacían, pero acusó con dureza a las autoridades religiosas que oprimían a los humildes impidiendo que se acercaran a Dios, sabiendo de sobras lo que hacían. El Señor perdona al que «no sabe» pero responsabiliza directamente a quien comete el mal con astucia o de forma inteligente.

Las recientes masacres de la historia humana no fueron perpetradas por necios que desconocían el significado de lo que hacían, sino por militares o políticos sumamente inteligentes. Cuando aquellos que poseen un buen coeficiente intelectual se concentran en hacer lo malo, se convierten en soldados de Satanás con capacidad para exterminar metódicamente a la humanidad. Como escribe el profesor de Ética de la Universidad de Barcelona, Norbert Bilbeny: «El mal capital de nuestro siglo tiene su causa en la apatía moral de seres inteligentes. Por eso no les llamamos necios ni simplemente "idiotas". El asesino de masas es, ante todo, un *idiota moral*» (Bilbeny, 1993: 21). Esta apatía moral de las personas cultas, que conocen perfectamente el bien pero no les importa realizar el mal, es la que ha llevado a la aparición de tantos dictadores totalitarios y tantos dirigentes insensibilizados ante el dolor ajeno, el sufrimiento o la muerte en masa del prójimo. Son individuos que parecen estar vivos pero su alma inhumana y su negativa al arrepentimiento los convierte en muertos vivientes.

LA GUERRA DEL FUTURO

Superada ya la guerra fría parece que la principal misión de los mejores ejércitos del mundo, especialmente del de los Estados Unidos y la Unión Europea, será unirse para combatir juntos el terrorismo internacional. Los países que soliciten sus servicios debido a que han sufrido el terror de la forma más directa deberán pagar por tales fuerzas de seguridad global. Durante la era de la globalización, en la que se produce una pérdida de la soberanía de los estados-nación, a la vez que aumenta el multilateralismo o la intervención de muchos países implicados e instituciones regionales, dichos ejércitos internacionales tendrán que enfrentar las posibles amenazas colectivas del terrorismo. No parece que la violencia vaya a desaparecer de la aldea global. Más bien es probable que los ataques nucleares, bacteriológicos o químicos, así como el secuestro de aviones o rehenes, sea el tipo de atentados propios del futuro. Una guerra instantánea, altamente tecnológica y con un poder destructivo muy grande que hará mella sobre todo en la psique de la población.

Los expertos señalan actualmente tres posibles focos de tensión en el mundo para un futuro relativamente próximo (Castells, 1999). El primero corresponde al área del Pacífico en la que China afianza de forma continua su poder global, Japón actúa como su inmediato rival económico, mientras que Corea, Indonesia y la India están pendientes de ambos. El segundo foco sería el resurgimiento del poder ruso, no solo como potencia nuclear, sino como una nación fortalecida que ya no tolere más la humillación sufrida. Y el tercero es el que recientemente ha dado signos de su peligrosa virulencia, se trata del terrorismo global o local llevado a cabo por individuos, organizaciones o estados que desean imponer a los demás sus convicciones políticas o religiosas. La amenaza de tales grupos no reside en su poder militar, sino en su posible acceso a las nuevas tecnologías de la destrucción y a su capacidad para atacar los puntos estratégicos más vulnerables.

La tecnología a que nos conduce el progreso humano ha mejorado la vida y la seguridad de las personas, sobre todo en las sociedades avanzadas, pero también nos ha vuelto mucho más vulnerables. Al procurar aumentar la protección de sus ciudadanos los gobiernos se verán obligados a crear un sistema de cerrojos y blindajes electrónicos especiales, más alarmas y mayor número de vigilantes patrullando, que contribuirán a menguar la libertad de los individuos. Para evitar los atentados se tendrá que atentar contra la libre circulación. Esto incrementará las molestias, el miedo y, de alguna manera, pondrá en evidencia lo relativa que ha sido la evolución cultural humana. ¿No sería mejor solucionar pacíficamente los conflictos que subyacen detrás de la mayoría de las acciones terroristas?

Alexandre Solzhenitsin escribió que «si la humanidad no resuelve estos problemas, el siglo XXI verá aparecer fenómenos similares al comunismo» (González-Carvajal, 2001). El espectro del terrorismo privado o de Estado se esconde detrás de la existencia de tanta injusticia como hay en nuestros días. No es posible entender por qué en un mundo civilizado que produce cada año un 10% más de los alimentos que necesita toda la humanidad para vivir, mueran de hambre cada día 35.000 niños. Esta es una de las mayores amenazas para la paz mundial. La gravísima situación en que viven hoy millones de criaturas atenta no solo contra los principales países ricos, sino contra la fe cristiana, ya que parece desmentir que en este mundo exista un reino de Dios o que este tenga alguna influencia sobre la humanidad. ¡Cómo es posible seguir anunciando con sinceridad el evangelio de Jesucristo mientras, a la vez, se da la espalda a esta triste realidad!

La fe y la justicia tienen que darse la mano para construir y extender el reino de Dios en la tierra. Porque hoy, igual que ayer, «la voz de la sangre» de nuestros hermanos derramada injustamente, tanto en los atentados terroristas como en las guerras contra el terrorismo, sigue clamando a Dios desde la tierra (Gn 4:10). Los cristianos no debemos silenciar dichas voces sino todo lo contrario, tenemos que poner el grito en el cielo.

¿DÓNDE ESTÁ DIOS EN LA GUERRA?

Cuando dos pueblos se enfrentan en una lucha armada que ambos consideran legítima, ¿de qué parte está Dios? El pastor argentino Dionisio Byler escribe acerca de la guerra de las Malvinas, que tuvo lugar a principios de los ochenta, en los siguientes términos: "Cuando la Armada argentina tomó posesión de las islas, nada tardaron la jerarquía católica argentina ni tampoco los pastores evangélicos en declarar justa la invasión. Mientras tanto la reacción militar de los ingleses se vio alentada y bendecida por los clérigos británicos, que no titubearon ni un instante en declarar justa la causa inglesa. Así las cosas, los soldados cristianos de un país y del otro se lanzaron a matarse mutuamente con la bendición de sus respectivas iglesias» (Byler, 1997: 96). Hoy sabemos que aquella guerra la ganaron los ingleses,

¿quiere esto decir que Dios tomó partido por el Reino Unido contra Argentina?

En ocasiones se tiende a pensar que como Dios es todopoderoso y controla los hilos de la historia, también es quien provoca las guerras y las catástrofes de todo tipo, por muy incomprensibles que resulten para el ser humano. Él debe saber por qué lo hace y nosotros solo podemos doblegarnos a su enigmática voluntad. No obstante, esta piadosa explicación no satisface generalmente ni despierta la confianza en el espíritu humano, sino más bien provoca el recelo en lo más profundo del alma, e incluso el odio, hacia ese Dios culpable de las masacres humanas. Si tal explicación fuera correcta, ¿qué diferencia habría entre Dios y Satanás? Si ambos se complacen en producir el mal que hay en el mundo, ¿dónde estaría la distinción de sus funciones?

Creo que la idea de que Dios es todopoderoso no debe entenderse en el sentido de que «todo» lo que ocurre en el universo se debe a él. Las guerras las origina el hombre y son por tanto consecuencia de la maldad que anida en el corazón humano. Dios no es culpable de la agresividad incontrolada que es capaz de generar el espíritu del hombre cuando le da la espalda a la divinidad. El Creador es todopoderoso no solamente en el sentido de que todo lo puede hacer, sino sobre todo porque «todo lo sufre, todo lo cree, todo lo espera, todo lo soporta» (1 Co 13:7). Es el poder de su inmenso amor lo que le confiere una paciencia ilimitada hacia el ser humano, una tolerancia sin fin capaz de soportar las contradicciones que se han forjado en la creación a lo largo de las eras, y una fidelidad absoluta e inmerecida a cada criatura. Sin embargo, esto no significa que a su debido tiempo no vaya a hacer justicia, pues, como dijo Pablo en su discurso en el Areópago ateniense, "Dios ... ha establecido un día en el cual juzgará al mundo con justicia, por aquel varón a quien designó, dando fe a todos con haberle levantado de los muertos" (Hch 17:31). A pesar de todo, Dios sigue confiando en el arrepentimiento humano y por eso el futuro de la humanidad continúa estando abierto.

Cuando se formula la pregunta: ¿cómo ha permitido Dios esto?, se le está robando la responsabilidad a los hombres que provocan los conflictos armados. Resulta infantil suponer que Dios debería limitar la libertad de las personas precisamente en el momento en que estas pueden hacerse daño. El Creador no impidió que Adán y Eva pecaran, ni que Caín matara a su hermano Abel. Si lo hubiera hecho habría convertido al hombre en un autómata carente de voluntad y libre albedrío. La humanidad sería entonces como cualquier otra especie animal, irracional y sin responsabilidad moral. Pero el hombre es hombre porque puede reflexionar y elegir libremente entre el bien o el mal. De ahí que afirmar a la ligera que Dios «permite» la guerra, en el fondo, contribuye a la irresponsabilidad del hombre. Esto jamás puede servir de excusa ante el juicio divino porque «un Dios que permite tan espantosos crímenes, haciéndose cómplice de los hombres, difícilmente puede ser llamado Dios» (Moltmann, 1992). El Señor del universo no «da permiso» para que los humanos se aniquilen unos a otros y, por lo tanto, a él no se le pueden pedir cuentas por Auschwitz, Hiroshima, Kosovo o Afganistán. Dios no está de parte de los hombres violentos que practican la injusticia. ¿Cuál es entonces la actitud divina ante tanta agresividad humana? ¿Qué nos revela el evangelio en este sentido? Después de la Segunda Guerra Mundial, algunos teólogos europeos empezaron a hablar acerca de la idea del «sufrimiento de Dios». Creo que se trata de una respuesta muy estimulante. En los enfrentamientos bélicos de los hombres, Dios es humillado precisamente porque «no permite» tales comportamientos. El Señor de señores participa de los sufrimientos de su pueblo y experimenta en sí mismo la deshonra de tantas masacres. Él está de parte de los que sufren o de aquellos que pierden injustamente la vida, sean del bando que sean. Dios es compañero de fatigas de los pobres de espíritu, amigo de los que lloran o de quienes tienen hambre y sed de justicia, hermano de los misericordiosos y pacificadores. De manera que, el dolor de Dios en la guerra se incrementa cada vez que una de sus criaturas es destruida violentamente.

Sin embargo, esta comunión divina con el dolor humano no es una relación de desesperanza o resignación, sino que está enfocada hacia un futuro optimista. El triunfo final de Dios sobre todo crimen del hombre está de antemano asegurado porque, como escribió el apóstol Juan, llegará un día en que «enjugará Dios toda lágrima de los ojos de ellos; y ya no habrá muerte, ni habrá más llanto, ni clamor, ni dolor» (Ap 21:4). Tal es la esperanza del cristiano y la forma en que puede entenderse que Dios sostiene el mundo y continúa siendo el Todopoderoso. Él será quien al final pronunciará la última palabra.

La violencia del Antiguo Testamento

La Escritura sitúa el origen de la agresividad humana en los mismos albores de la historia. Primero fue la desobediencia de Adán y Eva a la voluntad expresa de Dios, después el primer acto de violencia cometido mediante el asesinato de Abel a manos de su hermano Caín. Desde ahí, el mal se extendió por toda la tierra hasta que el Creador decidió poner un primer freno por medio del diluvio: «Dijo, pues, Dios a Noé: He decidido el fin de todo ser, porque la tierra está llena de violencia a causa de ellos; y he aquí que yo los destruiré con la tierra» (Gn 6:13). Los contemporáneos de Noé practicaban una violencia sacrílega ya que gobernaban con una agresividad que despreciaba la vida humana y además se hacían adorar como si fueran hijos del Altísimo (Gn 4:23-24). Dios despreció siempre a quienes gobernaron por la fuerza sembrando el caos y la muerte. Por eso eligió a Noé, el varón más justo y fiel de su época, para que fuera el patriarca de la nueva humanidad.

A pesar de todo, el diluvio no consiguió erradicar el mal de la faz de la tierra y Jehová reconoció que «el intento del corazón del hombre es malo desde su juventud» (Gn 8:21). De ahí que manifestara que ya no volvería más a maldecir a la creación por causa del ser humano, a la vez que les prohibía radicalmente la práctica común del asesinato: «El que derramare sangre de hombre, por el hombre su sangre será derramada; porque a imagen de Dios es hecho el hombre» (Gn 9:6). El arco iris del firmamento constituyó para los judíos el símbolo de este primer pacto eterno entre Dios y el hombre.

Sin embargo, a medida que transcurrió el tiempo los seres humanos fueron olvidando este mandamiento divino y la violencia sanguinaria continuó siendo el pan nuestro de cada día. La guerra llegó a ser un elemento endémico del antiguo oriente. La mayoría de los pueblos paganos que rodeaban a Israel tenían la costumbre de salir a la guerra cada año (2 S 11:1). Los tenues rayos de la paz no lograban casi nunca abrirse paso entre las oscuras nubes de la violencia guerrera. Esta se consideraba como algo normal y habitual entre unas sociedades formadas por agricultores o ganaderos que se enfrentaban por el control de la tierra. La historia de Israel y su comportamiento en ocasiones muy agresivo hay que entenderlos no desde la perspectiva actual, sino sobre todo desde su propia realidad contemporánea y dentro del marco de las prácticas comunes de las naciones que le rodeaban. Los dioses paganos eran fundamentalmente guerreros. Sus luchas divinas se concebían como el origen de las guerras humanas. Estas eran una prolongación de aquellas y cada país o ciudad poseía su propia divinidad que aparentemente les protegía frente a los demás dioses de sus enemigos. Es en este contexto donde se deben entender también las guerras de Israel.

La alianza del Sinaí le abrió al pueblo de Dios numerosas perspectivas bélicas. Es cierto que Jehová les ofreció una patria nueva, una tierra prometida que fluía leche y miel, pero esa tierra debía ser conquistada primero mediante la lucha armada, porque estaba habitada por otros pueblos idólatras (Éx 23:27-33). De manera que Israel conocería «guerras de Yahvé» ofensivas contra los habitantes de Canaán, que poseían una cultura corrupta y una religión que adoraba a las fuerzas de la naturaleza, y que por lo tanto representaban una clara amenaza para la continuidad de la fe hebrea en el único Dios creador del universo. Pero también algunas guerras judías fueron de carácter defensivo, como las que se llevaron a cabo contra Madián (Nm 31) y contra los opresores de la época de los jueces (Jue 3-12) o, incluso, guerras de liberación nacional como las ocurridas en el tiempo de Saúl y David.

No obstante, lo que no aparece jamás en la Biblia es el concepto de «guerra santa». En este sentido, de Vaux escribe: «La guerra santa del islam, el *yihâd*, es el deber que incumbe a todo musulmán de propagar su fe con las armas. Esta última concepción de la guerra santa es absolutamente ajena a Israel» (de Vaux, 1985: 346). El pueblo hebreo, a diferencia de otras culturas, combate por su existencia, no por su fe o su religión. Según la concepción del hombre del Antiguo Testamento, era Yahvé en realidad quien luchaba por su pueblo y no el pueblo quien peleaba por su Dios. Por lo tanto, las guerras judías del tiempo de Josué y los jueces no tenían como finalidad propagar la fe monoteísta, sino pelear por la libertad y la existencia como pueblo. No eran guerras santas o guerras de religión.

Conviene aclarar, sin embargo, que desde la perspectiva bíblica los combates de Dios en la tierra no tenían como objetivo final la victoria temporal e incondicional de Israel. Sus triunfos son de otra naturaleza y persiguen otro fin muy distinto, la realización del plan divino para la humanidad. La guerra en el mundo bíblico es un drama humano que puede expresar el combate espiritual entre Dios y las fuerzas del mal. Jehová lucha contra el pecado y contra quienes lo propagan. Por eso cuando el pueblo elegido le da la espalda a su Dios y empieza a adorar a dioses ajenos, Yahvé no duda ni un instante y lo combate al igual que a los enemigos de Israel. Los cananeos fueron atacados por ser idólatras y enemigos de Dios, pero también porque ocupaban el territorio que se había prometido al pueblo elegido. De igual manera, las infidelidades de este «pueblo de dura cerviz» hacen que Israel reciba importantes derrotas durante su paso por el desierto (Nm 14), con Josué (Jos 7), en la época de los jueces (1 S 4), con Saúl (1 S 31) e incluso hasta los ejércitos paganos de Babilonia son utilizados por Dios para herir al pueblo de la promesa.

Una ojeada al Antiguo Testamento en busca de las guerras que llevó a cabo el pueblo de Dios puede poner los pelos de punta a más de un estudioso de la Biblia si no se tiene en cuenta lo anterior. A primera vista resultan chocantes esas palabras que salen de la boca de Dios: «Pero si en verdad oyeres su voz e hicieres todo lo que yo te dijere, seré enemigo de tus enemigos, y afligiré a los que te afligieren» (Éx 23:22). «Pero de las ciudades de estos pueblos que Jehová tu Dios te da por heredad, ninguna persona dejarás con vida, sino que los destruirás completamente: al heteo, al amorreo, al cananeo, al ferezeo, al heveo y al jebuseo, como Jehová tu Dios te ha mandado» (Dt 20:16-17). Sorprende cómo Jefté galaadita por cumplir un voto con Jehová es capaz de inmolar a su propia hija sobre el altar (Jue 11:30-40) y cómo sus soldados degüellan a cuarenta y dos mil fugitivos de Efraín (Jue 12:5-6). Jehová se muestra tan celoso de sus órdenes que castiga incluso a aquellos que le obedecen a medias y deciden respetar la vida de alguna de sus víctimas, como en el caso de Saúl (1 S 15). Todos estos acontecimientos resultan difíciles de entender hoy, sobre todo cuando se comparan con los numerosos textos en los que se afirma que Dios es amor y misericordia. ¿Quién es el verdadero Dios, el Jehová de los ejércitos del Antiguo Testamento o el Dios de amor que se manifiesta en el Nuevo Testamento?

Al leer estos hechos violentos que golpean los buenos sentimientos de los lectores contemporáneos estamos en realidad repasando nuestra propia historia. La humanidad actúa esporádicamente de esta manera. En determinados momentos se embriaga de locura fratricida y se torna cruel, injusta y violenta con el prójimo. Tanto el hombre de ayer como el de hoy lleva la agresividad escrita en el alma. Por eso Dios no tiene más remedio que presentarse ante el ser humano a través de lo que este es realmente. Dios se muestra así al hombre antiguo porque el hombre era así. Tal es el precio que hubo que pagar para que la humanidad empezara a ser transformada. Como señalan el exegeta Paul Beauchamp y el sicoanalista Denis Vasse: «El hombre, a través de ese cristal que son sus propias lentes, ve a un Dios violento. Esto no quiere decir que no vea a Dios. En efecto, Dios no se hurta a esa mirada deformada. Dios acepta pasar por esa visión. Pero es para transformar lo que está deformado. Para transformar esa violencia y convertirla» (Beauchamp & Vasse, 1992: 12).

El pueblo elegido por Jehová adquiere conciencia de sí mismo en el seno de un mundo sanguinario que no conocía la piedad. Hay que tener en cuenta que Dios toma al hombre en el nivel en que lo halla para revelarse progresivamente. No es que el Creador sea violento o ame la violencia. Quien era violento y lo sigue siendo es el propio ser humano. Por eso Dios tiene que rebajarse, o bajarse, hasta la estatura moral y espiritual del hombre de aquella época veterotestamentaria para poder manifestarle adecuadamente su plan de la salvación. El Señor creador de los cielos y la tierra le tiende la mano a la criatura humana para levantarla poco a poco de su animalidad y hacer que crezca en racionalidad, moralidad y espiritualidad. Por eso toma en serio la condición en la que vive su pueblo y se muestra como un temible Dios guerrero capaz de matar a los primogénitos de Egipto (Éx 12), capitanear a los soldados de David en la batalla contra los filisteos (2 S 5:24) o aprobar la venganza destructora de Sansón en Gaza (Jue 16). A los ojos del hombre de la Biblia, Dios no es violento a pesar de actuar así, porque no quebranta su alianza.

El capítulo nueve de Génesis es muy significativo con relación a todo esto. En él se explica cómo Dios hizo un pacto con el hombre y con los demás seres vivientes por medio del cual se comprometió a no exterminar nunca más «toda carne con aguas de diluvio» (v. 11), prohibiendo a la vez que se derramase sangre humana (v. 6). Las personas se habían vuelto muy violentas y Dios les dio un nuevo estatuto que limitaba tal agresividad. Hay pasajes en los que las leyes sobre la guerra pretenden contrarrestar la violencia incontrolada. Por ejemplo, si antes Israel practicaba el exterminio masivo de hombres, mujeres y niños, ahora en sus batallas ya no debía eliminar a todo el pueblo sino solo a los varones adultos (Dt 20:13-14). Podía destruir las ciudades del enemigo pero no apropiarse de sus tesoros ya que los mismos constituían el «anatema» o botín de guerra que era propiedad de Yahvé (Jos 6:18-19). Si alguien intentaba apropiarse de dinero, oro o bienes del enemigo debía ser castigado mediante la pena de muerte, como ocurrió con Acán (Jos 7:21-26). Aunque, desde luego, todavía seguía habiendo violencia, se vislumbra ya un intento de regularla por medio de la ley. Se trata de la violencia legal que procura contrarrestar la monstruosidad de la violencia descontrolada.

Por supuesto que Dios condena toda injusticia de los hombres y toda violencia sanguinaria, pero lo hace de forma progresiva y teniendo en cuenta el momento histórico en que vive su pueblo. Dios asume la ley del talión (Éx 21:23-35) porque supone una evidente mejora sobre la venganza indiscriminada que se practicaba en los tiempos de Lamec (Gn 4:15-24). Condena los crímenes cometidos por Israel contra las naciones vecinas, como deportar a todo un pueblo para entregarlo a Edom o abrir en canal a las mujeres de Galaad que estaban embarazadas (Am 1). Se pone de parte de los hebreos oprimidos en Egipto pero también de los extranjeros que habitan con los judíos, así como de los huérfanos, las viudas y los pobres (Éx 3:9; 23:9; Dt 24:20-22).

La revelación de Dios es gradual porque gradual y creciente es también el desarrollo del entendimiento humano. Al principio, su poder se manifestaba violando el curso natural de la creación, como en el fuego y la voz atronadora que salía del monte Sinaí (Éx 19). Sin embargo, más tarde el profeta Elías llegó a comprender que Dios ya no actuaba en el huracán, el terremoto o el fuego sino como un «silbo apacible y delicado» (1 R 19:11-12). De la misma manera, el Mesías prometido, que había sido imaginado como el Señor guerrero que «quebrantaría a los reyes en el día de su ira» y llenaría las naciones de cadáveres (Sal 110), se convirtió paulatinamente en aquel carpintero de Nazaret que un día entró en Jerusalén «humilde y cabalgando sobre un pollino hijo de asna» (Zac 9:9). Jesús triunfó sobre la violencia sufriéndola voluntariamente en carne propia. Tal es la revelación progresiva de Dios al hombre.

Al final, después de tan dramática historia, Israel comprenderá que la guerra es un mal y aspirará a la paz universal. El salmista cantará que Jehová es el «que hace cesar las guerras hasta los fines de la tierra ... quiebra el arco, corta la lanza, y quema los carros de fuego» (Sal 46:9). Casi todas las promesas de los profetas de Israel indican que el pueblo debe superar la tentación de la lucha destructiva y aspirar a la salvación que supone la paz mundial. Hay muchos versículos en el Antiguo Testamento que entienden la derrota del mal precisamente como la desaparición de toda guerra. El futuro escatológico curará la violencia que existe entre los hombres así como entre los animales y «el niño de pecho jugará sobre la cueva del áspid» (Is 11:8). El recién destetado podrá pastorear animales reconciliados porque se habrán hecho herbívoros, ya que será el mismo Dios quien destruya para siempre al monstruo de la violencia.

De todo esto es fácil deducir el error que supone sacar textos bíblicos de su contexto sociológico e histórico, con la intención de fundamentar en ellos doctrinas o comportamientos relacionados con la violencia. No podemos basarnos en la actitud del pasado para justificar políticas contemporáneas, pues esto sería actuar con ingenuidad y desconocer el modo en que Dios se reveló. Cada época tuvo su propia idiosincrasia, por eso el Señor se manifiesta en cada momento según las capacidades del ser humano. Israel solo pudo prosperar en el mundo antiguo y ser el vehículo de la revelación mediante las acciones bélicas que llevó a cabo por orden de Dios. Probablemente sin aquella violencia, que hoy consideramos injusta y abominable, el pueblo hebreo se hubiera extinguido y la Palabra divina no habría llegado fielmente hasta nuestros días. Quizá la venganza genocida que practicó el pueblo de Dios en los albores de la humanidad fue necesaria para el establecimiento definitivo de Israel y para que de esta nación surgiera Jesús de Nazaret, el Hijo de Dios que acabaría muriendo en una cruz para revelar la verdadera faz del Creador. Un Dios de perdón, misericordia y paz. Con la llegada de Jesucristo las cosas cambiaron radicalmente. La guerra y la violencia fratricida dejaron de tener cabida en los planes de Dios. En vez del «ojo por ojo» el Maestro propuso «poner la otra mejilla». ¡Qué cambio tan absolutamente sustancial! Después de Jesús ya no es posible quedarse con la imagen de un Dios violento y genocida. Aquel tiempo ya pasó junto con la ley del talión y el Nuevo Testamento nos muestra que la verdadera naturaleza del Padre no es, ni mucho menos, la del Jehová de los ejércitos, sino la que nos ofrece Jesucristo.

JESÚS Y LA OTRA MEJILLA

Según el evangelio de Mateo, Jesús rechazó cuando fue prendido el recurso de Pedro a las armas, argumentando que quien empuña la espada muere por la espada: «Pero uno de los que estaban con Jesús, extendiendo la mano, sacó su espada, e hiriendo a un siervo del sumo sacerdote, le quitó la oreja. Entonces Jesús le dijo: Vuelve tu espada a su lugar; porque todos los que tomen espada, a espada perecerán» (Mt 26:51-52). Desde luego, Pedro podía haber alegado que se trataba de un caso de legítima defensa, de esos que la moral clásica solía aceptar como válido. Sin embargo, el argumento del Maestro fue que la violencia desata una lógica interna capaz de destruir al mismo que la ejerce. ¿A qué responde esta actitud de no querer defenderse mediante el uso de la violencia que manifiesta Cristo en el evangelio?

El combate de Jesús no es una guerra sanguinaria como las que llevan a cabo los reinos de este mundo. Su lucha no es contra carne y sangre sino contra principados y potestades de carácter espiritual. La pelea escatológica de Jesucristo es contra Satán, el príncipe de las tinieblas, y contra todas las fuerzas del mal que campean en este mundo. Para tan peculiar tipo de batalla no vale el recurrir a la violencia humana. De ahí que su muerte en la cruz del Calvario, a pesar de parecer a los ojos humanos una completa derrota, fuese en realidad el inicio y la garantía de su victoria definitiva. Al resucitar de entre los muertos venció al príncipe de este mundo (Jn 12:31-32) y atrajo hacia sí mismo, es decir hacia la «vida», a todas las criaturas que arrepentidas se abrazarían a él a lo largo de las eras. Vencedor del mundo por su misma muerte, trajo paz al ser humano (Jn 16:33), a pesar de que sus seguidores tuvieran que pasar todavía por diversas aflicciones e incluso por la desagradable experiencia de la muerte física antes de experimentar la vida definitiva. De esta manera Cristo se hizo, hace dos milenios, con la regencia espiritual de la historia (Ap. 5:12-13). Pero el combate que él inició se prolongará durante siglos a través de la existencia de la iglesia.

En tal contienda no sirve para nada la violencia fratricida ni las espadas, las pistolas o las armas militares. Solo son útiles las armas de luz. Las virtudes propias del estilo de vida cristiano como la fe, el amor y la esperanza de la salvación (1 Ts 5:8). Únicamente esa fe en Jesucristo que le acepta como Hijo de Dios es capaz de vencer al maligno y al mundo (1 Jn 2:14-17). Sin fe es imposible agradar a Dios.

No obstante, de la misma manera en que el Cordero de Dios venció al poder diabólico del mal muriendo en el Gólgota, es posible que también alguno de sus discípulos tenga que pasar por el martirio (Ap 12:11). Desgraciadamente la historia está repleta de mártires cristianos que dieron la vida por sus convicciones personales. Pero aunque la mayoría de los cristianos no lleguemos a conocer nunca tan dura experiencia, lo cierto es que en cualquier época de la historia siempre se exigirá de los creyentes un cierto heroísmo, una perseverancia y valentía para la no violencia que nada tienen que envidiar a aquel valor de los antiguos soldados en las guerras de Yahvé. La victoria final de este ejército no violento está de antemano garantizada por la resurrección de Cristo, y se consumará cuando la iglesia militante se convierta para siempre en la iglesia triunfante, reunida en torno a Jesucristo el vencedor.

Aunque Jesús rechaza sistemáticamente la violencia y predica la venida del reino de Dios, en el que se hará realidad aquel antiguo ideal veterotestamentario de la llegada de un tiempo en el cual la vida se desenvolverá en paz, lo cierto es que ante un orden religioso y social injusto el Señor de Galilea protesta con actitudes y palabras que las autoridades de Israel consideran violentas. En opinión de ellos, Jesús estaba claramente violando la ley de los judíos. Tal comportamiento de Cristo es muy significativo con relación a la cuestión siempre vigente acerca de hasta dónde debe llegar la resignación cristiana frente a la injusticia o la discriminación humana.

El Maestro hizo un azote de cuerdas y volcó las mesas de los cambistas, echando fuera del templo a los que hacían un negocio injusto vendiendo animales para los sacrificios (Jn 2:13-22). Se enfrentó al poder religioso establecido, violando sus costumbres y normas sociales al autoproclamarse «Señor del día de reposo» (Mr 2:28). Atacó la concepción hebrea del respeto a los padres al decirle a uno que quería seguirle: «Deja que los muertos entierren a sus muertos; y tú vé, y anuncia el reino de Dios» (Lc 9:60). Afirmó claramente que no había venido a traer paz a la tierra, sino espada. De esta manera acometió contra la sagrada institución judía de la familia, ya que su doctrina establecía disensión entre el hijo y el padre. A la hija la ponía «contra su madre, y la nuera contra su suegra» (Mt 10:34-36). Arremetió también contra la idea judía de la integridad física de los cuerpos al manifestar: «Por tanto, si tu ojo derecho te es ocasión de caer, sácalo, y échalo de ti; pues mejor te es que se pierda uno de tus miembros, y no que todo tu cuerpo sea echado al infierno. Y si tu mano derecha te es ocasión de caer, córtala, y échala de ti» (Mt 5:29-30). Asimismo a los escribas y fariseos los llamó hipócritas, insensatos, ciegos, necios, sepulcros blanqueados, serpientes y generación de víboras (Mt 23). Son numerosos los pensamientos del Maestro que parecen alentar una cierta violencia gestual o lingüística contra quienes oprimían injustamente a los más débiles de la sociedad palestinense.

Sin embargo, en todas estas expresiones se viola el orden precisamente porque es injusto y le hace el juego a los propósitos del maligno, impidiendo la extensión del reino de Dios en la tierra. Si para los religiosos de Israel Jesús de Nazaret aparece como un revolucionario violento, que con sus palabras perturba la paz social y desvía al pueblo de la senda que habían trazado ellos mismos, para Dios, en cambio, el Hijo del Hombre viene a restaurar el camino que llega hasta él y por eso necesita limpiarlo de los muchos obstáculos que habían colocado los hombres. Cristo denuncia la corrupción moral y espiritual en la que habían caído los líderes y para ello se ve obligado a adoptar una actitud enérgica y unas palabras violentas. Pero esto no significa que aceptara la violencia física en la extensión de su reino, como demuestran tantos otros pasajes bíblicos. Jesús rechazó hasta el final el recurso del poder violento, por eso murió víctima del odio humano, para superarlo con el amor. Y con su muerte mató las enemistades humanas (Ef 2:16).

    ¿Qué explicación tiene la actitud ambivalente de Jesús con relación a la violencia? ¿Por qué unas veces lleva el precepto de no matar hasta la radicalidad de condenar al que llama «tonto» a su hermano, pero en otras ocasiones él mismo usa la violencia verbal y les dice a sus hermanos fariseos que son una «generación de víboras»? ¿Cómo es posible relacionar los ocho «ay de vosotros escribas y fariseos» con aquella voz moribunda que dijo: «Padre, perdónalos porque no saben lo que hacen»?

    Semejante actitud, aparentemente contradictoria, tiene una explicación bien simple. Jesús parece ser agresivo cuando la injusticia o la necesidad de defensa afecta a los demás, pero se vuelve no resistente cuando le afecta a él mismo. Esta doble medida, según se trate de los demás o de sí mismo, es el criterio que atraviesa todos los evangelios. Y en esta doble actitud es donde entra en juego la radicalidad máxima de la no violencia evangélica, el amor a los enemigos. En el mundo de hoy puede que tal comportamiento suene a utopía, pero si el creyente quiere ser fiel al mensaje evangélico, no tiene más remedio que reconocer que toda la vida de Jesús pregona una misma cosa: es mejor dejarse matar por una causa que matar por ella. De ahí que la violencia resulte radicalmente inhumana y, por eso, radicalmente anticristiana.

    Nuestra moral no puede seguir siendo la del Antiguo Testamento. Nuestro código ético no está conformado más por las tablas de la ley convertidas luego en los Diez Mandamientos, sino por el Sermón del monte, por la actitud de poner la otra mejilla, y especialmente por los consejos contenidos en las bienaventuranzas de Jesús. Cuando esto no se entendió así, el cristianismo se deformó generando un dios sádico y violento que se complacía en la inquisición, las cruzadas religiosas, la imposición de la creencia y tantas guerras santas que provocaron muertes y más muertes de inocentes en nombre de la pretendida fe. Tiempos oscuros en los que se olvidó la enseñanza bíblica de que matar es siempre un mal injustificable en cualquier caso. Pero hoy debemos volver la vista al evangelio y reconocer que, a partir de la muerte y resurrección del Señor, el tiempo del odio o de la venganza, es decir el tiempo violento de Caín, ya pasó a la historia. Ahora los cristianos vivimos, o debemos vivir, en el tiempo del amor ágape, de ese amor que da la vida sin pedir nada a cambio y nos hace semejantes a Dios (1 Jn 3:11-24). El creyente que perdona a su enemigo no es un iluso que desconoce el mundo en que vive, sino alguien que pone en práctica el consejo bíblico de amontonar ascuas de fuego sobre la cabeza de quien no le quiere bien (Ro 12:20). Y esto no es venganza porque, con tal actitud, el ardor de las ascuas puede transformarse en amor mutuo, si es que el adversario consiente en ello. Al actuar así se le coloca en una situación difícil de mantener que puede motivarle a cambiar su odio en amistad. La persona que se esfuerza en amar a su enemigo, en realidad, aspira a convertirlo en amigo. Está imitando el comportamiento de Cristo, ya que también nosotros «siendo enemigos, fuimos reconciliados con Dios por la muerte de su Hijo» (Ro 5:10). Jesús no vino a negar la enemistad sino a vencerla por medio de ese amor misterioso que pone la mirada en las cosas de arriba y no en las de la tierra. Al ser insultado no devolvió el insulto (1 P 2:23); frente a la agresión injusta no resistió al malvado, sino que procuró siempre vencer con el bien el mal (Ro 12:21). Por lo tanto, esta debe ser también nuestra actitud cristiana.

El amor sincero hacia los enemigos que predicó Jesucristo es el único sentimiento capaz de conseguir una paz perdurable entre los seres humanos. La justicia del ojo por ojo, en cambio, solo contribuye a crear un círculo vicioso de enemistad, odio y guerra. Como escribe Moltmann: «Si se devuelve mal por mal, entonces a un mal siempre le sigue otro mal, porque solo así se sabe hacer "justicia". Antiguamente, la cosa podía quedarse en la pérdida de un ojo y la rotura de unos cuantos dientes. En la era nuclear, la carrera armamentista y la amenaza de una "revancha masiva" solo pueden llevar al mundo al exterminio total» (Moltmann, 1992: 66). En la actualidad el amor a los enemigos deja de ser una ilusión utópica para convertirse en una necesidad imperiosa. Ante la amenaza del terror o de una posible guerra nuclear, amar al enemigo es responsabilizarnos de él, de su persona, así como de su situación social, económica y medio ambiental. En el tercer milenio esta es la única política razonable que se debe practicar si queremos seguir garantizando la paz mundial. La solución no está en exterminar a los pueblos enemigos o a los grupos disidentes que no compartan los ideales de la mayoría, sino en dialogar con ellos, en ponernos en su piel, en entender cuál es el origen de su queja sincera y por qué arremeten contra nosotros.

La actitud correcta no es pensar solo en cómo podemos defendernos de nuestros enemigos, sino en qué podemos hacer para llegar a un consenso de paz con todo el mundo. Hay muchos creyentes que piensan que con el Sermón de la Montaña no es posible gobernar el mundo. Sin embargo, el moderno arsenal bélico que hoy existe en el planeta y la temible amenaza que supone para la humanidad, actualiza cada vez más las palabras de Jesucristo y las propone como la mejor

EL FANTASMA DE LA GUERRA

política de supervivencia que se debe practicar en la actualidad. Una política de paz, de empatía hacia las demás naciones, de respeto y perdón. La violencia contemporánea se puede y se debe superar, como hizo Cristo, mediante la no violencia.

LA NO VIOLENCIA CRISTIANA

Los primeros creyentes vivieron poniendo en práctica el amor a todas las personas, la mansedumbre, el perdón y la capacidad para sufrir las injusticias con humildad. Cuando fueron perseguidos, su compromiso con la paz y la no violencia les llevó a aceptar incluso el martirio, porque creían que así daban el mejor testimonio posible de su fe cristiana y, con su ejemplo, conducían a otros hasta los pies de Cristo. Entendían que los discípulos del Maestro no solo debían enseñar el mensaje del evangelio, sino también vivirlo y transformar la sociedad sin recurrir nunca a la violencia de la lucha armada. Tal convicción dio lugar a que miles de creyentes ardieran como antorchas humanas en los caminos de Roma o fueran devorados por las fieras en los espectáculos que en aquella época entretenían a la gente. Sin embargo, la iglesia de las catacumbas fue la más viva de la historia y la que más influyó entre sus contemporáneos.

Los llamados padres de la iglesia, como Clemente de Alejandría, Justino Mártir, Tertuliano, Lactancio, Atanasio, Orígenes y otros, mantuvieron siempre la convicción de que el Nuevo Testamento aboga por la actitud no violenta en la vida del cristiano (Byler, 1997). Esto implicaba el rechazo de las armas para solucionar los conflictos humanos, así como la objeción de conciencia a ingresar en cualquier ejército de la época. Se entendía que si un soldado se convertía a Jesucristo, no estaba obligado a dejar su servicio militar, pero debía colaborar solo en aquellas tareas en las que no tuviera que derramar sangre humana. Tales ideas prevalecieron durante los tres primeros siglos del cristianismo.

Sin embargo, a partir del siglo IV, a medida que los emperadores y gobernantes empezaron a conceder favores a las autoridades religiosas, los creyentes comenzaron a admitir poco a poco los asuntos militares. Se llegó así a la aceptación total del militarismo y a la paradoja de que para pertenecer al ejército, primero había que ser cristiano. San Agustín, el obispo de Hipona, fue el principal defensor de tales ideas por medio de sus escritos acerca de la guerra justa. Las iglesias terminaron por fusionarse con los estados y empezaron a gobernar la sociedad mediante el uso de la fuerza. La tradición cristiana de la no violencia se fue olvidando o bien quedó recluida a la predicación de determinadas personas en ambientes reducidos, como aquel pequeño grupo de anabaptistas de donde, en el siglo XVI, surgieron los menonitas.

Creo que el cristianismo actual debe volver los ojos al estilo de vida pacifista que tuvieron los creyentes en los primeros siglos de nuestra era. La guerra en la aldea global ya no será jamás como en épocas anteriores. Su existencia amenaza con aniquilar a toda la humanidad, de ahí que los cristianos tengamos la responsabilidad de extender por todo el mundo la acción pacificadora de Dios que nos reveló el Señor Jesucristo. Cuando el apóstol Pablo escribió a los colosenses: «Por cuanto agradó al Padre que en él [Cristo] habitase toda plenitud, y por medio de él reconciliar consigo todas las cosas, así las que están en la tierra como las que están en los cielos, haciendo la paz mediante la sangre de su cruz» (Col 1:19-20), se refería precisamente a esto.

Aparte de la predicación del evangelio, todo lo que define al cristianismo hoy en el mundo es esta acción pacificadora, conciliadora, justificadora y vivificadora de Dios en Cristo. Quien se contenta con recibir la paz de Dios y no se vuelve a su vez pacificador, es porque no ha entendido la voz del Espíritu del Señor. Él demanda de cada convertido que sea un agente de la paz en el mundo y que no se resigne nunca a la injusticia o a la violencia de los hombres. Sabemos que las espadas no se convertirán definitivamente en arados hasta que Cristo venga otra vez, pero esto no debe impedir que sigamos trabajando y orando por la paz.

No debemos creer que la fe es un asunto privado que solo depende del individuo y de Dios, y que no tiene ninguna repercusión en la sociedad. Actitudes como esta fueron las que hicieron posible atrocidades como las del holocausto nazi en Alemania. «Muchos cristianos que aborrecían a Hitler y deploraban la suerte de los judíos optaron por la llamada "emigración interior", es decir, intentaban salvar interiormente su alma, mientras en el plano exterior se amoldaban a las exigencias políticas» (Moltmann, 1992: 44). No se opusieron mediante actitudes no violentas de protesta sino que, salvo honrosas excepciones, permanecieron en un silencio humillante. Esto le dio mayor libertad al dictador para cometer su masacre inhumana.

La privatización de la fe y el creer que el cristiano no debe involucrarse en política pueden tener efectos desastrosos sobre la sociedad. Una cosa es la diferenciación entre la iglesia y el estado y otra creer que la iglesia debe ser apolítica y la política arreligiosa. Las comunidades cristianas están llamadas a ser hoy lugares donde exista una libertad crítica frente a los gobiernos y la propia sociedad. Solo por medio de la denuncia positiva y pacífica de los males e injusticias sociales puede la iglesia evitar que vuelvan a producirse situaciones como las de Auschwitz y actuar como auténtica pacificadora de la aldea global.

La violencia se gesta siempre en corazones pecadores que rechazan o ignoran voluntariamente el mensaje de Jesucristo. La persona que actúa de esta manera peca contra Dios, contra su prójimo y pone en peligro la paz, la justicia social y la igualdad entre todos los seres humanos. Por el contrario, el cristiano que rechaza toda forma de violencia y se muestra sensible ante el dolor ajeno, asume el reto evangélico de convertirse en apóstol de la paz. De alguna manera está contribuyendo a adelantar la venida de Jesucristo. Al enjugar lágrimas, consolar al sufriente y aliviar el dolor o las secuelas del desamor, hace que el presente se parezca cada vez más al futuro glorioso que esperamos. Trae la paz del cielo a la tierra. Y esta es, sin duda, la mejor manera de enfrentarse al fantasma de la guerra.

—5—

Peligros de una ciencia
sin conciencia

Uno de los principales retos que deberá afrontar la sociedad del tercer milenio y también las iglesias cristianas que forman parte de ella será el desarrollo de la ciencia y las tecnologías de alto riesgo. En el capítulo anterior nos referimos al inmenso poder destructor que poseen actualmente las máquinas fabricadas para la guerra, especialmente las que utilizan energía nuclear, y cómo su capacidad aniquiladora de la vida plantea cuestiones éticas que hasta ahora no se habían tenido suficientemente en cuenta. Pero, si desmesurada es la capacidad humana actual para destruir, no resulta menos peligroso el poder que también posee para crear o construir. La ambivalencia de los inventos tecnológicos es hoy más manifiesta que nunca. En este sentido, por ejemplo, los satélites artificiales que nos permiten comunicarnos o ver imágenes en directo desde cualquier lugar del planeta son susceptibles de convertirse después de su uso en basura espacial, capaz de perjudicar seriamente los propios intereses humanos.

Algo parecido ocurre con la manipulación genética y los descubrimientos que se esperan de la nueva biología para un futuro relativamente próximo. La curación de enfermedades genéticas así como la superación de las terribles plagas que hoy azotan a la humanidad, el cáncer o el SIDA, es algo deseable que probablemente se logrará pronto. Sin embargo, al mismo tiempo, tales investigaciones en los misterios de la célula viva plantean serios interrogantes éticos a la hora de recrear la vida humana en los laboratorios. ¿Dará lugar la clonación de personas, si es que se llega a realizar, a una sociedad discriminatoria y racista como la que imaginó Aldous Huxley en su famosa novela *Un mundo feliz*? ¿Construiremos una nueva aldea global poblada por diferentes castas de individuos dedicados a tareas programadas de antemano? ¿Será la ciencia capaz de crear un mundo de sub-hombres dedicados al servicio de superhombres? ¿Se librará la raza humana de la antigua maldición bíblica del trabajo con esfuerzo o del parto con dolor? Actualmente hay muchos que defienden la clonación terapéutica con el fin de curar determinadas dolencias como el Parkinson o el Alzheimer, aunque para ello haya que crear y destruir inocentes embriones humanos. Otros ven con buenos ojos que una viuda se quede embarazada y tenga un bebé a partir del semen congelado de su difunto esposo o que una mujer menopáusica aspire a la maternidad y dé a luz al hijo de su hija. La tecnología médica es hoy capaz de realizar casi todas estas operaciones y en el futuro serán posibles también cosas como el embarazo masculino o la creación de úteros artificiales patentables que liberen a la mujer de la gestación y el alumbramiento. La cuestión de fondo que subyace detrás de todos estos asuntos es siempre la misma. El que algo se pueda hacer, ¿significa irremediablemente que se deba llevar a cabo? Es decir, el hecho de que la ciencia permita realizar tal o cual cosa, ¿legitima automáticamente la acción de realizarla? ¿Es ético hacer todo lo que se puede hacer? Estas son algunas de las cuestiones de la biomedicina a las que los cristianos deberemos enfrentarnos durante el siglo XXI.

También desde la ecología o el estudio de los sistemas naturales se han levantado voces de alarma contra las consecuencias de una tecnología científica que piensa solo en una mayor producción y un incremento del desarrollo a costa de la degradación ambiental. La aldea global es un mundo industrializado gracias a la ciencia, en el que se produce mayor riqueza que en ninguna otra sociedad a lo largo de la historia. Lo trágico es que esa riqueza se genera a costa de destruir la naturaleza. Hasta ahora, ninguna otra sociedad humana había causado tantos daños y tan irreparables a la tierra. Muchos ecólogos temen que la catástrofe ecológica pueda acabar algún día no muy lejano con la propia humanidad, igual que en su momento desaparecieron todos los dinosaurios y otras especies biológicas del pasado. Algunos piensan que no es posible controlar la cantidad de tóxicos que ascienden a la atmósfera o se filtran en el suelo y lo envenenan. Si esto fuera así, el destino del hombre estaría determinado antes de que se evidencien los síntomas de su desaparición progresiva.

¿LE ROBA LA CLONACIÓN A DIOS LOS DERECHOS DE AUTOR DE LA VIDA?

En otro libro he tratado con mayor amplitud el tema de la clonación animal y humana, así como los correspondientes dilemas éticos y espirituales que plantea (Cruz, 1999). Aquí únicamente señalaré que la clonación genética no es, como en ocasiones se sugiere, el triunfo del hombre de ciencia que consigue robarle a Dios la exclusiva de la creación de la vida. Hoy por hoy ningún laboratorio del mundo es capaz de crear vida orgánica a partir de materia inorgánica. ¡Cuánto menos a partir de la nada! El ser humano está a millones de años luz de la posibilidad de convertirse en un creador de seres vivientes capaz de rivalizar con el verdadero Creador. ¿Qué significa entonces clonar? ¿Qué es lo que se ha hecho en realidad con ciertos ratones u ovejas y algunos desean hacer también con el propio hombre? La clonación no significa crear vida en el laboratorio sino manipularla a partir de otros seres vivos ya existentes. La patente la sigue teniendo Dios, no el hombre. Por mucho que se diga que este juega a ser Dios cuando consigue una copia genéticamente exacta de un determinado animal, lo cierto es que solo lo logra partiendo de células preexistentes que ya fueron diseñadas así por el Creador del universo. Cambiar un núcleo o un gen de una célula a otra no es, ni mucho menos, lo mismo que crear vida a partir de la nada. Mediante la clonación no se crea nada nuevo que no existiera ya previamente. Si alguna vez se realizara la clonación reproductiva de un ser humano (Dios no lo quiera), este no sería una especie de Frankenstein sin alma o el mismísimo anticristo, como ciertos sensacionalistas pretenden. El hombre, por más clónico que sea, poseerá siempre una dimensión espiritual o trascendente que lo alejará de los animales irracionales o de los robots computarizados. Si no fuera así, dejaría de ser humano.

Hay tres métodos para obtener clones de forma artificial que a veces se confunden en la literatura divulgativa. El primero se viene practicando con ciertos animales desde el año 1993 y consiste en arrancar células al embrión antes de que inicie su diferenciación celular. En esos primeros momentos en los que todas las células son todavía iguales, cada una de ellas posee la capacidad de originar todos los tejidos, estructuras y órganos del individuo completo. Se dice que son totipotentes. Pues bien, si se toma una o varias de tales células y se implantan convenientemente en el lugar adecuado del útero de otra hembra, son capaces de dar lugar a tantos fetos clónicos como células se hayan trasplantado. De esta manera se han obtenido numerosos animales.

El segundo procedimiento para fabricar clones consiste en extraer los núcleos de células embrionarias cultivadas artificialmente e introducirlos en óvulos no fertilizados a los que previamente se les ha extraídos también sus propios núcleos. Tales óvulos se comportan, después de ciertas descargas eléctricas, como si hubieran sido fecundados normalmente por espermatozoides masculinos y empiezan a dividirse formando embriones que después serán transferidos a los úteros de las madres adoptivas que los darán a luz. Esta técnica se viene aplicando con relativo éxito en el ganado ovino desde el año 1996 y permite crear un mayor numero de clones que con el primer método.

No obstante, los ejemplares que así se consiguen, tanto con el primero como con el segundo procedimiento, se originan siempre a partir de células embrionarias, pero nunca proceden de células adultas ya diferenciadas. De ahí la importancia que tuvo la obtención de la famosa oveja Dolly ya que, según afirmó su creador el profesor Ian Wilmut del Instituto Roslin de Edimburgo, este clon superó tal frontera, constituyendo el tercer y más importante método de la clonación. En su caso se partió de los núcleos de células desarrolladas de las glándulas mamarias, es decir, de las ubres de una oveja adulta. Se trataba, por tanto, de núcleos que aparentemente habían perdido la totipotencialidad y a los que se obligó a reprogramarse para formar un individuo auténticamente clónico, que fuera una réplica exacta del progenitor al que se le había extraído la célula de la ubre. Después se procedió como en el caso anterior. El núcleo diferenciado se introdujo en un óvulo enucleado de una segunda hembra donante y, por último, en el útero de una tercera hembra adoptiva que lo daría a luz. Por eso se dijo que Dolly tuvo tres madres y ningún padre.

Frente a las elucubraciones de algunos futurólogos y ciertos grupos feministas que contemplaban la posibilidad de un mundo formado solo por hembras, en el que los machos resultaran innecesarios para la reproducción, conviene señalar que tal posibilidad es biológicamente inviable. La clonación asexual no podrá nunca sustituir a la reproducción sexual ya que en el proceso reproductor se requieren, tarde o temprano, unos pequeños orgánulos citoplasmáticos llamados centríolos, que solo están presentes en los espermatozoides masculinos pero no en el óvulo femenino. En la fecundación tales centríolos son transferidos del espermatozoide al oocito de la hembra para que este inicie su desarrollo embrionario. Por tanto, no es posible prescindir de las células masculinas en el proceso reproductor. Tales mecanismos continúan funcionando tal y como fueron diseñados por el Creador.

A pesar de tanto alboroto creado en torno a la clonación de la oveja Dolly en los medios de comunicación por todo el mundo, recientemente se ha confirmado que la misma envejece prematuramente y tiene problemas de obesidad, artritis, etc. Esto ha llevado a su creador a desaconsejar rotundamente la posible clonación de seres humanos, calificándola de «irresponsabilidad criminal». Pero además, la clonación humana es materialmente imposible, ya que la personalidad de cada individuo se forma por medio de la interacción con el entorno. No es posible reproducir exactamente todas las condiciones ambientales que han influido en la vida de una persona para hacer que ningún clon genéticamente idéntico a su progenitor tuviera también el mismo carácter, la misma actitud frente a la vida, tomara continuamente las mismas decisiones o empleara su libre albedrío de la misma manera.

Cada criatura humana es siempre responsable de sí misma o de su conducta individual delante de los demás y, sobre todo, ante Dios. Esto significa que cada persona es única e irrepetible, por idénticos que sean sus genes a alguna otra, y que tendrá que rendir cuentas de su comportamiento delante del Creador. No obstante, a la vez, implica que la sangre de Jesucristo es capaz también de limpiar el pecado de cualquier posible clon humano arrepentido. Al fin y al cabo, si se llegara a clonar personas, ellas no serían en modo alguno responsables de su condición genética, sino víctimas inocentes.

Tampoco la clonación de animales parece que a la larga fuera muy eficaz, ya que al poseer los mismos cromosomas cualquier posible infección podría acabar con todo el rebaño o la variedad creada. Quizá la clonación de animales modificados genéticamente para la sustitución de órganos humanos sería una posible aplicación beneficiosa. También la clonación de algunos seres vivos que se hallan en la lista roja de especies en peligro de extinción podría ser otro aspecto positivo, a pesar del conocido empobrecimiento genético que tal reproducción supondría. Ya se ha pensado, por ejemplo, en la posibilidad de clonar ciertas tortugas galápagos de las que solo queda un ejemplar, así como ciertos toros salvajes de la India llamados «gaur», la cabra montés o bucardo de los Pirineos, el panda gigante o el tigre de Sumatra, entre otras muchas especies que peligran.

Por lo que respecta a la clonación terapéutica se ha sugerido para un futuro próximo la producción de tejidos humanos e incluso órganos, para posteriores trasplantes, mediante la clonación de células extraídas de los propios enfermos. En este sentido, resulta obvia la gran bendición que supondría para los parapléjicos, por ejemplo, el que se les pudiera implantar tejido medular obtenido mediante clonación de sus propias células y conseguir así que volvieran a caminar. Nos parece que esto sería legítimo, siempre y cuando no se usaran de forma inadecuada embriones humanos. No parece ético, desde la fe cristiana, crear un embrión que es un proyecto de persona para luego destruirlo aunque sea con el fin de curar la enfermedad de un adulto, máxime cuando hoy se sabe que las llamadas «células madre» susceptibles de convertirse en cualquier tejido capaz de curar se pueden obtener también a partir del cordón umbilical de los bebés recién nacidos, de la médula espinal, el cerebro o de otros tejidos del adulto, sin necesidad de fabricar embriones humanos para después matarlos.

Evidentemente una cosa es clonar ovejas o vacas y otra radicalmente diferente hacer esto con seres humanos. La clonación reproductiva atenta claramente contra la individualidad del hombre. Cada persona tiene derecho a un patrimonio genético único que sea solamente suyo y no compartido con nadie. El individuo humano tiene derecho a ser hijo de unos progenitores biológicos, de un padre y una madre naturales, y no de una manipulación artificial discriminatoria. El «niño a la carta» es una pretensión que atenta contra la dignidad del ser humano. Es verdad que quizá mediante la ingeniería genética y la terapia génica en el futuro será posible curar numerosas enfermedades, pero también lo es que con esta mentalidad ingenieril que se detecta hoy en ciertos ambientes científicos no se contribuye a tranquilizar la opinión pública, ya que el horizonte se llena de peligros potenciales. La elevada complejidad biológica de los seres vivos hace que las interacciones moleculares entre las células vivas sea un ámbito delicado y suficientemente difícil de comprender como para actuar sobre él de forma torpe o a la ligera. Esto es algo que la tecnología científica deberá tener muy presente.

Si se sabe utilizar de manera sabia, la revolución genética será capaz de curar múltiples dolencias humanas que hasta ahora habían contribuido a esclavizar al ser humano, podrá mejorar las condiciones de vida de muchas criaturas y con ello hacer posible que el hombre disponga de más motivos para reflexionar acerca del Creador de la vida en el universo. Pero si, como en épocas pasadas, se utiliza el conocimiento y la tecnología alcanzada para pelear contra el hermano como lobos feroces, entonces la humanidad le volverá a dar la espalda a Dios y la posibilidad de que la vida en el planeta se extinga será demasiado real.

LA CIENCIA DE LA VIDA FRENTE A LA VIDA BAJO LA CIENCIA

El desarrollo de la conciencia ecológica se inició a finales del siglo XIX en Europa y Estados Unidos, constituyendo el origen de una revolución verde de la ciencia contra la ciencia. Se empezó a gestar así una profunda desconfianza hacia los beneficios de la tecnología avanzada, que se ha venido intensificando progresivamente hasta el día de hoy. Las principales organizaciones ecologistas de la actualidad cuentan entre sus filas con científicos que investigan lo que ocurre en la naturaleza y, en nombre de la vida sobre la tierra, se oponen a los intereses del industrialismo o la tecnocracia generada por la misma ciencia. Todas estas asociaciones coinciden en denunciar el peligro de que la tiranía científica acabe imponiendo a la humanidad y al planeta unas condiciones insoportables para la existencia de los seres vivos. Por eso proponen la austeridad global y un cambio de mentalidad que permita sustituir el valor del dinero por el del respeto a la vida. Esto debe pasar por un desarrollo sostenible como medida que fomente la solidaridad entre las distintas generaciones. El modelo ecologista actual propone que se contemple el tiempo no desde la perspectiva egoísta de nuestra generación, sino en función de la vida de nuestros hijos, nietos, biznietos y tataranietos. Esto sería una forma de cuidar de la carne de nuestra carne.

Pero al llevar a la práctica una visión así, se choca irremediablemente con las perspectivas reducidas que no contemplan la biosfera de la creación como un todo interrelacionado, sino desde un enfoque puramente nacionalista y estatal. Mientras los estados-nación solo se preocupen de su propio territorio y de sus particulares ecologías privadas, la unidad de la humanidad así como el respeto a las múltiples relaciones entre todos los territorios del ecosistema global seguirán siendo utopías inalcanzables. El dirigente histórico de *Greenpeace International*, David McTaggart, manifestó las siguientes palabras en una entrevista realizada en 1991: «La mayor amenaza que debemos afrontar es el nacionalismo. En el próximo siglo, vamos a hacer frente a temas que no pueden resolverse nación por nación. Lo que tratamos de hacer es trabajar juntos internacionalmente, pese a siglos de prejuicio nacionalista» (Castells, 2000b: 151). De ahí que la «cultura verde» que predican los ecologistas sea, a la vez, localista y globalista: localista en la defensa del espacio y globalista en la gestión del tiempo. Es lo que se intenta expresar mediante la famosa frase: «Piensa globalmente, actúa localmente».

Algunos activistas de esta cultura verde llevan a la práctica sus reivindicaciones por medio de acciones ejemplares no violentas que pretenden impresionar al gran público y hacer que esto termine con ciertas contaminaciones o degradaciones puntuales del medio ambiente. Apelando al sacrificio personal se dejan detener por la autoridad, se encadenan a las puertas de las compañías que polucionan, arriesgan la vida sobre pequeñas embarcaciones neumáticas que se aproximan en exceso a grandes petroleros, se sientan sobre las vías del ferrocarril que transporta residuos tóxicos o boicotean las ceremonias oficiales para hacer que sus protestas sean escuchadas. Aunque alguna de tales acciones pueda extralimitarse, no cabe duda de que en general constituyen un testimonio público que contribuye a resaltar el valor ético del respeto a la creación de Dios en una era en la que impera sobre todo el cinismo y el egoísmo generalizado. Creo que desde la perspectiva cristiana hay que reconocer la legitimidad de muchos temas que suscitan los ecologistas y colaborar en todo aquello que suponga ejercer como mayordomos protectores de la creación.

Desde luego, quienes padecen con mayor intensidad las consecuencias negativas de la degradación ambiental son los países del Tercer Mundo. Muchas comunidades pobres y minorías étnicas se ven expuestas a la contaminación de su entorno o a la exposición directa a determinadas sustancias tóxicas como consecuencia de la instalación de fábricas procedentes de los países ricos. Es verdad que estas fábricas dan trabajo a la población, pero también contaminan más de lo que en sus países de origen se les permitiría. Es una realidad que, por todo el mundo, la pobreza constituye una importante fuente de destrucción de los ecosistemas naturales. De ahí que en ciertos países en vías de industrialización, sobre todo de América Latina, hayan aparecido grupos ecologistas que no solo defienden la protección de la tierra, los bosques, ríos y mares, sino también los derechos humanos y la justicia social. De hecho, ambos aspectos están relacionados o se mezclan en una auténtica ecología humana y medioambiental.

Al peligro que supone para la naturaleza y la propia vida humana el desarrollo continuo de nuevos productos de la ciencia tecnológica, así como la producción imparable de residuos o la utilización desmesurada de los recursos del planeta, se suma el grave problema de la falta de decisiones políticas que atajen todas estas situaciones. Es lamentable constatar cómo muchas de las medidas correctoras que se aplican se llevan a cabo en unos plazos y de una manera insuficiente. Cuando en las conferencias internacionales sobre medio ambiente se habla de los principales problemas ecológicos del planeta, como las alteraciones climáticas, la deforestación, la desertización, la protección de la biodiversidad, la disminución de los recursos pesqueros o el incremento de los residuos tóxicos, todo el mundo parece estar de acuerdo en la diagnosis de los mismos. Sin embargo, las dificultades aparecen a la hora de comprometerse y firmar los acuerdos que proponen la reducción de la contaminación. Los primeros países en echarse atrás suelen ser los más ricos del mundo ya que no están dispuestos a revisar sus exagerados modelos de consumo.

Mientras esta situación se prolongue será imposible atajar de raíz los problemas ecológicos y darles una verdadera solución, si es que todavía se está a tiempo para ello. Si las exigencias de lucro y el egoísmo de un estilo lujoso de vida, por encima de las posibilidades que la tierra puede soportar, continúan imperando sobre el interés colectivo de la humanidad, jamás se conseguirá el equilibrio ecológico. Lo que hasta ahora se ha estado haciendo es como poner «remiendo de paño nuevo en vestido viejo», según la famosa parábola de Jesús. Los pequeños compromisos que se contraen son claramente insuficientes y lo único que ocultan son los intereses creados de la mayoría de los países industrializados. Las palabras del Maestro, aunque se referían a la antigua ley de Israel, reflejan bastante bien la situación actual: «Nadie pone remiendo de paño nuevo en vestido viejo; de otra manera, el mismo remiendo nuevo tira de lo viejo, y se hace peor la rotura. Y nadie echa vino nuevo en odres viejos; de otra manera, el vino nuevo rompe los odres, y el vino se derrama, y los odres se pierden; pero el vino nuevo en odres nuevos se ha de echar» (Mr 2:21-22). El peligro de que la tierra se desgarre o se derrame en un futuro relativamente próximo solo podrá desparecer cuando el egoísmo sea desterrado del corazón de los pueblos.

Cristianismo y ecología

La Biblia tiene un mensaje de esperanza para esta tierra, que pertenece a Dios pero que fue entregada provisionalmente al hombre con el fin de que la gobernara de manera sabia. La esperanza bíblica para el planeta se desprende de textos como el siguiente del apóstol Pablo: «Porque también la creación misma será libertada de la esclavitud de corrupción, a la libertad gloriosa de los hijos de Dios» (Ro 8:21). Es decir que, según el Nuevo Testamento, el problema ecológico tendrá una solución definitiva con el regreso de Cristo. El propósito divino abarca al ser humano pero también al resto de la creación y su voluntad, es «reunir todas las cosas en Cristo» y restablecer el orden y la perfección original del universo. Sin embargo, mientras llega ese tiempo, ¿cuál debe ser la actitud del cristiano con relación al medio ambiente? ¿Desentenderse de forma irresponsable del tema, bajo la excusa de que la situación actual no tiene arreglo? ¿Cruzarse de brazos y esperar a que lo solucione el Señor Jesucristo cuando vuelva? ¿Darles la razón a quienes culpan al cristianismo de la actual crisis ecológica? (Cruz, 1999: 409).

Por desgracia, el grado de compromiso de los creyentes en este asunto es sorprendentemente bajo. Quizá esto responda a una mala interpretación de las obligaciones cristianas en el mundo frente a la idea espiritualista de que solo hay que ocuparse de las cosas de «arriba» y no vale la pena intentar mejorar las de «abajo». No creo que este sea el mensaje que transmite la revelación. Los debatidos verbos del Génesis, «sojuzgad» y «señoread» no deben ser traducidos mediante las actitudes de dominio despótico, sometimiento forzado, avasallamiento, tiranización, opresión o violación de la creación. La orden que Dios le dio al hombre hay que entenderla en el contexto de la responsabilidad, el cuidado y la cooperación con las demás criaturas. El señorío humano consiste en una mayordomía sabia, capaz de administrar con justicia los recursos del mundo natural. El hombre está llamado a sojuzgar por medio del espíritu de amor y solidaridad que el evangelio propugna constantemente, de otra manera, el mismo Creador se estaría contradiciendo al mandar la explotación arbitraria de la naturaleza que acababa de crear. La tierra está como está precisamente porque el ser humano no supo señorear bien ni acertó a distinguir entre necesidad y deseo. Al darle la espalda a Dios, se inició también una crisis ambiental que iría creciendo hasta llegar a la situación presente, no como consecuencia de la necesidad de sobrevivir, sino por causa del deseo de poseer más de lo necesario, es decir, por culpa de la codicia y el egoísmo humano. No obstante, la palabra de Dios considera la responsabilidad ecológica como una parte del llamamiento cristiano a hacer patente el amor de Dios en este mundo material. Pablo invitó a todas las personas a ser imitadores de Cristo siguiendo la ley del amor y el servicio a la humanidad. A los gálatas les escribió: «No os engañéis; Dios no puede ser burlado: pues todo lo que el hombre sembrare, eso también segará ... No nos casemos pues, de hacer bien» (Gá 6:7,9). El amor cristiano no es mera palabrería sino algo real y constructivo, por lo tanto, además de mantener presentes las promesas sobre el futuro, también es menester trabajar para que la voluntad de Dios se lleve a cabo en la tierra hoy.

En esa voluntad divina entra también el modo cotidiano de vivir, la sobriedad capaz de mostrar al mundo el amor, el respeto por la belleza natural, la grandeza y el propósito de la creación de Dios. Si el Creador ha hecho el universo y volverá a rehacerlo algún día, según afirman las Escrituras, entonces el mismo merece todo nuestro respeto. Es por esto que la actitud cristiana consecuente será siempre la de oponerse al despilfarro, la contaminación y la destrucción del mundo diseñado por Dios.

LA FE CRISTIANA FRENTE A LA CIENCIA DE ALTO RIESGO

Los peligros de la ciencia y la técnica actuales surgen sobre todo debido al poco control que la sociedad democrática posee sobre determinadas investigaciones. El secretismo existente en ciertas áreas, como los estudios tecnológico-militares, genéticos, farmacológicos, químicos e industriales, degrada la propia ciencia ya que al no informar adecuadamente a los ciudadanos, ellos no pueden opinar ni ejercer su derecho a la crítica razonada y constructiva. Por lo que el estamento científico que trabaja en tecnología de punta se convierte en una especie de bunker infranqueable desde el cual se dispara a discreción sin ningún tipo de restricción ética. El único criterio parece ser el de los beneficios económicos a corto plazo. Además la tecnociencia se vuelve incapaz de controlar las consecuencias de sus descubrimientos sobre la biosfera y el propio ser humano. Tal falta de visión con respecto al futuro desencadena una dinámica en la que todo lo que se puede hacer se hace, sin reflexionar si se debería o no hacer. Es como un bólido que viajara a gran velocidad pero sin conductor que lo controlara. La actual civilización tecnológica se mueve vertiginosamente sin saber cuál es su destino.

No obstante, la moral cristiana que parte del respeto a la creación por ser la obra de Dios, nos impone el deber de evaluar la tecnología con el fin de eliminar todos aquellos proyectos que impliquen una agresión a la naturaleza o al hombre. En la aldea global no queda más remedio que renunciar al desarrollo incontrolado para planificar adecuadamente lo que más le conviene a la humanidad. Es la sociedad, a través de sus representantes legítimos, quien debe señalar los objetivos prioritarios de las investigaciones que más le interesan, no el interés lucrativo de unos pocos. Desde la perspectiva de la fe hay que proponer una moral planetaria de la moderación y la sobriedad. Como aconsejaba el apóstol Pablo a los cristianos de Tesalónica: «Porque todos vosotros sois hijos de luz e hijos del día; no somos de la noche ni de las tinieblas. Por tanto, no durmamos como los demás, sino velemos y seamos sobrios» (1 Ts 5:5-6). Esta sobriedad debe caracterizar a los creyentes del presente y debe oponerse a la idea, tan difundida hoy, de que el desarrollo científico es imparable. La ciencia sin conciencia tiene que ser contestada desde la fe mediante una ética de la no-investigación y del no-descubrimiento (Lacroix, 1995). El cristiano debe luchar por humanizar la ciencia contribuyendo así a que esta le sirva al hombre y no se sirva de él, porque solo en una cultura de la sobriedad compartida nos será posible ser señores de las cosas en lugar de esclavos de ellas.

La Palabra de Dios ofrece una visión esperanzada para este mundo y recomienda a todo cristiano que no adopte las ambigüedades o contradicciones propias de la sociedad en la que vive. Resulta evidente que lo primero que debemos hacer es seguir predicando el evangelio de Jesucristo para la extensión de su reino en la tierra. Pero después de esto, no hay que olvidar las palabras del apóstol Pablo: «Por cuanto agradó al Padre que en él [en Cristo] habitase toda plenitud, y por medio de él reconciliar consigo todas las cosas, así las que están en la tierra como las que están en los cielos, haciendo la paz mediante la sangre de su cruz» (Col 1:19-20). Todo lo que define al cristiano, y todo lo que es y puede hacer la iglesia, se debe a esta acción justificadora y pacificadora de Dios en Cristo. La iglesia existe como instrumento de la justicia de Dios en la sociedad moderna, y los conflictos económicos, políticos o sociales de este mundo son también sus propios conflictos, los cuales son experimentados por los cristianos en carne propia.

Si Dios no existiera, tal vez podríamos resignarnos a la violencia y a la injusticia porque ellas serían las únicas realidades posibles. Pero si hay un Dios y es el Dios justo, entonces no podemos conformarnos ni acostumbrarnos jamás a la injusticia, sino que nos opondremos a ella y la combatiremos con todas nuestras fuerzas. La fe del cristiano encuentra el consuelo de Dios en todo sufrimiento, pero la esperanza mira hacia el futuro de una nueva creación en la que ya no habrá llanto, ni luto, ni tampoco dolor. Quien cree en Dios tiene esperanza para esta tierra y no desespera, sino que más allá del horizonte del terror apocalíptico, ve el mundo nuevo de Dios y actúa en consecuencia.

¿Qué podemos hacer como cristianos y como iglesia local para crear justicia en la sociedad y para predicar el futuro esperanzador de Jesucristo? En primer lugar es necesario que aprendamos a vivir realmente en comunidad. Es verdad que, a veces, la relación entre los creyentes puede llegar a ser demasiado superficial y poco comprometida, porque así nadie se arriesga al posible rechazo de los demás. Este es un peligro muy real que amenaza a bastantes iglesias. Se trata de un reflejo característico del mundo actual, en el que se ha generalizado un tipo de individualismo por el que cada cual busca su propia libertad y nadie se interesa demasiado por los demás. Sin embargo, en la iglesia de Jesucristo esto no debe ser así. La unión sincera de los creyentes es la que puede proporcionar fuerza para elevar nuestra voz contra las contradicciones de la ciencia de alto riesgo.

Los discípulos de Cristo estamos llamados a construir comunidades fraternales y a reconocer que solo podemos desarrollar nuestra personalidad en el ámbito de la relación sincera y comunitaria. Como escribió Jürgen Moltmann: «La alternativa a la pobreza no es la propiedad. La alternativa a la pobreza y a la propiedad es la comunidad» (Moltmann, 1992: 20). En la comunidad eclesial nos hacemos ricos. Ricos en amigos, vecinos, colegas, hermanos y hermanas, en los que podemos confiar en caso de necesidad. Juntos y solidariamente tenemos fuerza para configurar nuestro propio futuro, pero si nos dividimos, entonces nos hacemos susceptibles de ser dominados. La comunidad es el verdadero escudo de la libertad de los creyentes. El evangelista Lucas escribió: «Y la multitud de los que habían creído era de un corazón y un alma ... tenían todas las cosas en común ... así que no había entre ellos ningún necesitado» (Hch 4:32-34). ¿Por qué deberíamos entender siempre estos versículos como una utopía, algo irrealizable, en vez de como un mandato divino del Espíritu que también nosotros podemos vivir hoy?

Otra cosa que podemos hacer es practicar la solidaridad entre generaciones. En el mundo de hoy se vive de forma sincrónica, es decir, pensando solo en las personas de una determinada época o de una misma generación. Sin embargo, en la Biblia siempre se considera la vida humana de manera diacrónica (Moltmann, 1992), o sea, teniendo en cuenta a todos los hombres en el transcurso de las sucesivas generaciones. De hecho, las personas no somos solo seres sociales, sino también seres generacionales. En las Escrituras está muy clara la existencia de un contrato generacional que estipula que los padres han de cuidar de los hijos mientras son pequeños e indefensos, y que los hijos han de hacer lo propio con los padres cuando estos se hacen ancianos y necesitan ayuda. Todo hombre y toda mujer viven inmersos en una cadena generacional a la que deben su propia vida y, por eso, están moralmente obligados a cuidar de la generación más joven y también de la más vieja. Actualmente se da, sin embargo, no solo un egoísmo personal y colectivo, sino también un egoísmo de la generación actual con respecto a las generaciones venideras.

Por ejemplo, nuestra generación está consumiendo las reservas petrolíferas que hay en el planeta; se está endeudando a sí misma y a los hijos o nietos que vengan en el futuro; estamos cubriendo la tierra de residuos tóxicos o radiactivos que deberán vigilarse hasta el año 5000 o incluso más allá; y por si fuera poco, en las sociedades modernas viven ya más ancianos que jóvenes, por lo que estos son una minoría que deberá pagar las pensiones de una gran mayoría. La verdad es que no se les están poniendo las cosas fáciles a las generaciones venideras. ¡No es concebible un creyente que diga ser cristiano y no se ocupe de sus padres cuando ellos le necesitan o sea negligente con el futuro de sus hijos! ¡Entre nosotros esto no debe ser así!

Además de ser criaturas sociales y generacionales, los humanos somos también seres naturales, es decir, pertenecemos a la creación natural y dependemos de ella para vivir. La civilización científico-técnica moderna ha sido la primera en toda la historia que se ha limitado a someter y explotar la naturaleza, pero no a cuidarla. Es por eso que hoy la creación protesta muriendo silenciosamente o aguijoneándonos con males como el SIDA, la proliferación de algas en ciertos mares, la muerte de los corales, el agujero en la capa de ozono y el incremento del efecto invernadero entre otros. Solo una conversión radical y completa del estilo de vida del hombre y de los modos de producción de la industria actual pueden evitar la muerte ecológica de la humanidad.

Los productos de consumo cuyos residuos no pueden ser eliminados no deberían seguir siendo fabricados. La justicia ecológica será tan importante en el futuro como la justicia económica o la intergeneracional. Pero esta reforma ecológica de nuestra sociedad tiene que empezar por las colectividades pequeñas, por la actitud de cada empresa, de cada familia y de cada individuo. Creo que la iglesia tiene ahí un papel importante durante este tercer milenio. Los cristianos convertidos a Cristo, el Hijo del Dios creador, estamos hoy llamados a convertirnos también en cuidadores y protectores del entorno en la medida de nuestras posibilidades. No solo debemos ocuparnos de las cosas de los cielos sino también de las cosas de la tierra, como dice el apóstol Pablo.

No podemos seguir ignorando la realidad o practicando un espiritualismo equivocado que nos aísle del mundo. No debemos separar a Dios de su creación, tenemos que percibir a Dios en la naturaleza y a la naturaleza en Dios. Hallar a Dios es descubrir la vida, como afirma el libro de Proverbios: «Porque el que me halle, hallará la vida, y alcanzará el favor de Dios. Mas el que peca contra mí, defrauda su alma; todos los que me aborrecen aman la muerte» (Pr 8:35-36). Aquí radica una de las principales y más urgentes tareas del cristianismo actual. ¡Hemos de redescubrir la sabiduría de Dios en la naturaleza! Pero para que esto ocurra es menester que se produzca primero una transformación espiritual y cultural que hunda sus raíces en Dios, un cambio a través de Jesucristo, el príncipe de toda creación.

—6—

Revolución de las mujeres
y crisis del patriarcado

La condición femenina ha cambiado más durante los últimos cincuenta años que en todos los milenios anteriores de la historia. Si en el pasado las mujeres fueron consideradas como esclavas de la reproducción que debían estar confinadas en el reducido ámbito de sus hogares, actualmente la mayoría de ellas aspira a ejercer una profesión fuera de casa que les permita contribuir a los gastos de la familia o ser económicamente independientes. Aquella vetusta moralidad que le hacía decir al poeta griego Eurípides: «Una mujer debiera ser buena para todo dentro de casa e inútil para todo fuera de ella» (Goicoechea, 1995: 448), se ha vuelto hoy anticuada frente al comportamiento de la mujer moderna, que ha sabido entrar en los reductos tradicionalmente masculinos como la dirección de empresas, la enseñanza superior o el liderazgo político, entre otros. El siglo XX ha sido testigo de esta rápida mutación de la emancipación femenina que puede ser considerada como la más importante transformación social de los últimos tiempos.

Sin embargo, la incorporación de la mujer al trabajo remunerado fuera del hogar ha influido decisivamente en el debilitamiento del modelo de la familia tradicional al poner en entredicho la autoridad del varón y provocar la actual crisis de identidad de la figura paterna. La mayoría de las sociedades de los países desarrollados han visto, durante la última década, cómo la familia patriarcal se ha empezado a erosionar y muchos hogares se han deshecho, como consecuencia de la rivalidad creada entre hombres y mujeres a causa de los diferentes intereses económicos, domésticos o profesionales. El incremento de separaciones y divorcios constituye un buen indicador de esta crisis de la familia basada en la autoridad exclusiva del varón. Suele ocurrir con bastante frecuencia que, después de tales disoluciones matrimoniales, se crean nuevos hogares formados por un solo progenitor, generalmente la madre, que convive con sus hijos y asume la autoridad familiar.

Este creciente desafecto social por el matrimonio se evidencia también en el retraso en la formación de nuevas parejas. En España los muchachos no se emancipan de los padres hasta que cumplen los veintinueve años por término medio y las chicas lo hacen a los veintisiete, aunque aquí conviene tener en cuenta también el desempleo de la población juvenil y los elevados precios de la vivienda. Muchos jóvenes optan por la práctica común de vivir juntos sin estar casados, ya que de esta manera, según se afirma, si la relación no prospera siempre se estará a tiempo de abandonarla sin que nadie resulte demasiado perjudicado. La permisividad legal y social de tal comportamiento influye negativamente, a su vez, sobre la autoridad patriarcal de la familia clásica. Asimismo, aumenta el número de niños nacidos fuera del matrimonio pero, a la vez, las parejas heterosexuales limitan el número de hijos o retrasan todo lo que pueden el nacimiento del primero. En países con una fuerte tradición de familias patriarcales, como España e Italia, las mujeres reaccionan dejando de tener hijos y se alcanzan así las tasas de fecundidad más bajas del mundo (1,2 para Italia y 1,3 para España), o sea, por debajo de la tasa necesaria para el reemplazo generacional. Esto contrasta, en cambio, con la población inmigrante en la cual la tasa de fecundidad tiende a ascender.

No obstante, otras mujeres deciden ser madres a pesar de no poseer una pareja estable o prefieren adoptar niños ellas solas para crear así una familia monoparental. Esto hace que la proporción de hogares en los que conviven normalmente ambos progenitores con los hijos haya descendido de forma considerable durante la década de los noventa. En la mayoría de los países desarrollados la familia patriarcal está convirtiéndose en un modo de vida minoritario, mientras surgen de forma simultánea nuevas estructuras de hogares. Familias recombinadas integradas por los niños de matrimonios previos y sus padres divorciados que inician una nueva relación; familias formadas solo por los abuelos y sus nietos a quienes los padres biológicos han abandonado o simplemente no pueden mantener; hogares en los que viven personas del mismo sexo (gays o lesbianas) con o sin niños; viviendas habitadas por una sola persona y, en fin, incluso hogares sin familia, es decir, aquellos en los que habitan amigos o individuos que no tienen ningún parentesco entre sí.

La existencia de estas tendencias actuales diferentes a la familia patriarcal lleva a ciertos sociólogos a pronosticar el fin de la institución familiar tal y como se ha conocido hasta ahora. La sociedad postmoderna estaría ante el ocaso de la asociación tradicional basada en el dominio y la autoridad del padre.

Como augura Manuel Castells: «Si las tendencias actuales continúan expandiéndose por todo el mundo, y mi hipótesis es que así será, las familias, según las hemos conocido, se convertirán, en diversas sociedades, en una reliquia histórica no demasiado lejos en el horizonte temporal. Y el tejido de nuestras vidas se habrá transformado, puesto que ya sentimos, a veces dolorosamente, las palpitaciones de este cambio» (Castells, 2000b: 182). Veamos algunos de los principales acontecimientos que han confluido para dar lugar a la situación actual.

Causas del desafío femenino

Desde el año 1848, en el que se iniciaron las primeras reivindicaciones estadounidenses por la defensa del derecho de la mujer a la educación, el trabajo y el voto, el movimiento feminista no había conseguido movilizar a las masas como lo hizo durante la década de los sesenta del pasado siglo XX. A partir de ese momento las luchas de las mujeres se intensificaron, exigiendo que se las considerara igual que a los hombres. Ese fue el principio del ataque del feminismo a la sociedad patriarcal y la primera causa en la crisis de la familia tradicional. En relación con el sufragismo, es decir, con el movimiento que pedía el derecho al voto de la mujer, el escritor británico, Gilbert Keith Chesterton escribió en 1910: «Si son sus músculos lo que permite al hombre votar, entonces su caballo debería tener dos votos, y su elefante cinco votos» (Chesterton, 1967: 756). Actualmente en los países industrializados las mujeres no solo pueden votar sino que siguen luchando por la plena igualdad de derechos y deberes, así como por disponer libremente de su cuerpo y su vida sin depender para ello del varón. Esta actitud va creciendo, sobre todo en occidente, y se muestra como algo verdaderamente imparable. De ahí que el aumento de la violencia y los malos tratos a las mujeres, en el seno de los hogares, sea visto como resultado de la negativa de algunos maridos a perder su antiguo poder y privilegios. Pero, aunque todavía continúa habiendo discriminación y maltrato a la mujer en la aldea global, lo cierto es que su liberación avanza de forma progresiva y ha calado en la conciencia de todas las naciones, provocando un claro retroceso del antiguo sistema patriarcal que solo parecía beneficiar al hombre.

La segunda razón de la crisis del patriarcado proviene del acceso de la mujer a la educación en igualdad de condiciones que el varón, así como al trabajo remunerado y, por tanto, a la independencia económica. «El trabajo femenino ya no se contempla como un mal menor, sino como una exigencia individual e identitaria, una condición para realizarse en la existencia, un medio de autoafirmación. En 1990 ocho de cada diez francesas consideraban que una mujer no puede sentirse realizada sin tener una profesión. En nuestra sociedad, el trabajo profesional de las mujeres se ha autonomizado ampliamente con respecto a la vida familiar, se ha convertido en un valor, un instrumento de logro personal, una

138 El cristiano en la aldea global

actividad reivindicada y ya no meramente sufrida» (Lipovetsky, 2000: 204). Esto ha contribuido a que las relaciones entre los géneros se tengan que volver a definir.

Si la mujer trabaja dentro y fuera del hogar, ¿por qué no habría de hacerlo también el varón, compartiendo entre ambos las tareas domésticas así como la formación o el cuidado de los hijos? La contribución financiera aportada por la mujer, que en algunos casos es igual o superior a la del hombre, ha hecho que muchas cuestiones familiares deban discutirse en un plano de igualdad, y que el antiguo argumento del cabeza de familia, en el sentido de que él era el único que ganaba dinero, los mantenía a todos y decidía por ellos, tenga que ser abandonado. Actualmente millones de hombres por todo el mundo parecen estar dispuestos a renunciar a sus viejos privilegios de género y a buscar nuevas formas de compartir la vida y las responsabilidades familiares con sus esposas. Esto hace que la idea de familia empiece a entenderse cada vez más desde bases igualitarias y no desde la imposición, más o menos arbitraria, de un jefe masculino.

En tercer lugar, es necesario referirse a un factor que ha influido también en la revolución femenina y en el retroceso del patriarcado, se trata del control sobre la reproducción y la sexualidad que ha sido posible gracias a las nuevas tecnologías biomédicas y farmacológicas. Si antiguamente la mujer debía procrear cuando todavía era joven, casi a partir de la adolescencia ya que se envejecía muy de prisa, hoy, en el mundo desarrollado, la medicina permite regular los nacimientos y controlar así la reproducción humana. La edad de la mujer se ha disociado de su período de maternidad ya que la ciencia colabora para que algunas lleguen a ser madres en el momento que más les interesa. De la contracepción se ha pasado a la fecundación *in vitro* y de esta a la posible manipulación genética que se prevee para un futuro cercano. Esto ha hecho factible que la mujer planifique el número de hijos que desea tener así como la frecuencia de sus embarazos, pero también ha alterado la estructura demográfica de la sociedad en tan solo veinte años. En la mayoría de los países industrializados, como se ha indicado, la tasa de nacimientos ha bajado de forma notable ya que la reproducción se intenta combinar con el trabajo, la educación y otros muchos intereses personales.

Además existen numerosas excepciones a la regla normal de tener hijos. Hoy es posible distinguir entre el padre o la madre legal y los biológicos. Tanto los espermatozoides como los óvulos pueden ser de donantes anónimos. No es imprescindible que los gametos masculinos que originan al hijo sean de su padre legal sino que son posibles muchas combinaciones en este sentido y casi todas están permitidas por la sociedad. Vivimos en un tiempo en el que la ciencia hace posible la disociación entre heterosexualidad, patriarcado y reproducción del ser humano.

El feminismo se ha encargado también de criticar que la sexualidad entre hombre y mujer sea considerada siempre como lo normal y, en cambio, se vea con malos ojos a las personas que practican la homosexualidad o desean constituir hogares formados por individuos del mismo sexo. Las feministas lesbianas señalaron a los hombres como los culpables de la opresión femenina y de la mayoría de los problemas de la mujer. Los hombres gays salieron a la calle para exigir la completa liberación sexual sin ningún tipo de impedimento legal, así como la posibilidad de casarse y adoptar bebés. No cabe duda de que todo esto ha afectado de forma negativa el concepto tradicional de familia patriarcal así como la sexualidad normal entre varón y hembra, ya que el patriarcado requiere una heterosexualidad obligatoria.

La cuarta causa que contribuye a favorecer este ataque contemporáneo al patriarcado es la rápida difusión de que gozan las ideas feministas en la aldea global, tan ampliamente interrelacionada. Los medios de comunicación han permitido que la voz de las mujeres que reivindican sus derechos y la de los grupos homosexuales viaje rápidamente a través del planeta, sea amplificada en exceso y se mezcle con las ideas propias de cada cultura para generar poco a poco un ambiente de aceptación. A la vez, esto ha socavado la opinión social acerca de la idea de la familia y del padre como cabeza de la misma. Frente a tales desafíos contemporáneos, resulta legítimo preguntarse, ¿cuál va a ser el futuro de la familia patriarcal? ¿Estamos realmente ante el fin del papel de padre? ¿Va a desaparecer la institución familiar tradicional tal como se conoce hoy?

Consecuencias de la crisis familiar

Los cambios que está sufriendo actualmente la familia patriarcal en occidente están provocando situaciones indeseables en muchos rincones de la aldea global. Esto se aprecia en detalles y costumbres que forman parte de la vida cotidiana. La sexualidad, por ejemplo, ha pasado de ser considerada como algo tabú que había que silenciar o reservar solo a los adultos, a convertirse en un auténtico objeto de consumo del dominio público, llegándose así incluso a la difusión por televisión de películas pornográficas en horas de máxima audiencia. Esta situación es llamada por algunos intelectuales como la «normalización de la sexualidad». ¿Qué puede haber de normal en mostrar pornografía a los niños? Al mismo tiempo, aumenta cada vez más el tamaño de ese binomio de violencia y sexo que acoge todo tipo de perversiones sexuales y deseos eróticos desenfrenados. Hasta los niños se ven como objetos valiosos en este mercado inmoral y son buscados por los pederastas. La actual situación de crisis familiar deja cada vez más a muchos pequeños desamparados, ya que sus padres se desentienden de ellos o se prestan a cederlos a cambio de dinero. Los niños son generalmente los grandes perdedores en las crisis domésticas de los adultos.

Es cierto que siempre se ha abusado de los niños a lo largo de la historia, pero en el mundo globalizado actual este abuso adquiere rasgos novedosos. «Lo nuevo es la desintegración de las sociedades tradicionales en todo el mundo, que deja a los niños indefensos en la tierra de nadie de los barrios bajos de las megaciudades. Lo nuevo son los niños de Pakistán tejiendo alfombras para la exportación mundial a través de las redes de proveedores de los grandes almacenes de los mercados opulentos. Lo nuevo es el turismo global masivo organizado en torno a la pedofilia. Lo nuevo es la pornografía electrónica en la red a escala mundial. Lo nuevo es la desintegración del patriarcado, sin que sea reemplazado por un sistema de protección infantil a cargo de nuevas familias o del estado. Y lo nuevo es el debilitamiento de las instituciones de apoyo a los derechos de los niños» (Castells, 1999: 186). Estas macabras novedades son consecuencia de la rotura de la familia como institución fundamental de la sociedad. En Estados Unidos, uno de los países más ricos del mundo, casi el 22% de los niños viven en la pobreza a causa de la crisis del patriarcado que ha destruido sus familias, haciendo que sean sobre todo las mujeres y los pequeños quienes se lleven la peor parte.

También en países mucho más pobres, como Zaire, Camboya u otros de América Latina, algunas familias abandonadas por el padre y sumidas en la miseria se vean obligadas a vender a sus niños para sobrevivir, por lo que estos quedan así indefensos y son explotados por adultos sin escrúpulos. La destrucción familiar tiene como consecuencia en la aldea global el surgimiento de lo que el conocido profesor de lingüística, Noam Chomsky ha llamado el «espíritu anti-niños» (Chomsky & Dieterich, 1997), la aparición de una sociedad que ignora las necesidades de los menores y se muestra contraria a ellos. Aquellas palabras de Jesús: «Dejad a los niños venir a mí, y no se lo impidáis; porque de los tales es el reino de los cielos» (Mt 19:14), nunca se han incumplido tanto como en la actualidad, pues los niños no solo son marginados desde el mismo vientre de la madre al practicarles el aborto, sino que después de nacer a muchos se les niega también la formación académica y espiritual, el alimento o el cariño. La crisis del patriarcado repercute en la falta de atención a la infancia, en el descuido de su educación o en el maltrato. También incide en el alcoholismo infantil, el uso de drogas o la criminalidad en que incurren tantos pequeños. Al derrumbarse la familia que era la mejor escuela de la vida, el mundo se convierte en un lugar inhóspito y hostil para la infancia.

Asimismo los adultos resultan también perjudicados por la crisis familiar. Es cierto que las mujeres separadas pasan por situaciones económicas y afectivas difíciles, sobre todo si tienen que seguir manteniendo a sus hijos y buscando autonomía o supervivencia personal, pero no es menos cierto que los hombres solos se suelen desenvolver mucho peor que las mujeres. Algunos maridos caen en el alcoholismo o la drogadicción después de una ruptura matrimonial. Las estadísticas acerca de los hombres que viven solos indican que sus expectativas de vida disminuyen de forma notable, tienen peor salud, se cuidan menos e incluso, según tales estudios, las tasas de depresión y suicidio aumentan sensiblemente con relación a los varones casados o que viven en pareja.

¿Sigue siendo necesaria la familia?

Las teorías que pronostican el final de la civilización fundada en la familia heterosexual y en el simbolismo del padre se basan de hecho en corrientes postmodernas de carácter narcisista, las cuales tratan de justificar ciertos comportamientos individualistas propios del mundo de hoy. Sin embargo, no creo que la solución ambivalente que algunos proponen sea el ideal al que deban aspirar los padres del tercer milenio. La androginia o el hecho de que cada individuo adopte una conducta masculina o femenina, según las circunstancias, no me parece el modelo de comportamiento paterno o materno adecuado para formar equilibradamente a los hijos. Ellos han de poder distinguir con claridad entre la función del padre y la de la madre.

La sicología enseña que las relaciones primarias entre la madre y el hijo requieren de la presencia exterior del padre para que las mismas no se conviertan en algo cerrado y patológico. Negar la importancia del padre en estos primeros momentos es despreciar la realidad. Al eliminar la figura paterna se generan problemas en el pequeño porque ya no es capaz de relacionarse con nadie que no sea su propia madre. El pensamiento y el lenguaje, que son los principales medios de la comunicación, no se desarrollan bien, pues el bebé sigue limitado a una relación que no implica otras relaciones. En un ambiente sicótico así, el niño no tiene posibilidad de emanciparse correctamente porque le falta la representación del padre.

Como escribe el psicólogo cristiano, Tony Anatrella: «El "odio al padre" (y a los hombres), tan presente en las feministas (digan estas lo que digan), ha podido hacer creer que bastaba con librarse de ellos. Algunas, fascinadas por los mitos de la androginia, han llegado a imaginar que todo individuo podía reconciliar en sí ambos sexos, que era hombre y mujer a la vez y que, consiguientemente, la del padre y la de la madre eran figuras intercambiables ... En este sentido, no ven ningún inconveniente en que una mujer homosexual se someta a la inseminación artificial y "haga" un hijo, o que una pareja de hombres homosexuales tengan acceso a la adopción. ¿Qué será de esos niños fabricados sin sexualidad, preconcebidos en la absoluta negación del otro sexo? No es posible sustraerse al temor de que vayan a padecer serios problemas de identidad» (Anatrella, 1994: 294). Traer hijos al mundo es algo que forma parte de la relación amorosa entre el hombre y la mujer, pero hacerlo para satisfacer un deseo homosexual narcisista constituye una regresión del ser humano que repercute negativamente sobre los pequeños, ya que les impone una paternidad o maternidad mutilada y enfermiza. Un hogar fundado sobre el egoísmo individualista solo puede generar individuos asociales.

A pesar de la liberación femenina y del esfuerzo que se ha hecho por reducir las diferencias entre los sexos hay que reconocer que las identidades de género no desaparecen del mundo actual, sino que más bien parecen recomponerse.

La revolución sexual que tuvo lugar durante el siglo XX contribuyó a proporcionar mayor libertad a la mujer y a igualar así las notables diferencias que existían con relación a los hombres. Es cierto que la discriminación femenina que todavía se da en muchas áreas de la sociedad es algo negativo que debe solucionarse cuanto antes, pero esto no significa que deban desaparecer los roles del hombre y la mujer o que puedan intercambiarse alegremente. Las diferencias sexuales, psíquicas o emocionales subsisten y tienen que ser reconocidas y respetadas tanto en el hogar como en todos los estamentos de la sociedad. Veamos algunas de tales diferencias.

Hoy, como ayer, las mujeres continúan poseyendo el papel principal en el juego amoroso. Por mucha igualdad que se pretenda lo cierto es que hombres y mujeres sienten de diferente modo los asuntos del amor. Ellas son por naturaleza más sensibles a las palabras y las demostraciones de cariño, no se recatan a la hora de expresar públicamente sus necesidades de afecto o su frustración por carecer de él. Es obvio que, a pesar de la actual cultura igualitaria, las exigencias de amor no son iguales en ambos sexos. Desde el punto de vista humano la mujer es semejante al hombre, pero desde la perspectiva sicológica existen profundas diferencias. Y desde luego, esta «disimetría hombre-mujer con respecto al amor tiene mayores probabilidades de perdurar que de desmoronarse» (Lipovetsky, 2000: 44).

Otro tanto ocurre con la belleza física, esta no es juzgada de la misma manera por parte de las mujeres que por los hombres. A ellos, lo primero que les seduce de la mujer es su aspecto físico. Lo externo que puede verse a simple vista es lo primero que cautiva su corazón. De ahí que las mujeres le concedan tanta atención a su propio atractivo exterior. Sin embargo, desde la perspectiva femenina, lo prioritario en un hombre no es precisamente su belleza externa. Puede ser quizás la inteligencia, la bondad, el sentido del humor, el poder, el prestigio o estatus social e incluso el dinero que se posee, aquello que seduzca antes el corazón femenino por encima de los encantos que pueda tener el cuerpo masculino. Aunque, desde luego, unirse a un hombre solo por los bienes materiales que tiene nunca ha sido una buena base para fundamentar la relación amorosa. Tampoco parece que en aras de la igualdad sexual estas diferencias de roles estéticos vayan a desaparecer en el futuro. Son desigualdades entre los sexos que en vez de crear conflicto, contribuyen al buen entendimiento y la mejoría de la relación conyugal.

En cuanto a las tareas domésticas, a pesar de que muchas mujeres trabajan también fuera de casa como el hombre, lo cierto es que siguen siendo ellas, en general, quienes asumen casi toda la responsabilidad en el hogar, así como la educación de los hijos. La mujer se identifica más que el varón con la organización del hogar. Cuando los niños enferman, son prioritariamente las mamás quienes se ausentan del trabajo para cuidarlos. A la hora de lavar, vestir y dar de comer a los pequeños, las mujeres son dos veces más numerosas que los padres. Es verdad que los papás colaboran cada vez más, pero ello no implica que los roles sexuales se vayan a intercambiar por completo o que algún día la humanidad se volverá completamente «unisex», como desean ciertos grupos. Probablemente las madres continuarán accediendo al mundo del trabajo fuera del hogar y los padres se involucrarán cada vez más en los cuidados dispensados a sus hijos, pero ello no provocará una conmutación de los papeles sino solo una suavización de la antigua división de los roles sexuales. No creo que la uniformización sexual llegue a ocurrir ya que hombres y mujeres sienten de forma diferente muchos aspectos de su existencia.

Las diferencias entre los sexos se ponen también de manifiesto en aspectos como la independencia, la competitividad, la aceptación de desafíos, la agresividad o el enfrentamiento con los demás. A los chicos desde pequeños les gusta provocarse entre sí, juegan a pelearse o lo hacen de verdad, intentan competir y dominarse unos a otros, les interesa averiguar quién es más fuerte y esto les sirve para establecer jerarquías dentro del grupo de amigos. Con el fin de atraer la atención de las chicas o ser reconocidos por los demás, están dispuestos a medir sus fuerzas y demostrar su virilidad. Los valores competitivos, la obtención de la victoria, o el poder sobrepasar a los demás, forman parte de la construcción de la identidad masculina. No es extraño, por lo tanto, que sean también los varones quienes de adultos ocupen los principales cargos en las esferas de poder.

Aunque la cultura competitiva propia de la sociedad pueda influir por igual sobre chicos y chicas, lo cierto es que estos están predispuestos por naturaleza, mucho más que las mujeres, para la lucha por el dominio, el poder o la victoria. En cambio las chicas están muy orientadas hacia lo relacional, lo psicológico, lo íntimo, así como hacia los asuntos afectivos y estéticos. No parece que las presiones igualitarias vayan a poder borrar estas diferencias innatas entre hombres y mujeres. El pensador francés Gilles Lipovetsky escribe en la última página de su obra *La tercera mujer*: «A la luz de las tendencias actuales, las tesis de la "derrota de los hombres" no pueden sino inspirar escepticismo. Preparados socialmente para afirmar su yo en la confrontación con los demás, los hombres no han perdido la posición privilegiada de que gozan para ganar en el juego del poder y de la gloria. Solo los valores machistas, los signos más enfáticos de la virilidad se ven devaluados» (Lipovetsky, 2000: 282).

Estas diferencias naturales entre los sexos les hacen dependientes entre sí ya que se necesitan mutuamente porque se complementan. De ahí que la familia no pueda desaparecer como célula fundamental de la sociedad humana ya que es en su seno donde se producen las relaciones que forman a las personas. Es posible que la antigua familia jerarquizada, en la que el padre representaba la máxima autoridad y tomaba todas las decisiones al margen de los demás miembros, se vaya convirtiendo en una familia más igualitaria que contemple las opiniones de ambos cónyuges y en la que ninguno de ellos se imponga por la fuerza al otro. Las relaciones familiares deben basarse en el amor, la comunicación sincera, el diálogo abierto, el esfuerzo por entender el punto de vista de los demás y en la confianza mutua. Nunca en el autoritarismo, la violencia o la imposición. No debe confundirse la autoridad con el autoritarismo. Esto no significa, ni mucho menos, que los padres no deban tener autoridad sobre sus hijos o que tengan que permitirles la indisciplina y la falta de respeto, pero sí implica la obligación de explicar y argumentar sus decisiones con el fin de no provocar la ira de los hijos.

El hecho de que muchos hogares del mundo globalizado se estén rompiendo cada día como consecuencia de los diversos factores mencionados no implica necesariamente que la familia heterosexual vaya a desaparecer de la aldea global. Es verdad que algunos hogares se deshacen, pero también es cierto que muchas parejas continúan contrayendo matrimonio, constituyendo familias y criando hijos en un ambiente de amor y respeto mutuo. La familia sigue siendo el mecanismo fundamental de socialización para las personas, y las relaciones que se generan en el seno de la misma influyen decisivamente en la personalidad de los hijos. De ahí que esta institución humana sea hoy más necesaria que nunca, ya que el hombre y la mujer actuales necesitan una mayor protección psicológica por el hecho de vivir en una sociedad profundamente individualista. La seguridad afectiva y el bienestar psíquico necesarios para sobrevivir en un mundo egoísta solo pueden ser proporcionados por la familia que vive unida, se ayuda y se ama sinceramente.

En definitiva, el modelo de familia que se necesita hoy es el que propuso Jesucristo hace dos mil años y que está recogido en las páginas de las Escrituras. Un modelo que, como se verá, ha sido malinterpretado y deformado a lo largo de la historia, y que a pesar de haberse dado en un ambiente cultural patriarcalista como era el mundo judío, griego o romano, se aparta de todas estas tradiciones humanas para dignificar el papel de la mujer, la relación con los hijos y señalar cuál es la verdadera misión del marido según los planes de Dios.

¿Es machista la Biblia?

Quienes responden afirmativamente a esta pregunta dicen que en la religión judeocristiana, como en todas las religiones patriarcalistas, Dios es dios y no diosa, es Padre y no madre, tiene un Hijo y no una hija, sus atributos son masculinos y no femeninos, y que, en fin, se complace en hablar generalmente a través de profetas y no de profetisas o requiere sacerdotes en vez de sacerdotisas. Algunos están convencidos de que «la Biblia es el documento, firmado de puño y letra de Dios, de la superioridad de los varones sobre las mujeres. [Y de que] Dondequiera que se lea ese documento en el mundo entero, se proclama esa superioridad y se le recuerda a todos». Incluso se llega a afirmar que «si el sometimiento del sexo femenino al masculino forma parte del plan divino de la creación, [*entonces*] todo movimiento de liberación ha de empezar por liberarse de la Biblia» porque «un escrito que profesa y divulga principios contrarios a los derechos fundamentales del hombre y que vulnera su dignidad es un escrito que debe ser impugnado» ya que fomenta el «racismo sexista» (García Estébanez, 1992: X, XIII). ¿Qué hay de cierto en tales afirmaciones?

Es verdad que, cuando se vuelven los ojos a la historia del judeocristianismo, el sexo femenino aparece generalmente como deficiente y culpable de tentar al hombre ya desde el mismo huerto del Edén. De ahí que, para muchos religiosos, la mujer no pueda representar de forma cabal a la persona de Jesús, mientras que en cambio el varón sí sea capaz de hacerlo. Por eso para bastantes creyentes deberían haber sacerdotes y pastores pero no sus homólogas del otro sexo. La mayoría de los padres de la iglesia consideraban también al hombre como más honorable que la mujer, cuando no acusaban a esta de ser la misma puerta del infierno, por lo que merecía vivir como rea o subalterna del varón. Las humillaciones a la mujer fundamentadas en tales ideas constituyen páginas sombrías de la historia cuyas prolongaciones llegan hasta nuestros días y se perpetúan en determinados ambientes.

No obstante, judíos y cristianos no han sido los únicos promotores de imponer el machismo en el mundo. Conviene señalar que en todos los rincones de este planeta donde ha florecido alguna civilización, la misma ha sido casi siempre de carácter patriarcal. En este sentido, no es posible culpar a los pueblos bíblicos de ser los únicos responsables de la discriminación sexual en el mundo. La superioridad física del varón ha sido el principal elemento que ha determinado el sometimiento de la mujer en la mayoría de las sociedades humanas.

Hay que reconocer que la existencia de un matriarcado en los pueblos primitivos, en el que las hembras ostentaran la autoridad sobre los hombres así como la posesión de la riqueza que irían pasando a sus hijas de generación en generación, es un producto ideal y utópico propuesto por las teorías evolucionistas de Bachofen durante el siglo XIX (Bachofen, 1987). Sin embargo, nunca existieron ejemplos concretos de tal hipotético matriarcado sino solo meros privilegios de la mujer en el seno de sociedades gobernadas por varones. Los defensores de estas teorías afirmaban que el ser humano en su evolución cultural habría pasado por tres etapas diferentes: el heterismo, es decir la promiscuidad sexual de todos los varones con todas las hembras; el matriarcado, en el que las mujeres ejercerían el poder y, por último, el patriarcado o la etapa más evolucionada en que nos encontramos hoy. Pero lo cierto es que hasta los más acérrimos defensores de tales planteamientos admiten que el matriarcado nunca existió en estado puro, a no ser en la imaginación de sus teóricos. La falta de pruebas hizo que tales ideas fueran abandonadas.

Dicho esto es menester reconocer que las costumbres primitivas del Antiguo Testamento reflejaban una clara desigualdad entre el hombre y la mujer. El marido era literalmente «señor» o «dueño» de su esposa (Gn 18:12; Jue 19:26; Am 4:1). Estos eran además los mismos términos que los esclavos usaban para dirigirse a sus amos o los súbditos al rey. Un padre podía incluso vender a su hija si así lo consideraba oportuno (Éx 21:7) ya que la mujer entraba en la lista de las posesiones del marido (Éx 20:17). Era posible repudiar a la esposa, incluso por causas nimias, pero ella no tenía posibilidad legal de solicitar el divorcio. A la mujer era considerada siempre como una menor de edad y no podía heredar del padre o del marido cuando había otros posibles herederos varones, aunque fueran más jóvenes que ella (Nm 27:8). El voto o juramento de una mujer dependía siempre del consentimiento del padre o del marido (Nm 30:4-17). A pesar de esto, los trabajos más duros del hogar así como el cuidado de los rebaños o las labores del campo eran también responsabilidad de las mujeres.

Al comparar el papel de la mujer en la cultura hebrea veterotestamentaria con las costumbres de los pueblos vecinos, De Vaux escribe lo siguiente: «Desde el punto de vista social y jurídico, la situación de la mujer en Israel es inferior a la que tenía en los grandes países vecinos. En Egipto, la mujer aparece con frecuencia con todos los derechos de un cabeza de familia. En Babilonia, puede adquirir, perseguir judicialmente, ser parte contrayente y tiene cierta parte en la herencia de su marido» (De Vaux, 1985: 75). No obstante, a pesar de esta situación generalizada de la mujer, el Antiguo Testamento ofrece también notables excepciones de personajes femeninos que llegaron a convertirse en auténticas heroínas, como Débora que fue gobernadora de Israel y profetisa (Jue 4:4) o Jael que mató al capitán del ejército de Canaán (Jue 4:21). También otra mujer, Atalía, ocupó durante varios años el trono de Judá (2 R 11) y la profetisa Hulda fue consultada por los ministros del rey (2 R 22:14). Asimismo el libro de Ester habla de la salvación del pueblo llevada a cabo por las acciones de una mujer. Sin embargo, estos hechos puntuales no pueden evitar la consideración de que la vida social y la legislación de los judíos en el Antiguo Testamento fueran claramente discriminatorias para la mujer.

Pero esta situación cambió radicalmente con la llegada del Mesías. Entonces fue cuando empezó la dignificación femenina que se recoge en las páginas del Nuevo Testamento. La predicación de Jesús está llena de mensajes que pretenden otorgar a la mujer su verdadera dimensión. El hecho de que un rabino judío entablara conversación con una mujer en plena vía pública, rompía escandalosamente todos los esquemas hebreos de la corrección y el civismo (Lc 7:36-39; Jn 4:27; 8:2-11). El Maestro abrió un diálogo maduro, personal, igualitario y digno con las mujeres marginadas de su tiempo, atacó mediante palabras y gestos todos los prejuicios de género con que los hombres habían arrinconado a las mujeres y estableció con ellas una relación nueva y diferente.

A la pregunta capciosa de los fariseos acerca del divorcio, Cristo respondió que «al principio no fue así» (Mt 19:1-8). La igualdad sexual entre varón y hembra que Dios estableció al principio de la creación se había pervertido mediante la caída, de ahí que los hombres empezaran a abusar injustamente de las mujeres sometiéndolas a sus pasiones y caprichos o repudiándolas por motivos insignificantes. Pero ahora, con la venida de Cristo, la redención restablecía aquella creación original así como la absoluta igualdad de valor entre el hombre y la mujer delante del Creador. De manera que en la iglesia cristiana ya no debía aceptarse la discriminación femenina ni las estructuras jerárquicas derivadas de la caída, sino el modelo original de la creación al que se remitió Jesucristo.

Durante los primeros tiempos del cristianismo, la mujer tuvo un protagonismo inesperado en medio de aquellas culturas patriarcales. Junto a los discípulos que seguían al Maestro viajaban también algunas mujeres que habían sido sanadas, como María Magdalena, Juana, que era la esposa de un intendente de Herodes llamado Chuza, Susana y otras muchas que colaboraban económicamente con el grupo de Jesús (Lc 8:1-3). Las Escrituras presentan a María Magdalena, mujer de la que habían salido siete demonios, como la primera persona que descubrió la resurrección de Jesús y la anunció a los apóstoles. Esto resulta sorprendente, sobre todo si se tiene en cuenta que en la cultura judía una mujer no podía ser testigo ya que, según los religiosos de la época, de pasajes como Génesis 18:15 podía deducirse que todas ellas eran mentirosas por naturaleza.

Pero Jesús contradijo todos estos prejuicios contra la mujer y utilizó la función femenina como ejemplo positivo en sus parábolas. Era una mujer quien amasaba la levadura o barría su casa hasta encontrar la moneda perdida, como hace Dios con el pecador. Desde las diez vírgenes hasta la viuda y el juez injusto, pasando por el símil de la mujer que da a luz, el rol femenino es usado para expresar diligencia, perseverancia, tristeza por la despedida, conversión y otras conductas dignas de seguir. Cristo entabló una amistad especial con dos hermanas, Marta y María, en cuya casa solía alojarse frecuentemente. A una de ellas, a María, le manifestó el más grande de todos los misterios: «Yo soy la resurrección y la vida; el que cree en mí, aunque esté muerto vivirá» (Jn 11:25). También a la mujer samaritana le reveló que él era el Mesías prometido. Se dejó ungir por mujeres, las sanó y llegó a llamarlas «hijas de Abraham», concepto que estaba reservado exclusivamente a los varones judíos.

Incluso hasta el mismo apóstol Pablo, a quien algunos consideran como el principal opositor del Nuevo Testamento al ministerio femenino, en realidad se rodeó de numerosas mujeres cristianas que colaboraron con él en la predicación del evangelio. Las Escrituras hablan de Evodia y Síntique, dos mujeres que eran líderes en la iglesia de Filipos (Fil 4:2-3); de Priscila, esposa de Aquila, quien generalmente se menciona antes que su marido, algo extraño en aquella época y que indicaría probablemente la importancia de su ministerio en la iglesia (Ro 16:3-4); y de María, Trifena, Trifosa y Pérsida el apóstol también afirma que «trabajaron en el Señor», es decir, se dedicaron al ministerio cristiano, presidiendo y amonestando a los creyentes (Ro 16:6,12). Es muy curioso el caso de Junia (Ro 16:7), a quien Pablo considera «apóstol», demostrando con ello que esta condición no fue exclusiva de los varones. Durante siglos los comentaristas pretendieron que se trataba de un hombre, pero en la actualidad resulta difícil mantener este punto de vista. De la misma manera, Febe tuvo un importante cargo en la iglesia de Cencrea (Ro 16:1). De todo esto, es posible deducir que Pablo no fue machista, como en ocasiones se sugiere, ni se opuso al ministerio de la enseñanza realizado por mujeres consagradas. Tampoco la iglesia primitiva marginó al sexo femenino porque, como muy bien expresó el apóstol, habían comprendido que en la iglesia de Cristo «ya no hay judío ni griego; no hay esclavo ni libre; no hay varón ni mujer; porque todos vosotros sois uno en Cristo Jesús» (Gá 3:28).

ORIGEN DE LA MARGINACIÓN DE LA MUJER EN LA IGLESIA

A partir del siglo II después de Cristo los paganos empezaron a criticar el papel preponderante que tenían las mujeres en las iglesias cristianas, ya que esto chocaba con el patriarcalismo y el dominio de los varones que imperaba en la sociedad de la época. Durante el siglo III, el filósofo neoplatónico Porfirio, que fue un adversario de la fe cristiana, llegó a decir despectivamente en una de sus quince obras anticristianas que la iglesia estaba dominada por las mujeres. Poco a poco, tales puntos de vista de la sociedad civil se fueron introduciendo en las congregaciones hasta conseguir la marginación femenina que a través de la iglesia católica pasó al protestantismo y así llegó hasta la actualidad.

Un excelente estudio de tal proceso puede encontrarse en la obra *Femenino plural,* de la española Marga Muñiz (Muñiz, 2000). En este trabajo se explican muy bien aquellos pasajes del Nuevo Testamento que tradicionalmente se usaron para leer a Pablo según los criterios machistas de la filosofía griega. La iglesia postapostólica cometió el error de interpretar los escritos del apóstol a través de los ojos de Aristóteles, Platón, los filósofos estoicos, los rabinos judíos e Ireneo o Jerónimo entre otros. Sin embargo, textos como 1 Corintios 11:2-16; 14, Efesios 5:18-32, 1 Timoteo 2:8-15; 3:1-7 o Gálatas 3:28, no pretenden enseñar la subordinación indiscriminada de la mujer al varón por considerar que ella sea inferior, que no deba enseñar o que esté siempre necesitada de tutela masculina, sino promover el orden en las congregaciones cristianas. El apóstol no deseaba que las iglesias fueran confundidas con los templos paganos donde se celebraban cultos extáticos, como el de Isis, en los que se practicaba un intercambio de roles sexuales y se creía que la verdadera profecía venía de las mujeres que, con los cabellos sueltos y despeinados, lanzaban gritos frenéticos o exaltaban a la gente. Por el contrario, Pablo, por medio de tales reflexiones, lo único que quería enseñar era que la edificación de la comunidad o la proclamación del evangelio debían hacerse de forma inteligible, con autocontrol y no por medio de actividades orgiásticas.

La libertad y relevancia que poseían las mujeres e incluso los esclavos en la iglesia cristiana de los primeros siglos, así como la igualdad de trato con los varones libres, se convirtieron en un problema social ya que afuera la situación era muy diferente. Pronto surgieron voces que acusaron a los cristianos de subvertir el orden establecido y corromper las «buenas costumbres» mediante la eliminación de toda diferencia social, racial o sexual. Tales ideas empezaron a hacer mella en la manera de entender las cartas escritas por el apóstol Pablo, hasta lograr que su mensaje con relación al papel de la mujer se desvirtuara e interpretara a través de la cultura pagana y sexista de la época. La malinterpretación se fue extendiendo a lo largo de la historia y ni siquiera la Reforma del siglo XVI fue capaz de acabar con la discriminación femenina en el seno de la iglesia, por lo que se ha perpetuado hasta hoy y su influencia injusta sigue latente en determinadas comunidades.

Sin embargo, creo que la iglesia del siglo XXI debe reflexionar seriamente acerca de esta situación de marginación de la mujer que todavía persiste, no por el deseo de estar acorde con los tiempos actuales o adaptarse a las costumbres sociales de la aldea global, sino simplemente porque como dijo Jesucristo «al principio no fue así». Con la llegada del Mesías y el inicio de su reino en la tierra quedó eliminada la estructura jerárquica causada por la caída. Volvió a imperar el modelo primitivo de la creación, en el que Dios hizo al ser humano como varón y hembra para que por igual fueran beneficiarios de la imagen de Dios y del mandamiento de gobernar la tierra. Ninguno de los dos sexos se asemeja más al Creador que el otro. Es verdad que Jesús fue un varón y que llamó Padre a Dios, pero la divinidad carece de sexo porque no se limita a lo humano. El hombre no tiene más responsabilidad delante de Dios que la mujer. Ambos son igualmente corresponsables de sus acciones en el mundo. De ahí que, como bien escribe el pastor reformado John R. W. Stott, «si Dios concede dones espirituales a las mujeres [lo cual hace] ... la iglesia debe reconocer los dones y la vocación que vienen de Dios, abrir a la mujer esferas de servicio adecuadas, y "ordenarlas" para el ejercicio del ministerio que reciben de Dios» (Stott, 1999: 303).

Si esto es así, ¿por qué entonces el Señor Jesús no escogió a ninguna mujer para que formara parte del grupo de los doce? Hay que tener en cuenta que la institución de los doce apóstoles fue una acción profética y simbólica llevada a cabo por el Maestro. Su propósito consistió en mostrar al mundo, especialmente a los judíos, que con tal elección empezaba el nuevo pueblo de Israel. Por eso tuvo que escoger a doce varones que recordaran a los doce hijos de Jacob y, por tanto, a las doce tribus de Israel. Jesús sabía que así los hebreos entenderían mejor el mensaje que deseaba transmitirles, que con su venida y la predicación apostólica empezaba la iglesia cristiana, es decir, el nuevo Israel, el nuevo pueblo de Dios.

Si Jesús hubiera elegido, por ejemplo, a seis varones y seis mujeres, sus compatriotas no habrían entendido bien el símbolo, ya que en sus censos nunca contaban a las mujeres ni a los niños (González-Carvajal, 1991). Pero, desde luego, no creo que Cristo abrigara los prejuicios sexistas de su época o pensara que la mujer, por razón de su identidad de género, no podía llegar a ser apóstol igual que el hombre. Para comprender el verdadero papel que Jesús les asignó a las mujeres, por encima de las discriminaciones de su tiempo, es mejor fijarse en el círculo más amplio de sus discípulos y ver que allí fueron admitidas igual que los hombres. Esta fue precisamente una fuente constante de quejas o acusaciones de los escribas y fariseos contra el Maestro, la cual influyó también en su ejecución.

PERSPECTIVA CRISTIANA DE LA FAMILIA

¿Cómo debe entenderse hoy la familia cristiana? ¿De acuerdo al modelo patriarcalista tradicional que relegaba a la mujer? ¿Tienen los cristianos que luchar por restaurar ese antiguo orden patriarcal? ¿Es eso lo que afirma la Biblia? ¿Qué significado posee en la Palabra la idea de que el varón es cabeza de la mujer? De la respuesta que se dé a estas cuestiones depende el futuro de las familias que conforman la iglesia de Jesucristo, así como el testimonio público que estas ofrezcan ante la sociedad. La cuestión es, por tanto, de vital importancia para la extensión del reino de Dios en la tierra a través de la vida de los cristianos.

Cuando se piensa en la perspectiva bíblica del modelo patriarcal de familia aparecen enseguida numerosas preguntas. ¿Pueden sinceramente las mujeres considerar que su misión principal en la vida es el mundo privado del hogar, cuando en él se las priva a diario de su autoestima e individualidad? ¿No cuestionó Jesús ese mundo reducido al invitar a la mujer a su lado como discípula, sin obligarla a que compaginara mundos imposibles o reforzara el estereotipo de ama de casa? ¿No es esto también lo que se da a entender, por ejemplo, en aquella escena famosa de Marta y María que describe el evangelista Lucas? Cuando Marta, atareada y preocupada por los quehaceres del hogar, le recriminó a Jesús: «Señor, ¿no te da cuidado que mi hermana me deje servir sola?», el Maestro le respondió: «Marta, Marta, afanada y turbada estás con muchas cosas. Pero solo una cosa es necesaria; y María ha escogido la buena parte, la cual no le será quitada» (Lc 10:40-42). ¿No puso Jesús en entredicho la injusticia de los roles femeninos en la familia patriarcal judía al proponer una comunidad cristiana alternativa?

Si existe hoy una palabra que no está de moda, esa palabra es «sumisión». A nadie le gusta someterse o doblegarse a la voluntad de otro. Este término ha sido sustituido poco a poco por sus opuestos «insumiso» o «insubordinado» para indicar la negativa a colaborar con alguien. Algunos de los principales antiideales de la sociedad contemporánea son precisamente el autoritarismo, la imposición y la tiranía. Hoy se vive en la negación rotunda de toda ley, de cualquier autoridad, así como de toda norma o doctrina que atente contra la felicidad y la libertad personal. Pues bien, frente a esta constatación de la realidad actual, ¿cómo es posible leer las palabras de Pablo dirigidas a los esposos?: «Someteos unos a otros en el temor de Dios. Las casadas estén sujetas a sus propios maridos, como al Señor; porque el marido es cabeza de la mujer, así como Cristo es cabeza de la iglesia, la cual es su cuerpo, y él es su Salvador» (Ef 5:21-23). El apóstol no está aquí dándole énfasis al dominio del marido sobre la esposa, sino a su amor por ella. Está definiendo la autoridad en términos de responsabilidad amorosa. A veces, la palabra «autoridad» sugiere poder, dominio y opresión. En la familia patriarcal el esposo se mostraba autoritario, dominante y era quien tomaba unilateralmente todas las decisiones, el que daba órdenes y esperaba obediencia. Mediante esta actitud suprimía a la esposa, la anulaba impidiendo su desarrollo como una persona adulta y completa. Pero este comportamiento masculino no era actuar como la «cabeza» que está describiendo el apóstol, cuyo modelo es Jesucristo. Era más bien ¡casi como tener la cabeza en los pies!, ya que el marido que actúa así no entiende lo que es el matrimonio cristiano.

El significado que Pablo otorga al término «cabeza» es el de «sacrificio», es decir, darse por la causa de la amada como Cristo se dio por la iglesia. La idea es preocuparse por ella, facilitar su autosatisfacción y no frustrarla en su desarrollo humano. La meta del amor de todo esposo cristiano debe ser parecerse al que llevó a Jesucristo a morir en la cruz, un amor desinteresado por su esposa. Esta clase de amor singular del Hijo de Dios, que se sacrificó por los demás, es según Pablo el modelo para la vida del hogar cristiano. Además de este significado, Jesús es también la cabeza de la iglesia porque es su origen. De igual manera, según las Escrituras, el marido es cabeza de la mujer en el sentido de que Adán fue creado primero que Eva y ella se formó a partir de él. Esto no significa que tuviera que convertirse en un dueño despótico de la esposa como ocurría en muchos matrimonios de la época de Pablo. No es esa la idea. Más bien hay que combinar el significado de origen con el de sacrificio y sumisión mutua.

La frase: «Las casadas estén sujetas a sus propios maridos», está precedida por la que dice: «Someteos unos a otros en el temor de Dios». Por lo tanto, si el deber de la esposa es someterse a su esposo, también es deber del esposo, como miembro de la nueva sociedad de Dios, someterse a su esposa. ¡Esto es lo que está diciendo Pablo! La sumisión por amor es una obligación cristiana universal. Tanto en la familia como en la iglesia, la sumisión debe ser mutua. Es lo que se desprende también de pasajes como 1 Pedro 5:5: «Y todos, sumisos unos a otros, revestíos de humildad; porque: Dios resiste a los soberbios, y da gracia a los humildes».

Quizás la causa de que existan hoy tantos matrimonios rotos es que nadie está dispuesto a someterse. Ni la esposa al marido, ni este a aquella. Sin embargo, cuando ambos se someten voluntariamente el uno al otro, cuando descubren el valor de la humildad y se colocan al servicio del cónyuge, están mostrando mayor libertad y dignidad que las parejas que no soportan ayudarse entre sí o que no saben doblegarse delante del otro porque su orgullo se lo impide. Son maridos y esposas que no quieren ser compañeros más que de sí mismos. No obstante, los cónyuges cristianos que se someten mutuamente y aciertan a humillarse ante el otro cuando hace falta están predicando el evangelio sin abrir siquiera los labios, porque la gente puede ver en ellos la calidad del amor que llevó a Jesucristo a la cruz del Calvario.

La esencia del mensaje paulino es que «sumisión» equivale a «amor» y, por lo tanto, su enseñanza para la familia cristiana sería: «Esposas sujetaos, maridos amad». Lo interesante de este lema se descubre al intentar definir cada uno de tales verbos. ¿Qué significa sujetarse o someterse? Dejarse de lado uno mismo por alguien o subordinar el afecto propio al de otro. ¿Qué significa amar? Pues exactamente lo mismo, dejarse de lado uno mismo por alguien o subordinar el afecto propio al de otro. Por lo tanto, la sumisión y el amor son dos aspectos de una misma cosa, darse sin egoísmo. Tal es el fundamento de todo matrimonio cristiano y el secreto del modelo bíblico de la familia para la aldea global.

—7—

ACOMODACIÓN DE LOS
CREYENTES

E
l reto del aumento de la increencia dentro de las propias confesiones cristianas es otra de las tristes novedades que nos depara el mundo actual. Desde que comenzó la modernidad y se inició el proceso de secularización, el número de individuos capaces de vivir sin creer en Dios ha ido incrementándose progresivamente sobre todo en los países industrializados. Muchas personas han vuelto su vista a la magia de la ciencia, la tecnología y las computadoras electrónicas, olvidándose por completo de la divinidad y así, poco a poco, la sociedad occidental se ha poblado de auténticos bárbaros espirituales. Por desgracia, esta indiferencia religiosa no solo se extiende por los ambientes seculares, sino también ha penetrado en el seno de las congregaciones evangélicas produciendo creyentes «acostumbrados a Dios» que, a la hora de la verdad, viven y actúan como si no fueran creyentes.

La iglesia católica reconoce que los no creyentes pueden darse incluso entre los mismos sacerdotes, religiosos y religiosas (González-Carvajal, 1993). En el mundo protestante ocurre lo mismo, dándose también casos de pastores o líderes religiosos que han dejado de creer pero continúan predicando y desarrollando sus funciones ministeriales para salvar las apariencias, porque necesitan vivir de su profesión o la misma les supone un negocio lucrativo. Muchos fieles se acostumbraron tanto a las manifestaciones externas de la fe que descuidaron la relación personal con el Señor, su reflexión espiritual y su convicción se marchitaron como aquella higuera estéril de la que habla el evangelio. Esta incredulidad de ciertos creyentes ha sobrevenido, en parte, porque pensaban que poseían la salvación a pesar de vivir como incrédulos. Estaban convencidos de que tenían bien atrapado a Jesucristo y no se preocuparon por seguir buscando a Dios cada día para nutrirse de él.

El drama de la pérdida de fe puede surgir de esa actitud soberbia del que piensa que ya lo tiene todo muy claro. El orgullo de creer que la propia denominación, o la iglesia local, es la única verdadera y que después de haberse convertido en ella ya no se necesita nada más, le hace perder de vista a muchos creyentes que Dios es siempre más grande que nuestras concepciones humanas acerca de él. Y esto puede conducir a que no se le siga buscando cada día con temor y temblor. El tremendo error de abandonar la oración, la lectura y la meditación de las Escrituras con el fin de conocer mejor a Dios, desemboca frecuentemente en la apatía espiritual. En esta acomodación a la rutina de lo religioso se confunde a veces la asistencia a los cultos con la fidelidad al Señor. Las formas se sustituyen por el fondo. El canto puede reemplazar a la reflexión espiritual. Ciertas costumbres de la congregación se tornan más importantes que la vivencia práctica de la fe y, por tanto, el testimonio cristiano ante el mundo tiende a confundirse con la participación o la regularidad en las reuniones.

Lo trágico es que, en ocasiones, de tanto alabar a Dios se puede dejar de alabarle. Al cantar de forma rutinaria se corre el riesgo de convertir al Señor en una caricatura idolátrica que solo atina a regalar, en función de la intensidad musical. Igualmente es posible dejar de orar a base de tanto orar. Es lo que le ocurrió, por ejemplo, al sacerdote Zacarías (Lc 1:5-18). Había estado pidiéndole a Dios durante años un hijo porque su esposa Elisabet era estéril y ambos tenían ya una edad avanzada, pero hizo tantas oraciones que había dejado de creer que el Señor le fuera a responder. Es decir, había dejado de orar de verdad aunque siguiera pronunciando las mismas palabras rutinarias de siempre. Hacía oraciones incrédulas, que era lo mismo que no hacer nada. Y cuando el ángel del Señor se le apareció y le dijo que su petición había sido oída y que tendría un varón al que debería poner por nombre, Juan, él se asustó y respondió de forma escéptica: «¿En qué conoceré esto? Porque yo soy viejo, y mi mujer es de edad avanzada». ¡Como si Dios no supiera la edad que tenían y la situación de su esposa! Ni siquiera la presencia de un ángel bastó para convencerlo, y por culpa de su soberbia incrédula se quedó mudo durante los nueve meses de la gestación.

La incredulidad de los creyentes acostumbrados de hoy puede también dejar muda a la iglesia del tercer milenio. Muda para testificar y difundir el reino de Dios en la tierra. Muda para expresar su desacuerdo con todo aquello que atenta contra la dignidad del ser humano. De ahí que en la actualidad la labor de evangelizar el mundo implique también empezar por evangelizar nuestra propia increencia. Hay que revisar el estado de nuestra fe y examinar cómo estamos viviendo los creyentes. Es tarea urgente en cada congregación iniciar esta labor de introspección cuyo fin sea terminar con la acomodación. Es verdad que el ser humano es capaz de vivir de espaldas a Dios y que el creyente puede subsistir casi en estado de vida latente bajo mínimos, pero lo que está claro es que sin Dios el hombre malvive y el cristiano se acomoda al mundo. En definitiva, quien sale perjudicado es el propio hombre ya que todo humanismo que no conoce a Dios se convierte pronto en un instrumento de opresión para la criatura humana.

El final de las seguridades

La secularización experimentada en occidente ha hecho que ciertos teólogos se pregunten por la continuidad de la fe. ¿Estamos ante el ocaso del cristianismo? ¿Desaparecerá la fe cristiana en un futuro próximo? Por cierto, tales augurios se cumplirían si una generación se quedara muda y fuera incapaz de transmitir la antorcha de la fe a la siguiente. Si esto ocurriera el cristianismo podría desparecer de la faz de la tierra. Esta es la misma cuestión que planteó Jesús a sus discípulos: «Pero cuando venga el Hijo del Hombre, ¿hallará fe en la tierra?» (Lc 18:8). Algo de esto parece estar ocurriendo en Europa. La tierra que fue cuna de evangelizadores y los expandió por todo el mundo ve hoy como el escepticismo y la incredulidad proliferan por doquier. ¿Quiere esto decir que estamos condenados a ser los últimos cristianos de la historia?

No creo que sea así porque Dios, en su misericordia hacia el ser humano, no va a permitir que se apague la llama de la fe que su Hijo Jesucristo encendió. El futuro de la iglesia depende ante todo de las previsiones del Creador y no del hombre. Él puede confundir las mejores predicciones sociológicas fundadas en hechos concretos, como ha hecho a lo largo de la historia. Por ejemplo, algunos pensadores pronosticaron en el pasado que el cristianismo sería sustituido por una religión laica que rendiría culto a la razón. Sin embargo, el tiempo se encargó de demostrar que tales creencias eran falsas y quienes deseaban sepultar la fe, murieron y fueron sepultados ellos mismos, pero la fe continuó viviendo en el alma de millones de criaturas.

El apóstol Pablo se refirió en su época al ministerio cristiano que él mismo realizaba junto con otros hermanos, señalando cómo actuaban en ocasiones: «Como moribundos, mas he aquí vivimos; como castigados, mas no muertos; como entristecidos, mas siempre gozosos; como pobres, mas enriqueciendo a muchos; como no teniendo nada, mas poseyéndolo todo» (2 Co 6:9-10). Hace miles de años que el cristianismo ha venido mostrando signos de debilidad, pero siempre se ha recuperado y el Espíritu Santo ha pasado de generación en generación a través de los tiempos. Además, el Señor Jesús le prometió claramente a Pedro que las fuerzas del mal no prevalecerían sobre la iglesia (Mt 16:18), por lo tanto, existen sobrados motivos para suponer que el poder del maligno no conseguirá jamás acabar con la iglesia de Jesucristo.

Sin embargo, a pesar de tales certezas fundadas en las Escrituras, nada garantiza que la iglesia cristiana vaya a llegar al final de los tiempos con la misma fortaleza y vigor que tuvo en otras épocas o en otros lugares. La historia confirma que ciertas regiones y ciudades en las que durante un tiempo el cristianismo floreció de manera espectacular y se crearon numerosas congregaciones, con el transcurso de los años estas fueron sustituidas por otras religiones que las erradicaron casi por completo. Esto es precisamente lo que ocurrió en Asia Menor. Allí floreció la fe en Jesucristo gracias a los primeros viajes apostólicos de Pablo, se fundaron grandes iglesias y se celebraron los primeros concilios, pero en pocos años entró el islam y desplazó radicalmente a los cristianos. De los cincuenta y tantos millones de habitantes que hoy existen en Turquía (la antigua Asia Menor) solo quedan ciento cuarenta mil cristianos. ¿No puede ocurrir también esto mismo en la vieja Europa? ¿No está ahora aquí disminuyendo la fe cristiana, mientras surge con fuerza en Latinoamérica y en otros continentes? ¿Estamos frente a la nueva diáspora del tercer milenio? No existen garantías para afirmar que en Europa no vaya a ocurrir lo mismo que en Asia Menor. De ahí que preguntarse por el futuro del cristianismo en el Primer Mundo no sea, ni mucho menos, una cuestión descabellada.

El declive de la creencia religiosa se inicia cuando esta empieza a convertirse en algo convencional. En el momento en que la práctica de la fe se acepta como buena y positiva porque así se ha aprendido de los mayores o porque así lo asume la sociedad, pero sin experiencia personal ni convicción propia, es cuando empiezan a surgir los creyentes convencionales. Durante los primeros siglos del cristianismo no se dio tal convencionalismo porque cada cristiano tuvo que defender sus creencias con riesgo a veces de su propia vida. El ambiente que les rodeaba no era propicio para su fe y eso les obligaba a ser sinceros y fieles en todo. Sin embargo, en nuestros días la situación ha cambiado mucho. Es verdad que todavía hay países en los que se persigue a los cristianos, pero, aparte de tales excepciones puntuales, lo cierto es que en la mayor parte del planeta la fe cristiana goza de protección y seguridad. Incluso, en determinados lugares, la práctica religiosa suele facilitar la integración social o se hace necesaria para ganarse la vida. Justo al revés que en la Edad Antigua.

Pues bien, este convencionalismo de la fe cristiana probablemente se va a terminar durante el siglo XXI. Quizá no seamos los últimos creyentes pero es muy posible que el futuro acabe con los privilegios y seguridades sociales de que disfrutaba el cristianismo. La fe de los discípulos de Cristo tendrá que competir en la arena de la aldea global con otras creencias y religiones procedentes de todos los rincones del planeta. Será el ocaso de los cristianos convencionales ya que la presión social arrastrará a quienes estén poco convencidos de lo que creen o sean creyentes por tradición familiar. Solo persistirán aquellos que sepan en quién han creído y mantengan una relación personal con el Señor Jesús, escudriñen frecuentemente su Palabra y la conviertan en experiencia personal diaria.

En cambio, los cristianos pasivos que no pongan en práctica su fe ni vivan la radicalidad del compromiso evangélico, pasarán a engrosar las filas de los indiferentes que ni creen, ni dejan de creer. De modo que en estos tiempos postmodernos en los que se rechazan las verdades absolutas y se acepta el relativismo, la tibieza espiritual tenderá a convertirse poco a poco en incredulidad total.

La iglesia de Jesucristo deberá adaptarse a la nueva realidad y aprender a pasar de su antigua situación privilegiada a una nueva identidad de resistencia frente a las saetas del maligno, que serán disparadas desde diferentes instituciones que antes le prestaban apoyo. Se tendrán que crear trincheras de aguante y vigor cristiano para contrarrestar tales influjos y, a la vez, influir en la transformación de la estructura social por medio del mensaje eterno del evangelio. El proyecto cristiano no deberá limitarse solo a conseguir la salvación del individuo sino también a poner en paz con Dios todas las cosas de este mundo. La búsqueda de la reconciliación del ser humano con su Creador tiene también como consecuencia la reconciliación final de todos los hombres como hijos de Dios, hermanos y hermanas. La voluntad de la predicación cristiana es, ante todo, que las sociedades ateas se conviertan al mensaje del Maestro para que se rechace el materialismo, se respete la familia, se satisfagan las necesidades humanas y la voluntad de Dios para este mundo se haga así realidad.

BÚSQUEDA DEL SILENCIO Y LA ORACIÓN

Muchos creyentes occidentales disfrutan hoy de más bienes materiales que nunca, pero no son más felices que antes. Los objetos les distraen de la búsqueda diaria de Dios y de lo que verdaderamente alimenta su vida espiritual para someterlos a una carrera frenética en pos del consumo. Por eso tenemos que volvernos de nuevo hacia el misterio de lo divino. El hombre y la mujer de este mundo globalizado tienen necesidad de recuperar la alegría de la salvación que les devuelva el brillo en los ojos y la ilusión en el alma. Para evitar la acomodación de los creyentes a una religiosidad externa o vacía de contenido no hay más remedio que volver a recuperar el silencio, la austeridad y la oración. La vida cristiana es una relación personal con Dios a través de su Hijo Jesucristo, y esto, que parece una obviedad, es menester recordarlo hoy en determinados ambientes. La fe es individual, subjetiva, y se nutre de la revelación pero también de la experiencia interior con el Señor. Tanto el estudio metódico de la Palabra como la meditación, el diálogo con Dios y la aplicación a la propia realidad del creyente, constituyen la fuente de agua pura de donde debemos seguir bebiendo si queremos evitar el peligro de la acomodación.

Es cierto que el cristiano no está llamado a caer en una religiosidad individualista, en la que un exceso de subjetivismo nos haga perder de vista al hermano que tenemos al lado. La verticalidad de la experiencia personal y la relación con el Señor deben equilibrarse con la horizontalidad de la solidaridad hacia el prójimo y el amor entre los hermanos. Amar a Dios es también dar con cariño un vaso de agua fría al que tiene sed. Sin embargo, el cristianismo contemporáneo tiene que evitar la tentación de convertirse en un fenómeno superficial de masas que no haga mella en el corazón de la persona o que ponga su acento en cuestiones sociológicas y morales, en lugar de centrarse en el aspecto existencial del individuo. La salvación es y será siempre un asunto puramente personal.

Pero el discernimiento y la reflexión individual que exige la conversión no tienen por qué estar reñidos con el carácter emocional y festivo que supone la celebración de la fe. Las congregaciones cristianas deben ser también comunidades emocionales en las que las criaturas puedan relacionarse de forma cálida y fraterna. Ante la deshumanización propia de una sociedad consumista y egoísta, las iglesias están llamadas a ser pequeños retazos de generosidad y amor fraternal, núcleos de sinceridad y acogida capaces de dar y recibir compañerismo, es decir, pedazos de cielo en la tierra donde se sienta la inmediatez de la presencia de Dios. Frente al ajetreo y la rapidez de la vida moderna, el ser humano continúa necesitando la paz y el sosiego del silencio reflexivo propio de la oración. Si se acierta a crear tales ambientes en la iglesia, el fantasma de la acomodación se alejará de nuestro presente.

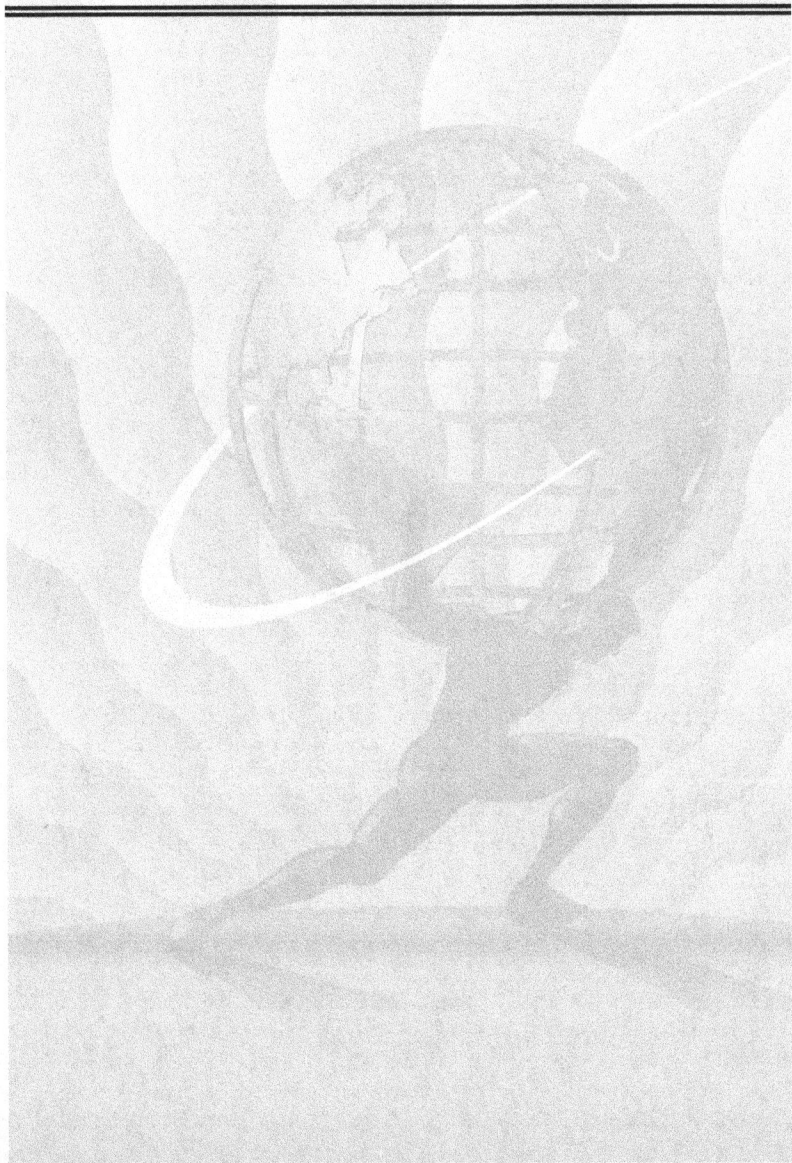

—8—

HEREJÍAS DEL
TERCER MILENIO

E l universo cristiano evangélico aparece hoy, en plena globalización, como un inmenso *colage* compuesto por pequeños recortes de prensa reformada, gruesos cartones con las firmas de teólogos alemanes, grandes pedazos de hierro bautista retorcido y algo oxidado sobre un fondo uniforme y convencional de hermanos asamblearios, todo salpicado de una enorme multitud de confetis pentecostales multicolores que se dividen o desmenuzan con facilidad. No obstante, la estética de este cuadro está siendo destruida por una especie de carcoma sectaria, personalista y engreída. Ciertos telepredicadores «*made in America*» que rompen en pedazos la estructura doctrinal básica y ponen en peligro toda la composición, jugando con los sentimientos y la buena fe de los creyentes.

Bajo el pretexto de la libre interpretación bíblica muchos oradores se han vuelto expertos en el arte de formar iglesias con su propio nombre y apellido, olvidando la oración de Jesús: «Que sean uno para que el mundo crea». A todo ello contribuye la desinformación teológica y doctrinal del pueblo de Dios. Muchos púlpitos están demasiado acostumbrados a la improvisación, a las aplicaciones psicológicas, al espectáculo que fomenta la emoción del momento, a la lágrima fácil y al entretenimiento de la congregación pero, en el fondo, no hay verdadera profundización bíblica. El conocimiento de la Palabra no aumenta, la madurez espiritual no se alcanza nunca, el comportamiento cotidiano de los creyentes no se distingue apenas del de los demás. Se puede ser cristiano practicante el domingo y funcionario corrupto el lunes por la mañana. ¿Cómo es posible si no que países con tantos cristianos y tantas congregaciones sigan estando entre los más corruptos y entre los que menos respetan los derechos humanos?

El acento de la milagrería

El cristianismo no puede vender barato a Jesucristo. La fe cristiana no pasa por temporadas de rebajas sino que siempre posee el mismo valor y la misma exigencia. A veces parece como si en ciertos cultos evangélicos se le robara la libertad al ser humano y, por tanto, el nombre de Dios se rebajara, ya que una cosa suele ir siempre unida a la otra. Cuando se practica la milagrería y se atrae a gente sencilla prometiéndole «salud, dinero y amor», como reza la popular canción, ¿no se está de alguna manera secuestrando la libertad del ser humano? ¿Al hinchar a Dios, no se deshincha al hombre? Convertir a la divinidad en curandera con horario fijo además transforma al hombre en una marioneta dirigida desde arriba por los hilos caprichosos de los dioses ¿No era esto también lo que creían los antiguos griegos y los romanos paganos?

El cristianismo de Cristo es un movimiento de solidaridad con lo sagrado, y lo más sagrado del cosmos, aparte del Dios trino, es el propio ser humano. Ninguna otra fe religiosa es tan respetuosa con la humanidad como el evangelio de Jesucristo. Y él fue precisamente quien afirmó ser la verdad y que al conocerla, el hombre llegaría a ser libre. Pero ¿puede haber espacio para la libertad cuando se pretende obligar a Dios a que intervenga en la vida humana y se someta a los designios del hombre? ¿Acaso hay libertad cuando se concibe al hombre como esclavo de Dios y se le dice que si no se cura es por su falta de fe? La mayor paradoja de la historia fue contemplar a Dios muriendo en el Gólgota como un miserable malhechor, pero precisamente gracias a esa impotencia divina, el hombre es libre para elegir entre la Vida y la Muerte. Sin embargo, cuando se predica un Dios autoritario que no respeta la libre voluntad del hombre o que reparte sus dones de manera caprichosa, en función de la insistencia o de los méritos humanos, se le hace poco favor a Dios y al ser humano. A Dios porque él no quiere actuar así y al hombre porque se le arranca de cuajo el sentido de la responsabilidad cristiana y el libre albedrío. Se olvida que el Dios que se revela en Jesucristo no se impone, sino que se ofrece.

Lamentablemente muchas de tales reuniones religiosas, en el fondo, no se hacen para rendirle honor a Dios sino para beneficiar a ciertos hombres que buscan poder, prestigio o el sometimiento de los demás. Pero además, lo que se consigue con todo esto es difundir una imagen negativa de Dios, como si fuera un amo despótico que solo se gozara robando la dignidad del ser humano. Jesús siempre luchó contra esta tendencia de los religiosos de su tiempo por falsear las relaciones entre el hombre y su Creador. El Maestro se opuso también a la servidumbre espiritual entre los propios hombres, de ahí su singular idea acerca del prójimo, mediante la cual enseñaba que el respeto a otro ser humano es semejante al respeto que se debe a Dios. No hay que olvidar que la lucha de Jesús contra la perversión religiosa de su época fue el principal elemento que le condujo a la cruz. Frente a esta sed contemporánea de señales, milagros y curaciones es bueno recordar las palabras críticas del Señor relatadas en el Evangelio de Mateo: «Entonces respondieron algunos de los escribas y de los fariseos, diciendo: Maestro, deseamos ver de ti señal. El respondió y les dijo: La generación mala y adúltera demanda señal; pero señal no le será dada, sino la señal del profeta Jonás. Porque como estuvo Jonás en el vientre del gran pez tres días y tres noches, así estará el Hijo del Hombre en el corazón de la tierra tres días y tres noches». (Mt 12: 38-40).

Contra toda la milagrería que se detecta en ciertos círculos evangélicos, la Biblia enseña que solo la muerte de Cristo y su resurrección constituyen el milagro definitivo que puede dar vida al ser humano. Hacia ese acontecimiento histórico debe apuntar la predicación evangélica que desee tratar al hombre y a la mujer de hoy como personas libres, dueñas de su destino y colaboradoras de Dios en la historia. Por el contrario, todo aquello que tenga que ver con el esoterismo pseudocristiano, la superstición religiosa o la escatología ficción debe ser rechazado y abandonado por las iglesias evangélicas.

EN POS DEL LUJO Y LA PROSPERIDAD

Estamos asistiendo también al surgimiento de una nueva tendencia religiosa dentro del protestantismo que vuelve a contemplar la riqueza material y la prosperidad económica como una consecuencia más de la auténtica fidelidad cristiana. Mediante una exégesis deformada y nefasta se ve a Jesús como un hombre rico y próspero que vivía en una gran mansión, manejaba grandes cantidades de dinero y vestía con mucho lujo. Era tan rico, se dice, que se habría visto en la necesidad de buscar un administrador para que le llevara las cuentas. No obstante, a pesar de su buena posición social fue llevado a la cruz por Satanás y allí se transformó en un demonio y fue torturado hasta la muerte, pero en las mismas entrañas del infierno, Jesús le arrebató las llaves a Satán y salió victorioso.

Fue recreado desde un ser satánico a una encarnación de Dios y, por tanto, según sintetiza Hank Hanegraaff a partir de discursos de ciertos paladines de esta peculiar teología de la prosperidad, la lección que debe sacar todo el mundo es que «como una encarnación de Dios, puedes poseer ilimitada riqueza y perfecta salud, un palacio como el Taj Mahal con un Rolls Royce a la puerta. ¡Tú eres ahora como un pequeño Mesías recorriendo la tierra! Todo lo que hace falta es que reconozcas tu propia divinidad. También puedes controlar la fuerza de la fe. Nunca más tendrás que orar, "Sea hecha tu voluntad". Más bien, tu Palabra es una orden para Dios» (Hanegraaff, 1993: 26).

Semejante sarta de herejías encadenadas conduce inevitablemente a la conclusión de que la pobreza es un pecado, puesto que sería consecuencia del fracaso espiritual, mientras que la riqueza material habría que entenderla siempre como el reflejo de una vida espiritualmente abundante. De la misma manera se interpreta la enfermedad y la salud. Por medio de la atribución de significados esotéricos a determinados textos de la Biblia intentan hacer creer a la gente que si sus cuerpos pertenecen a Dios no es posible que pertenezcan también a la enfermedad, por tanto si poseen dolencias físicas es por su falta de fe, llegándose así a situaciones absurdas y dramáticas como, por ejemplo, la de unos padres que retiran la administración de insulina a su hijo diabético o la de creer que los síntomas dolorosos de una enfermedad solo son trucos de Satanás para convencernos de nuestra debilidad física.

El escaso conocimiento bíblico de ciertas personas que escuchan tales sermones de prosperidad permite que estos maestros de la mentira del llamado «movimiento de la fe» levanten sus enormes imperios basados en las ofrendas o donativos que les envía la gente crédula y de buena fe. Pero esto no es lo peor. Lo que más daño hace al evangelio, y al mundo protestante a escala mundial, es el tremendo descrédito que provocan tales predicadores con su herética y nefasta teología. Al extraer los versículos bíblicos de su contexto literario y de su marco histórico llegan a conclusiones perversas y erróneas, completamente ajenas a la intención inspirada del autor. La gente corre tras la milagrería y cuando descubre que no se cura o que no prospera su cuenta corriente, sino que más bien ocurre todo lo contrario, entonces sobreviene la desorientación espiritual y el sentimiento de que han sido engañados. Muchos terminan en la increencia y en la generalización fácil, afirmando que ¡todo es mentira! o que ¡todos son iguales! Esto perjudica profundamente la extensión del reino de Dios en la tierra.

Al decir que los humanos fueron creados como duplicados exactos de Dios, incluso en forma y tamaño, se nos está divinizando, mientras que el Creador resulta empequeñecido. El poder que se le roba a ese Dios subordinado y sirviente de la creación, ya que siempre está a las órdenes del hombre, se le otorga a Satanás, que pasa a ser el dios todopoderoso de este mundo. De manera que el cosmos se torna así a contemplar la existencia de dos fuerzas equipotentes, Dios y Lucifer. El dualismo del primitivo gnosticismo vuelve a estar de actualidad y la guerra espiritual entre titanes del universo se pone otra vez de moda. El temor humano refuerza el poder de Satán, de la misma manera que la fe activa a Dios. Mientras tanto, Jesucristo es silenciado y enterrado profundamente en el infierno, con lo cual se desvirtúa el auténtico mensaje bíblico. Si el hombre se engrandece, con su fe ocurre lo mismo y, por tanto, se enseña que hay que tener «fe en la fe», en lugar de tener fe en Dios.

A pesar de los múltiples errores doctrinales y perversiones religiosas que sustentan tales especulaciones de la teología de la prosperidad, hay además un criterio fundamental para dilucidar si se trata de una manifestación auténtica de lo que afirman las Escrituras o, por el contrario, es una interpretación claramente perniciosa e idolátrica: ¿Contribuye al bien del hombre o lo esclaviza todavía más? Este es el criterio definitivo para evaluar toda religión, y ante semejante pregunta la teología de la prosperidad se nos revela como una idolatría religiosa que rebaja a Dios y a Jesucristo para ensalzar al hombre y lo diabólico. Sin embargo, a pesar de la aparente revalorización del estatus humano resulta que, en realidad, lo que se consigue es más esclavitud. En vez del auténtico culto a Dios a través del amor al prójimo, se fomenta el anhelo egoísta de tener más y estar siempre sano. El afán por acumular riquezas se antepone a la solidaridad con los hermanos más necesitados o incluso se utiliza a estos como instrumentos a nuestro servicio. Tal actitud olvida que el cristianismo en la práctica es fundamentalmente un movimiento de amor y solidaridad en favor de lo sagrado que es el ser humano, la humanidad hecha a imagen de Dios.

Fetichismo espiritual

Ciertos factores y técnicas propias de la publicidad secular se han introducido en el mundo cristiano con la intención, no de difundir el mensaje de Jesucristo en la tierra, sino de obtener pingües beneficios económicos. Determinados productos se han convertido en signos de valor mágico, en auténticos fetiches religiosos sin los cuales no parece posible alcanzar la realización espiritual en la vida. Estos comprenden desde galletas espirituales fabricadas exclusivamente con alimentos naturales traídos de Palestina, hasta joyas de gran valor o simples camisetas decoradas.

Un ejemplo de esto lo constituye el hecho de que más de quince millones de jóvenes circularon en los Estados Unidos con un brazalete en el que podían leerse las siglas WWJD correspondientes en inglés a la pregunta: ¿Qué haría Jesús en su lugar? En principio, la idea de tales siglas es recordarles a los muchachos, en las decisiones que deben tomar a lo largo de su vida diaria, cuál sería la actitud del Señor Jesús. La intención parece buena, sin embargo, el problema está en que la mayoría de estos jóvenes no se leyeron el libro que explicaba el sentido de esta campaña. Se conformaron solo con comprarse y lucir el brazalete que se había puesto de moda. Cambiaron el mensaje por el fetiche. Se podrá alegar que, aun así, el mero hecho de que quince millones de jóvenes lleven el brazalete es ya de por sí un testimonio cristiano. Es verdad. Pero también es cierto que cuando *Hallmark* y *Barns & Noble* lanzaron al mercado anillos de oro por un valor de 350 dólares, así como juguetes de lujo con las siglas WWJD, tales productos perdieron pronto el valor de su mensaje original y se convirtieron en meros fetiches consumistas.

Tales objetos en nada se diferencian de aquellos otros brazaletes con las «filacterias» que llevaban los vanidosos fariseos para ser vistos por los hombres y que Jesús condenó enérgicamente. Aquellas cajitas tenían escrita la ley de Moisés pero no eran más que fetiches: «Porque atan cargas pesadas y difíciles de llevar, y las ponen sobre los hombros de los hombres; pero ellos ni con un dedo quieren moverlas. Antes, hacen todas sus obras para ser vistos por los hombres. Pues ensanchan sus filacterias, y extienden los flecos de sus mantos» (Mt 23:4-5). El problema no está en el objeto en sí, sino en el propósito y la intención de su uso. Fetiches pueden ser los casetes musicales, los videos, los libros e incluso un determinado tipo o versión de la Biblia, si se desposeen de su valor espiritual y formativo o se transforman solo en productos de consumo, en objetos mágicos o en mercancía para obtener mucho dinero. El verdadero cristianismo deberá siempre huir de todo esto.

IDOLATRÍA SOLAPADA

La publicidad persigue siempre crear en el posible consumidor el deseo de obtener un producto determinado. Para ello, en ocasiones, se recurre a una personalidad conocida con la intención de utilizarla como reclamo. Generalmente se trata de artistas, deportistas famosos, políticos, hombres de ciencia, etc., dependiendo de la naturaleza del producto y de los objetivos que se persigan. Sin embargo, los publicistas se quejan con frecuencia de que, a veces, los famosos que participan en el anuncio tienen más éxito que el propio producto anunciado. Su conocida personalidad anula al producto. Cuando después se pregunta al público qué es lo que recuerda del anuncio, el consumidor habla más del personaje que del producto en cuestión.

Este tipo de publicidad intenta provocar uno de los anhelos básicos del ser humano: la relevancia, el deseo de ser admirado y conocido, el ansia por convertirse en un triunfador o en un líder famoso. De manera que el producto recomendado por la persona famosa se transforma en una especie de fetiche, en un sustitutivo del personaje admirado, que crea en el consumidor la sensación de que, si lo adquiere, estará de alguna manera más cerca de alcanzar los mismos logros que su líder. Pues bien, también en el entorno evangélico actual, quizás sin darnos cuenta, estamos rozando esta misma seducción. La estrella eclipsa al producto. El líder o evangelista hace sombra al mensaje que predica. Cuando, por ejemplo, se promociona una campaña evangelística, un concierto musical para dar testimonio de la fe cristiana o un libro que pretende edificar al pueblo de Dios, la confianza de los organizadores no está ya en la naturaleza del mensaje que se quiere difundir, el evangelio de Jesucristo, sino en la fama de la persona que lo recomienda o en su capacidad de convocatoria.

Muchos libros cristianos que aparecen en los estantes de las librerías evangélicas no se venden ya por la naturaleza y calidad de su contenido, sino por el prestigio y la fama del autor. La música cristiana no suele difundirse hoy por la espiritualidad de su mensaje sino, sobre todo, por la popularidad del cantante o del grupo. Lo que cuenta no es ya el mensaje sino el mensajero. Los medios se han vuelto más importantes que el propio fin. En cierto modo, esto contribuye a «personalizar» el evangelio. La Reforma protestante acabó con las imágenes en las iglesias evangélicas. Sin embargo, ¿no se estará en la actualidad volviendo otra vez a una especie de idolatría fetichista? ¿No habremos sustituido aquellas imágenes medievales de yeso por modernas fotografías y videos de los líderes de hoy? Los medios de comunicación evangélicos están repletos de anuncios de campañas evangelísticas con Fulano y con Mengano, como si ellos fueran las estrellas del espectáculo. ¿No sería mejor promocionar campañas con Jesucristo, la verdadera estrella?

En el monte de la transfiguración todo lo que Moisés y Elías (dos líderes de máximo prestigio en el mundo del Antiguo Testamento) pudieron hacer fue señalar a Cristo y desaparecer. Este acontecimiento muestra claramente que en el cristianismo la única estrella, el único merecedor de gloria y honra, es exclusivamente Jesucristo. Por lo tanto, en todas las actividades cristianas la estrella del anuncio debe ser siempre el mensaje de Jesús y nunca el mensajero.

PÉRDIDA DE LA MEMORIA HISTÓRICA

Para que el mensaje cristiano haga impacto en los hombres y mujeres del siglo XXI conviene prestar mucha atención a tres aspectos fundamentales que en ocasiones no se tienen suficientemente en cuenta: la garantía de la historicidad de nuestra fe, la manera de comunicar el mensaje y la puesta en práctica de sus contenidos. Lo primero que debemos recuperar como cristianos evangélicos son las raíces históricas de nuestra fe. La iglesia cristiana siempre ha fomentado y protegido la historia porque ha encontrado en ella un importante aliado, el apoyo científico a la autenticidad de su mensaje. Un solo documento original del siglo II, que haga referencia a los orígenes del cristianismo, tiene más valor que cien mil páginas de apologética escritas en el día de hoy. Un fragmento del Evangelio de Mateo en un pedacito de papiro da más credibilidad a las Escrituras que todos los comentarios publicados durante los últimos cien años. La historia es fundamental para demostrar la autenticidad de nuestra fe. Sin embargo, sucede, y esto es muy de lamentar, que en nuestros círculos evangélicos parece como si últimamente el patrimonio de la historia se hubiera olvidado o incluso rechazado, y así, con este falso concepto en mente, algunos han desarrollado una tendencia a prescindir de la historia. Pretenden, dar un salto acrobático estableciendo un puente directo entre su iglesia o denominación y la iglesia primitiva, como si la actividad de Dios, la obra del Espíritu Santo, se hubiera paralizado después del siglo I, y hubiera permanecido inactiva por mil y tantos años para continuar ahora en el siglo XX. Todo lo acaecido en la comunidad cristiana durante casi veinte siglos no les importa. Esto es un error gravísimo. Aferrarnos obcecadamente a la idea de que nosotros entroncamos directamente con la iglesia primitiva y no tenemos nada que ver con la historia de la iglesia, de cara al mundo, más que favorecer la imagen a las iglesias evangélicas lo que hace es perjudicarlas. Lo único que conseguimos con esta actitud es que el hombre de la calle nos vea como una secta, algo carente de historia y sin raíces, la creación novedosa de un grupo de iluminados advenedizos o una moda norteamericana.

Si la iglesia parte de Jesucristo ha de ser forzosamente, en sí misma, un organismo histórico. Por lo tanto, para el hombre de la calle, todo grupo religioso que se desvincula de la historia de la iglesia, no es una iglesia, es una secta. Las denominaciones evangélicas no somos una secta inventada ayer por un iluminado. No partimos de cero. No nacimos por generación espontánea, engendrados por visión angélica y llamados a recomenzar la historia. Tenemos raíces que entroncan, a través de la Reforma, con toda la historia de la iglesia hasta el cristianismo primitivo. El Espíritu de Dios obró poderosamente en el nacimiento de la iglesia y ha continuado haciéndolo desde entonces a través de hombres de fe, pequeños núcleos de creyentes en los que la antorcha de la luz verdadera se ha mantenido siempre en alto, encendida y presente. Pensar que la actividad de Dios se paralizó en el primer siglo y que recomienza con nosotros, o con nuestro grupo, no tan solo carece de todo fundamento y de todo sentido, sino que es incluso un acto de presunción. Sin la Reforma del siglo XVI no hubiéramos conocido otra iglesia que la de Roma y la ortodoxa. Probablemente, ninguno de los grupos evangélicos actuales existiría porque todos son histórica y doctrinalmente hijos de la Reforma o derivaciones de su base doctrinal.

No hay ni una sola iglesia ni una sola denominación que pueda decir que ha nacido por generación espontánea y que no tiene nada que ver con otras o con la historia de la iglesia. Todo individuo y toda colectividad que pierde sus raíces están en trance de perder su identidad. Como cristianos evangélicos, herederos de la Reforma del siglo XVI, y con ello herederos de la iglesia antigua, nos es menester asumir nuestra identidad consciente y responsablemente. Y ello solo será posible en la medida en que estudiemos, conozcamos y amemos lo que fueron e hicieron nuestros antepasados en la fe, tenemos que conocer a fondo nuestras fuentes y beber en ellas. El descubrimiento de esta identidad histórica común, ha de servir para fomentar la unidad y la cooperación entre las distintas denominaciones y las distintas iglesias actuales. Hay que evitar las situaciones de mutua descalificación y de guerra psicológica entre ministerios cristianos que con frecuencia juzgamos a veces, erróneamente, como competencia.

El hombre de la calle, por lo menos en España, no distingue entre bautistas y pentecostales, no conoce ni entiende las diferencias entre la iglesia «Jesús te llama» y la iglesia «Jesús viene». Eso son cosas nuestras. Para él solo existen católicos y protestantes. Si queremos diferenciarnos en la proclamación de nuestro mensaje de la amalgama de sectas que proliferan en el mundo y presentarnos ante los ojos del hombre de hoy, no como una secta, sino como una fe histórica común, digna de crédito, hemos de desenterrar nuestras raíces históricas, apoyarnos en ellas y establecer una identidad común, recuperando el principio de unidad en la diversidad y la mutua colaboración entre todas las iglesias a la hora de anunciar el evangelio.

El segundo de los factores que se nos plantea como requisito esencial para impactar con el evangelio al hombre de la postmodernidad es la «empatía» en la comunicación. Por empatía se entiende la capacidad de comprender las emociones ajenas y hacerlas propias para comunicar mejor. Empatía es solidarizarse con los sentimientos de los demás. Predicar con empatía es identificarse con la manera de pensar y de sentir de los oyentes, de tal forma que el mensaje comunique mejor. Y esto tiene que ver con el lenguaje y las formas que se utilizan en la presentación del evangelio. Si queremos llegar al hombre del siglo XXI no podemos acercarnos a él con un lenguaje del siglo I, con un vocabulario que para nosotros es corriente y habitual, pero que el oyente no entiende.

En la actualidad en España prácticamente todas las escuelas son laicas. La gran mayoría de los niños no saben nada de la Biblia, no saben quién es Jesús, y la palabra «pecado» no les dice nada. No podemos abordar en la calle a un estudiante o a un profesional de la era postmoderna y decirle de sopetón: «¡Eres un pecador y tienes que arrepentirte!», porque no sabe lo que es el pecado ni tiene conciencia de culpabilidad. Lo más probable es que nos diga: «¡¿Yo un pecador? ¿Por qué? No hago ningún mal a nadie y pago mis impuestos. Pecador será usted, que es un insolente. El que tiene que arrepentirse y pedirme disculpas por haberme insultado es usted!»

Los judíos del siglo primero, que leían los Evangelios o las cartas de Pablo, sabían muy bien lo que era el pecado y la expiación, pero los hombres y mujeres del siglo XXI no lo saben. Por lo tanto, hemos de sentir como ellos sienten y hablarles en un lenguaje que puedan entender, que les llegue. El hombre actual tiene una preparación tecnológica elevada, pero es poco propenso a la reflexión filosófica, y esto exige que nuestros mensajes, tanto en lo que respecta a su contenido como a su presentación, tengan que ser mucho más comunicativos. La predicación es un don del Espíritu Santo y se ejerce por impulso de su poder, sin embargo, como tantos otros dones, artes y oficios, es necesario estudiar sus técnicas y contar con las herramientas adecuadas que nos faciliten trabajar el material para ejercitarlo con eficacia y soltura. Al hombre de hoy no se le puede ir con un mensaje monolítico y absolutista, hay que ayudarle a entender las verdades mediante anécdotas que las ilustren, frases célebres que las apoyen e incluso, fragmentos poéticos que las adornen.

Una ilustración de la vida real, adecuada al tema, contada con suficiente gracia y en el momento oportuno, no tan solo puede hacer más comprensibles verdades espirituales difíciles de comunicar, sino además sirve para mantener o recuperar la atención del auditorio. Y Spurgeon no fue, ni mucho menos, el primero en descubrir esto. Jesús, el Maestro de los maestros, el autor del Mensaje, nos dio el ejemplo de utilizar constantemente ilustraciones en forma de parábolas. Esto es lo que, entre otras cosas, me llevó a escribir el libro *Parábolas de Jesús en el mundo postmoderno*, obra en la que se ilustra cómo las cuarenta y tres parábolas del Maestro constituyen ejemplos de lo que puede ser la predicación en el momento presente.

Otra forma de ilustrar los mensajes son las llamadas frases célebres o citas literarias. Sirven para apoyar y dar autoridad a las verdades de la Biblia mediante ideas que personajes famosos de la historia han dicho. Hemos de ser conscientes de que, para nosotros, la Biblia es palabra de Dios, pero para nuestros oyentes no. Quizás para ellos tiene mas valor una frase de Voltaire, de Marx o de Nietzsche, que una cita de Isaías. Esto es algo que el apóstol Pablo sabía muy bien. Era un buen conocedor de frases célebres y las utilizaba con gran eficacia. También estuvo consciente de que a los filósofos del areópago de Atenas no les convencería citando a Moisés como argumento definitivo. ¿Y a que recurrió? A las frases célebres de sus propios filósofos griegos: «Como vuestros mismos poetas han dicho...» Algunos predicadores objetan a veces que la inclusión en un sermón de frases célebres pronunciadas por hombres mortales desvirtúa la fuerza de la Palabra inspirada, pero esto es querer ser más ortodoxos que el propio Pablo, porque él no tuvo ningún reparo en utilizarlas en apoyo de su mensaje.

La técnica de subir al púlpito con las manos vacías, abrir la Biblia, leer un pasaje, y decir sobre él lo que nos venga a la mente, no sirve ya para comunicar al hombre de la postmodernidad. El predicador tiene que «cocinar» previamente su mensaje para hacerlo más significativo, trabajarlo en su despacho con ayuda de buenas obras de referencia y consulta, enciclopedias de anécdotas, frases célebres, citas literarias y poesía, de la misma forma que el cocinero elabora sus manjares en el fogón antes de servirlos a la mesa para que resulten digeribles al estómago de los comensales. Es posible que esto pueda sonar a herejía en los oídos de algunos defensores de la improvisación espiritual, amantes de subir al púlpito con las manos (y también la mente) vacías, confiados en que el Espíritu Santo les revelará, sobre la marcha, todo lo que tengan que decir. Y algunos, para defenderse, no dudan en esgrimir, sacándolo de su contexto, el pasaje de Mt 10:19,20: «No os preocupéis por cómo o de que hablaréis; porque os será dado en aquella hora lo que habéis de hablar. Porque no sois vosotros los que habláis, sino el Espíritu de vuestro Padre que está en vosotros».

Los que se escudan en este pasaje para subir al púlpito con las manos (y la mente) vacías, pasan por alto el contexto del pasaje. El Señor estaba hablando de las persecuciones, refiriéndose a los momentos delicados y difíciles, cuando sus discípulos tendrían que comparecer ante gobernadores y reyes ¡como acusados!, no como predicadores o maestros ante una congregación. Pretenden ignorar que el pasaje empieza diciendo «cuando os entreguen», no «cuando subáis a un púlpito a predicar». El Señor está siempre a nuestro lado, dispuesto para asistirnos en los momentos de dificultad y angustia, pero no participa, no aprueba, no tolera ni premia en modo alguno la pereza, la desidia y la indolencia. En los momentos cruciales, ante nuestros acusadores, cuando nos vemos en la encrucijada de afrontar la persecución, nos dice: «No te preocupes, yo te diré lo que habrás de decir...», pero en el ministerio de la predicación, la exhortación y la enseñanza, delante de nuestros oyentes, antes de subir el púlpito, nos dice: «Tú eres quien debe trabajar... ocúpate en leer» (1 Ti 4:13).

El tercero de los obstáculos que hemos de superar para llegar con nuestros mensajes al hombre de hoy es la praxis en sus contenidos. El ser humano actual ya no cree solamente en palabras. Exige hechos. Si queremos llegar a él y conseguir que nos escuche ya no basta con la teoría, hemos de recurrir a la práctica y desarrollar una sociología cristiana. Lo cierto es que la sociología y la teología nunca se han llevado demasiado bien. La sociología secular ha partido siempre de enfoques racionalistas y evolucionistas muy hostiles al cristianismo, afirmando que la religión no es más que la secuela de las etapas más primitivas de la raza humana, en las que el hombre tuvo que inventar a Dios para poder explicar los fenómenos de la naturaleza y que, por lo tanto, ha sido siempre un elemento de freno y de retraso en el progreso del hombre. Sabemos que esto no es cierto, pero sí es cierto que el cristianismo ha fallado estrepitosamente en sus enfoques sociológicos.

Un sector de la iglesia, básicamente la católica, pero también algunas protestantes oficiales, olvidando el principio bíblico de separación iglesia-estado, pactaron con los reinos de este mundo y han venido practicando con el poder civil todo tipo de formas de concubinato, que han puesto en entredicho ante la sociedad los principios de igualdad y justicia fundamentales del cristianismo. En reacción a esto, el otro sector, el que podríamos considerar como más evangélico, se ha situado en el otro extremo y se ha conformado con una mentalidad de ghetto, centrándose exclusivamente en las necesidades espirituales, sin duda las más importantes, pero olvidando que el hombre es un ser integral y soslayando otros aspectos bíblicos importantes, como es la responsabilidad social de la iglesia en el mundo. Pues bien, ninguna de las dos posturas es correcta. Es importante y necesario que la iglesia recupere la iniciativa en este campo y desarrolle para el siglo XXI una teología de la sociedad, o dicho de otro modo, una sociología cristiana.

Esta sociología debe cubrir dos áreas importantes: la colectiva y la individual. Esto es, la acción social y la consejería cristiana. Por un lado están los problemas colectivos. La iglesia no puede permanecer impasible frente a las grandes plagas sociológicas que aquejan a nuestra sociedad como son la pobreza, la injusticia, la marginación y la corrupción. Por otro lado están los problemas personales. La pérdida de los valores morales y la epidemia de desequilibrios psicofísicos que como consecuencia afectan hoy al ser humano de la globalización: la depresión,

la droga, el sexo libre, el suicidio, etc. Si queremos que el hombre vea en nosotros algo más que palabras, hemos de aportar respuestas prácticas a sus necesidades, hemos de potenciar la labor social y la consejería cristiana. Y cabe decir
con tristeza que el panorama que presentamos en estos dos aspectos fundamentales de la praxis de nuestro mensaje no es muy alentador.

La obra social en ocasiones se pasa muy por alto y hemos de reconocer, con
humildad, que en este particular la iglesia católica nos va muy por delante. Habría
que recapacitar y reconsiderar nuestra postura, recordando que atender las necesidades materiales no es tan solo parte de nuestra misión como cristianos, sino también un requisito previo esencial para llegar con nuestro mensaje a ciertos
estratos sociales. Es muy difícil predicar a un estómago vacío. El evangelio es
también para los pobres y es misión de la iglesia atender sus necesidades espirituales y materiales.

Con la consejería sucede todo lo contrario que con la obra social. La practi-
camos, pero a veces con tal desconocimiento, y tan mal, que si no lo hiciéramos,
en muchas ocasiones sería mejor. Debido a que dar consejos en un área tan frá-
gil y susceptible como lo son las reacciones emocionales del ser humano, requiere de unos conocimientos teóricos y prácticos muy profundos. De lo contrario, fácilmente podemos caer en la aberración de producir involuntariamente, con nuestro consejo, más daño del que intentábamos remediar, y causar mayores problemas que aquellos que tratábamos de solucionar. Desde luego, no basta con un
mero encuadre psicológico racionalista para erradicar las secuelas, por ejemplo,
de un pasado ocultista. La sicología, sin Dios, es una ciencia vana. Pero tampoco conquistaremos el mundo con exorcismos estériles para quitar el demonio de
un dolor de muelas que debería ser tratado por un dentista. La auténtica pastoral
cristiana es una integración coherente entre la Biblia y la medicina, en la que las
Escrituras, la Palabra de Dios y la exégesis bíblica pasen a ser la norma y el control de calidad, el límite para la aplicación, tanto de las teorías psicológicas como
de la liberación espiritual.

En el idioma griego existen dos palabras para definir el bien: la palabra «agazos», con la que se designa la bondad escueta de alguna cosa y la palabra «kalós», que se refiere a algo que no tan solo es bueno, sino que además es también
hermoso, atractivo o elegante. Si queremos que los hombres y mujeres de hoy
acepten el evangelio, hemos de tener muy presente que no basta con que nuestro
mensaje sea «agazos», ha de ser también «kalós». Bueno y, a la vez, atrayente.

POCA SENSIBILIDAD SOCIAL

En cierta ocasión el Señor Jesús respondió a unos fariseos, que criticaban a
los discípulos por arrancar y comer espigas en el día de reposo, que el sábado
fue hecho por causa del hombre y no el hombre por causa del sábado. Lo mismo

puede decirse acerca de la religión ya que esta es para el hombre y no al revés. Pero por desgracia, a lo largo de la historia del cristianismo, la religión ha servido en numerosas ocasiones para oprimir al hombre y evadir a los creyentes de la realidad social que les rodeaba. Muchas críticas contra la religión han dado en el blanco, al poner de manifiesto que esta se usaba para escapar del mundo y no para transformarlo.

El nuevo talante religioso que se observa hoy en plena globalización parece tener una especial sensibilidad por las cuestiones materiales de este mundo. Desde la crisis de identidad personal y colectiva hasta el miedo a la enfermedad o la muerte, pasando por la protección ecológica del planeta, los problemas culturales, migratorios, étnicos y, sobre todo, la grave división entre ricos y pobres, todo esto constituye un paquete de cuestiones que interpelan directamente a la fe cristiana, demandando una respuesta clara y concreta. La cuestión es si las iglesias protestantes están respondiendo de manera adecuada a este reto o si, por el contrario, están ocultando su rostro bajo el manto de una espiritualidad mal entendida.

Es triste tener que reconocer que en ciertos ámbitos evangélicos se detecta un grave déficit solidario hacia los numerosos problemas de injusticia social que existen en nuestro mundo global. El auge del sentimiento o la emocionalidad así como del individualismo y el deseo de salvación personal hace que, en demasiadas ocasiones, se olviden los problemas del prójimo y se pase de puntillas junto al herido que yace al borde del camino, como en la parábola del buen samaritano. Tales creyentes no asumen los problemas de este mundo como propios porque, en el fondo, consideran equivocadamente que todo lo que hay en la tierra es malo y está condenado a la destrucción. Pero la pobreza, la miseria en que viven millones de criaturas, las desigualdades que afectan a la mayoría de los habitantes de este planeta y tantas otras situaciones discriminatorias no se pueden solucionar solo mediante la oración o la meditación. Hace falta también un empeño activo y una voluntad decidida, sobre todo por parte de las iglesias poderosas del norte, para superar tanta injusticia y deshumanización.

La solidaridad de los cristianos de los países ricos para con los del sur es hoy más necesaria que nunca y debe contribuir a cambiar las actuales estructuras sociales de bloqueo y opresión. El cristianismo está llamado a servir al hombre y no a servirse de él. Cuando esto no se quiere reconocer se fomenta una religión vacía e idolátrica que huye de los problemas reales para refugiarse en un espiritualismo insolidario y ajeno al evangelio de Jesucristo.

La actual proliferación de teleevangelistas pedigüeños que apelan a los sentimientos de los televidentes cristianos para sacarles el dinero y engrosar así sus imperios personales es algo que clama al cielo. Se predica un evangelio de la codicia que pisotea el mensaje de Jesucristo ya que es lo más opuesto a aquello que el Señor quiso enseñar a sus discípulos. La avaricia egoísta y pseudorreligiosa de

tales lobos vestidos con piel de ovejas no se fundamenta en la Palabra de Dios sino en el sueño americano de opulencia y prosperidad individualista. A los pobres
se les considera como indigentes espirituales incapaces de prosperar porque siguen siendo esclavos del pecado. Se llega a creer así que los menesterosos se
merecen su pobreza y, por lo tanto, no habría que tener la más mínima consideración hacia ellos. ¿Puede haber mayor cinismo y crueldad en nombre de la religión?

Esta es la más perniciosa herejía que existe actualmente en el seno del protestantismo a escala mundial. Todos los demás errores parecen pequeños frente
a semejante aberración religiosa que es el producto de la mentalidad individualista de nuestra sociedad de consumo. Tal como se ha visto a lo largo de este trabajo, las leyes bíblicas no apoyan jamás la acumulación masiva de riqueza en manos de unos pocos, sino su redistribución adecuada entre los que pasan necesidad. Tal como indica Hank Hanegraaff, nos hace falta una nueva Reforma: «Hoy
también nos hace falta una nueva Reforma. El saqueo de los pobres, santificado
por bulas papales en el pasado, es sorprendentemente parecido a la nueva generación de "papas de la prosperidad" de hoy. Tetzel estafó a los pobres de su
época prometiéndoles libertad del purgatorio. Los falsos maestros de hoy están
esquilmando a sus seguidores prometiéndoles libertad de la pobreza y una vida
abundante en prosperidad» (Hanegraaff, 1993: 209). La iglesia tiene la obligación
de educar al pueblo de Dios para que esto no siga ocurriendo.

ESPIRITUALISMO EVASIVO

El auge de los movimientos del Espíritu que aspiran a recuperar el sentido
de la oración y poner otra vez de moda los retiros espirituales, así como los en-
cuentros de meditación y alabanza, suponen sin duda un beneficio general para
la iglesia pues contribuyen a fomentar una espiritualidad necesaria. Sin embargo,
uno de los peligros que conlleva esta ola postmoderna de nueva espiritualidad es
el de falsificar, sin pretenderlo, al verdadero Dios de la Biblia o sustituirlo por ídolos humanos. Los excesos en este sentido fomentan una interioridad emocional,
una vivencia interior intensa, pero que no da lugar a una movilización exterior que
provoque un cambio de actitudes sociales o una regeneración moral de la persona. Con demasiada frecuencia esta mal entendida espiritualidad da lugar a congregaciones que en el fondo son grupos emocionales dependientes de un líder,
que es quien les proporciona calor, sentido y participación. Cuando esta persona
desaparece, o se equivoca, el grupo tiende a deshacerse porque, en realidad, depende del pastor más que de Dios. Se ha llegado así a idolatrar al dirigente hasta el extremo de que si este fracasa a nivel personal, toda la congregación fracasa también y se desintegra por completo.

En un mundo secularizado que niega continuamente a Dios, los cristianos
evangélicos corremos el riesgo de volcarnos hacia el lado opuesto y crear un es-

piritualismo desencarnado, una religiosidad que apueste por un Dios ajeno a la historia humana, que solo se haría presente en determinados momentos de oración eufórica, de culto emotivo o alabanza fluida. Sin embargo, la huida de nuestra tarea en el mundo no será nunca la verdadera religión pura de que nos habla el Nuevo Testamento y que consiste en el amor de «visitar a los huérfanos y a las viudas en sus tribulaciones, y guardarse sin mancha del mundo» (Stg 1:27). No hay por qué dudar de la autenticidad de muchas actitudes religiosas ni de la sinceridad del corazón del creyente que ora bajo la influencia del Espíritu Santo, pero sí es conveniente proclamar que existe el peligro de que extraviemos nuestros caminos y volvamos a cometer equivocaciones parecidas a las de los religiosos de la época de Jesús.

El Maestro denunció la religiosidad espiritualista de los escribas y fariseos que consistía precisamente en hacer lo opuesto a lo que escribió Santiago: «¡Ay de vosotros escribas y fariseos, hipócritas! porque devoráis las casas de las viudas, y como pretexto hacéis largas oraciones; por esto recibiréis mayor condenación» (Mt 23:14). ¿De qué sirve participar activamente en cultos muy espirituales si en la vida cotidiana no se actúa con misericordia y amor al prójimo? Lo cúltico, lo espiritual, lo sagrado o lo religioso no pueden sustituir a Dios ni a la responsabilidad que cada creyente tiene delante de él. El culto racional no debe convertirse en una idolatría de los sentimientos o los deseos humanos ni en una huida del mundo, sino en una acogida gozosa y responsable de nuestra misión en la sociedad. Jesucristo nunca concibió otra forma de rendirle culto a Dios, para él no hay acceso posible al creador del universo fuera de la dedicación y el compromiso con ese reino de la fraternidad. El creyente no puede pasar de largo ante los caídos en la cuneta de la historia. Toda búsqueda de Dios, al margen de esta suprema ley, acaba tarde o temprano creando a un Dios falso y practicando un espiritualismo anticristiano.

La gloria de Dios no reside en que el hombre le mencione, le cante o le dé culto en determinados momentos, sino que es la vida entera de los seres humanos. Más que hablar, cantar o danzar es vivir cada día con coherencia. La propia vida de los cristianos es el reconocimiento de Dios como Padre que desea plena comunión con sus hijos. Aquellas mismas palabras que un día escucharon los discípulos de Cristo: «¿Por qué estáis mirando al cielo?» (Hch 1:11), resuenan hoy con fuerza sobre todos los empeños espiritualistas. Es a esta tierra, en la que por desgracia su voluntad todavía no se cumple, adonde tenemos la obligación de seguir mirando, y es en ella donde Dios quiere ser encontrado por cada ser humano. De manera que a Dios no se le debe buscar en el espiritualismo, sino en el Espíritu Santo y en el Cristo humanado.

A Dios tampoco se le puede amar en abstracto o de forma espiritualista. Como escribió el apóstol Juan: «Si alguno dice: Yo amo a Dios, y aborrece a su hermano, es mentiroso. Pues el que no ama a su hermano a quien ha visto, ¿cómo puede amar a Dios a quien no ha visto?» (1 Jn 4:20). El que ama a Dios no puede ignorar a sus hermanos. Sin embargo, los espiritualismos buscan a Dios donde ellos quieren y no donde él espera ser hallado, por eso son tan peligrosos para la iglesia del Señor, porque pueden privarla de su fidelidad a Dios y de su credibilidad ante los hombres.

Pero el Creador, que fue capaz de dar la vida de su Hijo por la humanidad, considera más sagrada la vida del hombre que todos los actos religiosos juntos. El ser humano tiene más valor para Dios que todos los tiempos de oración, alabanza, ceremonias, lugares o utensilios de culto. Primero el hombre, después lo demás. Por lo tanto, el único criterio para discernir verdaderamente si nuestro culto y nuestra adoración nos «religan» de verdad a Dios es que nos comportemos como hermanos, ya que nuestra responsabilidad ante el Señor se juega en el terreno de este mundo, en el esfuerzo para que venga su reino y se cumpla su voluntad en la tierra como en el cielo.

Cuando el Señor Jesús respondió a la mujer samaritana que a Dios se le puede adorar en cualquier lugar de la tierra, con tal de que se le adore «en espíritu y en verdad» porque «Dios es Espíritu» (Jn 4:24), no le estaba insinuando que para poder adorarle tenía que practicar una especie de misticismo que le elevara espiritualmente hasta el séptimo cielo o que tenía que entrar en un trance como si fuera una médium espiritista intentando conectarse con el más allá. No, nada de eso. Al decir que Dios es Espíritu, el evangelista Juan estaba afirmando que en el Creador se da el dinamismo del amor que ha creado al ser humano y sigue actuando en el resto de la creación. El Padre comunica su vida a toda criatura por medio de ese amor que lo caracteriza. Por lo tanto, decir que Dios es Espíritu significa afirmar que el amor procede de Dios y que Dios es amor. Por eso cuando el ser humano ama de verdad a sus semejantes se transforma en espíritu, porque «es nacido del Espíritu» (Jn 3:6) y se hace semejante a Dios mismo tomando parte de su plenitud (Jn 1:16). De manera que el culto a Dios deja de ser vertical e individual porque el Espíritu de Dios está presente en todos los hombres que le aman y aman a su prójimo. Este es el único y verdadero culto que el Padre desea que se le tribute, el culto del amor.

El culto antiguo exigía del ser humano continuos sacrificios de animales y bienes materiales, así como una humillación constante del hombre frente a Dios. Había una gran distancia que separaba a las criaturas del Creador. Sin embargo, el nuevo culto que Jesucristo hizo posible dejó de humillar al hombre y empezó a elevarlo acercándolo cada vez más a Dios y haciéndolo muy semejante al Padre. Ya no había que llamarle «Jehová de los ejércitos», sino papá (abba) porque se trataba de un padre amoroso. Por lo tanto, Dios ya no quiere cultos como los de la antigua alianza con sacrificios y ofrendas de animales, ni siquiera quiere sacrificios personales, golpes de pecho, derramamiento de lágrimas o promesas difíciles de cumplir. Dios no quiere más sangre animal o humana. Él no espera dones, sino comunicación sincera, amor y responsabilidad por parte del hombre. Su gloria consiste en dar vida y desplegar así el dinamismo del amor.

—9—

ECUMENISMO Y DIÁLOGO

ENTRE RELIGIONES

*E*l centro de gravedad del cristianismo mundial (católicos, protestantes y ortodoxos) se ha trasladado al hemisferio sur. Si a principios del siglo XX el 80% de la cristiandad estaba constituida por europeos y norteamericanos, hoy, a principios del XXI, el 60% de los cristianos son ciudadanos de África, Asia y Latinoamérica. Lo que antes fueron tierras de misión para los creyentes del norte se han convertido ahora en forja de misioneros del sur que regresan a Europa o Estados Unidos con el deseo de evangelizar a los blancos descreídos.

Este desplazamiento religioso tan importante se está realizando mucho más rápidamente que en cualquier otra época de la historia. La insistencia de los creyentes en el mensaje social de Jesús y en su preocupación por la liberación de los pobres, los marginados y los oprimidos, ha contribuido a despertar el interés por la fe cristiana en la mayoría de los países del sur, independientemente de sus tradiciones religiosas autóctonas. En la India, por ejemplo, los parias han encontrado en el evangelio la esperanza y la dignidad que les negaba el sistema de castas de la institución brahmánica; en China los obreros descubren en el cristianismo valores y respuestas claras a las inquietudes existenciales que preocupan a todo ser humano y que el marxismo no les respondía satisfactoriamente; los africanos, por su parte, que viven en medio de una pobreza cruel y deshumanizante, dirigidos en muchas ocasiones por regímenes corruptos, sufriendo continuas guerras y enfermedades mortales como el SIDA, se acogen pronto al mensaje de Jesucristo, porque en él hay esperanza y sanidad para el cuerpo y el alma. Es lógico, por lo tanto, que el cristianismo crezca hoy más que nunca entre los pueblos del sur.

No obstante, este rápido crecimiento está generando polémicas importantes en el seno de las respectivas confesiones cristianas, ya que ha traído también la proliferación de interpretaciones diversas de la fe. Algunos teólogos asiáticos y africanos partidarios del diálogo interreligioso están proponiendo relaciones próximas entre las verdades cristianas y las tradiciones hindúes, budistas o animistas de sus propios pueblos. Esto constituye uno de los principales peligros para el cristianismo futuro, no el de inculturarse en cada tradición, algo que sería necesario y deseable, sino el de convertirse en una religión global que lo incluya todo. En una especie de esperanto religioso postmoderno, sincretista y diverso.

Los chinos convertidos al catolicismo, por ejemplo, continúan practicando la veneración de sus antepasados en la misa del Año Nuevo chino, tal como hacían en su antigua tradición confuciana. En la India se concibe el sacrificio de Cristo en la cruz como el acto mediante el cual eliminó su karma malo, lo que le permitió acabar con las futuras reencarnaciones. En América Latina muchos católicos siguen adorando además a los ancestrales ídolos africanos que los esclavos llevaron consigo hace cuatrocientos años, así como a las antiguas divinidades precolombinas. En fin, entre los evangélicos de todo el mundo proliferan las congregaciones inspiradas en las revelaciones personales de un líder carismático, las cuales se apartan de la Biblia y usan la teología de la prosperidad para capitalizar las carencias de los pueblos marginados económicamente. Se aprovechan de la tendencia al sentimentalismo y al trance emocional de determinadas culturas para difundir sus ideas y crear así más iglesias.

De esta manera, según la Enciclopedia Cristiana Mundial, se ha alcanzado ya la cifra de 33.800 denominaciones cristianas a escala mundial (Woodward, 2001). Frente a estas tendencias que se están dando en todos los ámbitos del mundo cristiano, el Vaticano ha reaccionado publicando un documento, que ha sido muy conflictivo y criticado tanto por sectores protestantes como católicos, cuyo fin principal sería reducir este sincretismo, esta mezcla de religiones que se detecta actualmente dentro de la iglesia de Roma. La Congregación para la Doctrina de la Fe hizo manifestaciones en el *Dominus Iesus*, afirmando que la «única religión verdadera subsiste en la iglesia católica» o que «las Comunidades eclesiales que no han conservado el Episcopado válido y la genuina e íntegra sustancia del misterio eucarístico, no son iglesias en sentido propio». Asimismo acerca de las otras religiones no cristianas se decía que «se hallan en una situación gravemente deficitaria si se compara con la de aquellos que, en la iglesia, tienen la plenitud de los medios salvíficos».

Hasta cierto punto es razonable la reacción adversa de las iglesias protestantes ante este documento que fue presentado al Papa por el cardenal Ratzinger el día 16 de junio del 2000. Sin embargo, en mi opinión, no parece un texto dirigido específicamente contra los protestantes, sino más bien contra las múltiples facciones católicas por todo el mundo que amenazan con avenirse a otras religiones e independizarse poco a poco de Roma. Seguramente cuando se marcan unos caminos estrictos para la salvación, lo que se quiere recordar a todo el mundo católico, diverso y lleno de vivencias diferentes es que no se puede hacer nada al margen del Vaticano romano. En el fondo este documento responde a una doble amenaza, la del sincretismo religioso y la del deseo de autonomía de las iglesias católicas regionales o nacionales.

Ante la situación de mundialización en que nos encontramos, las siguientes cuestiones resultan hoy más relevantes que nunca: ¿Son positivas y convenientes las relaciones interconfesionales y el diálogo interreligioso? Es cierto que el ecumenismo no ha dado los resultados que se esperaban pero, ¿significa eso que ya no debe haber ningún tipo de relación entre católicos y protestantes? ¿Qué tipo de relación sería oportuno mantener? El diálogo con los católicos no tiene por qué suponer una pérdida de nuestra propia identidad, como se piensa a veces, sino más bien un enriquecimiento de la misma. El conocer y compartir ideas y puntos de vista doctrinales o teológicos puede contribuir a fortalecer nuestras propias creencias y a que conozcamos mejor aquello que nos define.

Pero la relación interconfesional no puede limitarse a una mera discusión teológica de eruditos, sino debe ampliarse a la relación diaria entre personas que viven juntas, se aman y se respetan a pesar de pertenecer a confesiones diferentes. Tal relación puede suponer también el reto de asumir un compromiso común frente a situaciones de justicia, de defensa de la fe y los valores cristianos, así como actividades que contribuyan a dignificar al ser humano. Si la doctrina separa, la acción es capaz de unir. No deberíamos olvidar que aunque subsisten diferencias importantes es mucho más lo que nos une que lo que nos separa. Y ¿por qué no?, el diálogo puede llevar también, en determinadas situaciones, a la oración conjunta a Jesucristo, el centro de toda relación de unidad entre los cristianos. En muchos lugares se está viviendo ya una unión práctica y diaria de los creyentes, aunque la unión oficial de sus respectivas iglesias no llegue a ser nunca una realidad.

El guirigay moral y ético de las actuales sociedades postmodernas supone un reto común a todas las iglesias cristianas. Los atentados contra la familia, la educación o los valores del evangelio son continuos en nuestro mundo occidental. La enseñanza de una «religión» de inspiración agnóstica o incluso atea, en las escuelas supuestamente laicas, implica una necesidad y supone una oportunidad para hacer un frente común por encima de nuestras diferencias teológicas. Todo aquello que represente una amenaza directa a la fe que compartimos debe ser interpelado desde la unidad de todos los cristianos.

En este sentido se han llevado a cabo ya importantes acciones de carácter interconfesional como la «Declaración conjunta en defensa de la familia y de la vida», suscrita en Estados Unidos por católicos, protestantes, ortodoxos y judíos o la «Carta Ecuménica Europea», firmada en Estrasburgo por representantes de todas las confesiones cristianas en Europa (católicos, anglicanos, protestantes, evangélicos y ortodoxos) que consideran como misión prioritaria común «devolver al continente el alma que parece haber perdido». En palabras del Papa Juan Pablo II, «Europa no puede ser comprendida ni edificada sin tener en cuenta las raíces que se encuentran en su identidad original, ni puede tampoco construirse rechazando la espiritualidad cristiana de que está impregnada» (*La Vanguardia*, 22-04-01). Urge, por tanto, un esfuerzo común encaminado al anuncio claro del evangelio con independencia del trasfondo confesional, de lo contrario, añadió el rumano Daniel, metropolitano ortodoxo, «la experiencia de la secularización en los países del este es que cuando las personas abandonan la tradición cristiana en la que se formaron, no pueden quedarse así, sino que tienden hacia una religiosidad difusa y sincrética».

En el mismo sentido habría que valorar el diálogo interreligioso en países de tradición no cristiana, en los que no se respetan los principios más elementales de libertad religiosa y la fe cristiana sufre verdadera persecución. Quizá si tal diálogo se practicara podría terminarse con tantos crímenes y con esa sangría de mártires de la fe que persiste todavía hoy en algunos países. Estas relaciones entre religiones no implican en absoluto la renuncia a nuestros principios doctrinales ni la traición de las bases históricas de nuestra fe evangélica. Son más bien la respuesta necesaria a una problemática común, ante la grave amenaza de ese enemigo poderoso que es la religión laica. Cada vez será más imperiosa la necesidad de unir nuestros esfuerzos a la hora de plantear ante gobiernos y administraciones públicas nuestros derechos como cristianos, en una acción reivindicativa cuyo éxito solo es viable, hoy en día, desde la perspectiva de una acción interconfesional conjunta.

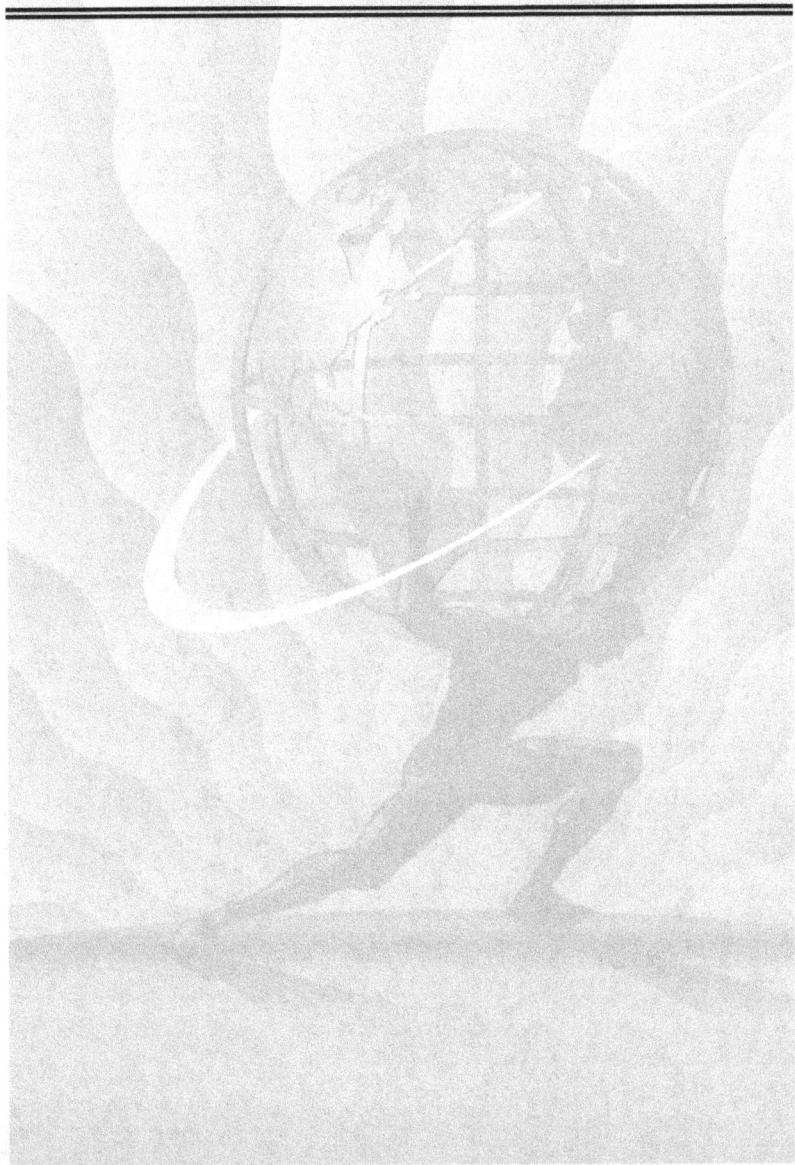

—Conlusión—

CONCLUSIÓN

*D*espués de este recorrido por algunos de los retos que plantea el mundo actual a la fe cristiana, creo que los creyentes no debemos ceder a la tentación del pesimismo. La esperanza propia del discípulo de Jesús ha de continuar siendo la lente que permita mirar la aldea global con la intención de transformarla mediante la luz del evangelio. El apóstol Pablo escribió a los creyentes de Roma: «Porque en esperanza fuimos salvos; pero la esperanza que se ve, no es esperanza; porque lo que alguno ve, ¿a qué esperarlo? Pero si esperamos lo que no vemos, con paciencia lo aguardamos. Y de igual manera el Espíritu nos ayuda en nuestra debilidad» (Ro 8:24-26). Es evidente que al escribir estas palabras el apóstol Pablo veía el estado del mundo y el estado de la situación humana como algo triste y doloroso.

Dos versículos antes dice: «Porque sabemos que toda la creación gime a una, y a una está con dolores de parto hasta ahora; y no sólo ella, sino que también nosotros mismos, que tenemos las primicias del Espíritu, nosotros también gemimos dentro de nosotros mismos, esperando la adopción, la redención de nuestro cuerpo» (vv. 22,23). Sin embargo, el apóstol propone la esperanza, es decir, la confianza de que al final ocurrirá aquello que está previsto de antemano en los planes de Dios. La tónica de la vida cristiana debe ser siempre la esperanza y nunca la desesperación. El cristiano tiene que aguardar, no la muerte o la nada, sino la vida eterna. Pero, ¿qué quiso decir con eso de la «esperanza que se ve», que «no es esperanza»? Seguramente Pablo se refería a las aflicciones de su tiempo, «del tiempo presente» (v. 18), a la realidad moral y espiritual en que vivía aquel mundo grecorromano.

Quizás hoy, salvando las distancias, podríamos hacer también el ejercicio de pensar en nuestro mundo contemporáneo. ¿Qué estamos viviendo hoy? ¿Cuál es la «esperanza que se ve» en la actualidad? ¿En qué situación se encuentra el cristianismo por todo el mundo? Hemos visto a lo largo de esta obra que vivimos en medio de una ebullición de pluralismo ideológico y religioso. Somos testigos de una coexistencia de creencias y cosmovisiones divergentes. Esto contribuye a que, en la sociedad occidental, se difunda cada vez más la idea de que la salvación se puede alcanzar desde cualquier religión. La gente ha aprendido que de haber nacido en otros países, probablemente tendría otro tipo de fe. Si hubiéramos nacido en Afganistán, seríamos musulmanes; si hubiéramos visto la luz en Suecia, seríamos luteranos y en Rusia, ateos. Pero como algunos nacieron en España o en Latinoamérica, por eso se les bautizó en la iglesia católica o fueron miembros de la Escuela Dominical de una iglesia protestante. La religión sería un puro accidente de nacimiento, y por lo tanto, la reflexión que se hace de inmediato es: ¿qué sentido tiene entonces el dogmatismo o las actitudes intolerantes?

La conclusión relativista a la que llegan muchas personas es la de creer que todas las religiones son buenas porque todas conducen a Dios y es absurdo pretender que el cristianismo sea la única verdadera. Quien se atreve a afirmar hoy, en ciertos ambientes, que Jesús es el único camino a Dios, acaba siendo tachado de fanático y se le acusa inmediatamente de cometer el peor de los pecados de nuestra generación, el de la intolerancia. Para esta mentalidad actual la única verdad sería que no existe la verdad. Y así, en medio de tal jardín pluralista, vemos con tristeza cómo la cristiandad se marchita en algunas regiones y el sedimento cultural bíblico va perdiendo casi todo su aroma.

Hasta quienes venden flores para adornar los cementerios se quejan, el día de los difuntos, de que los jóvenes católicos ya no acuden como antes a venerar a sus antepasados. En la universidad, cientos de muchachos inteligentes demuestran una gran ignorancia en las cuestiones cristianas, pero son asiduos lectores de obras esotéricas que los adentran en religiosidades primitivas y rudimentarias. Actualmente existe cierto pudor a expresar públicamente las opiniones en materia religiosa porque se piensa que en el momento en que se actúa así, se impone de alguna manera al otro el propio punto de vista. Y esto, claro está, se considera opresivo y hasta ofensivo.

Tampoco se tiene seguridad en uno mismo. Nadie sabe quién es en el fondo y, al parecer, sería arrogante pretender saberlo, de ahí que no exista base sólida para el conocimiento. Cuando se aborda a alguien en la calle y se le pregunta si desea conocer a Dios, su respuesta suele ser a menudo: «No sé si es posible llegar a conocer algo con certeza, ¿cómo me preguntas si quiero conocer a Dios?» Vivimos además ante un auténtico desmoronamiento de los tradicionales principios éticos universales. Cada vez hay más individuos convencidos de que aquello que es correcto para ellos, no tiene por qué serlo también para los demás.

Frente a esta situación, la fe evangélica tiende a volverse tímida y a centrarse en el propio ser humano, en vez de en Jesucristo. Solo se manifiesta dentro de la iglesia pero no fuera. Es una creencia débil y «a la carta» ya que solo toma de las Escrituras aquello que le satisface. La vivencia cristiana se vuelve extremadamente cómoda y escéptica ante el heroísmo o el sufrimiento. Se huye de cualquier compromiso o entrega que implique un mínimo sacrificio. En cambio, lo emocional y lo anti-intelectualista ganan hoy muchos puntos porque no se quiere reflexionar, solo sentir. Es una fe que se agota en el ¡aleluya! y ¡gloria a Dios! o en el ¡amén, hermano!; una religiosidad que carece de confianza en los líderes o en los demás creyentes, y que se ha divorciado casi por completo de la cultura. Al analizar ciertas canciones religiosas que se cantan en muchas iglesias, sorprende el número de veces en que aparecen verbos como, «sentir», «ver», «oír», «palpar», «tocar» u otras experiencias de carácter sensorial, mientras que es mucho menor el número de términos que se refieren a «compromiso», «responsabilidad», «obediencia», la «cruz» de Cristo o el «sufrimiento», los cuales son temas sobresalientes del Nuevo Testamento. ¿No se estará dejando de rendir culto a Dios para hinchar la propia autoestima? ¿Se habrá cambiado el contenido por el estilo? ¿La verdad por las impresiones? ¿La fe por las emociones o el compromiso por el espectáculo? ¿No es esto como aquella «esperanza que se ve», a que se refería el apóstol Pablo, que «no era esperanza»?

La situación del mundo actual nos fuerza a preguntarnos en qué consiste la auténtica esperanza cristiana «que no se ve» y de qué depende. Se trata de la confianza que brota de la persona de Jesús, del hecho de su resurrección de la tumba. Porque Jesús resucitó tenemos esperanza. Si Jesús no hubiera resucitado, como dice Pablo, los que creemos en él seríamos los más pobres e infelices del mundo, pero lo cierto es que Jesús resucitó y podemos tener esperanza. La palabra final de la historia, el orden final de las cosas, no va a ser conforme a la voluntad humana sino conforme a la voluntad de Dios, y esto implica que nuestra obediencia al Creador, nuestra responsabilidad como creyentes, nuestro deseo por cumplir con la voluntad del Señor va a tener un efecto final a largo plazo. La fe que ha sobrevivido durante veinte siglos, que ha pasado de una cultura a otra, del Oriente Cercano a Europa, de esta a América, África, Asia y Oceanía, no va a desaparecer durante el tercer milenio. Esta es nuestra esperanza.

El profeta Isaías afirmó que «saldrá una vara del tronco de Isaí, y un vástago retoñará de sus raíces» (Is 11:1). Este ha sido siempre el misterioso proceso de crecimiento del reino de Dios en la tierra. La imagen de un tronco cortado y seco, de cuyas raíces despunta, cuando nadie lo espera, un renuevo. A veces el Señor, para realizar su proyecto, no recurre a los frondosos e imponentes cedros del Líbano, sino que por el contrario, los desgaja: «He aquí el Señor, Jehová de los ejércitos, desgajará el ramaje con violencia, y los árboles de gran altura serán cortados, y los altos serán humillados. Y cortará con hierro la espesura del bosque, y el Líbano caerá con estruendo» (Is 10:33-34). Ciertos líderes evangélicos famosos que utilizan el nombre de Dios en vano, para enriquecerse económicamente o para atraer a las gentes hacia su persona y no a los pies de Cristo, serán desgajados como los cedros del Líbano, porque son los falsos maestros de la actualidad que desprestigian la fe cristiana y dificultan la extensión del reino de Dios en la tierra.

190 El cristiano en la aldea global

Sin embargo, de ese tronco casi seco por los muchos pecados e infidelidades, de esa iglesia medio adormecida por el paso de los siglos, de ese remanente que todavía se alimenta de la savia perenne, puede surgir el renuevo improbable e inesperado que haga realidad las promesas de Dios. Frente al tronco seco, los cristianos no podemos exclamar asustados: «¡Es el fin!», sino debemos firmar una comprometida declaración de esperanza, de aquella esperanza paulina en lo que no se ve. Tenemos que ser conscientes de que el cristianismo no alcanzará nunca en este mundo su consumación definitiva. El creyente nunca está aquí en su casa, no puede darse por satisfecho con las condiciones transitorias en las que vive, siempre estará lleno de aspiraciones de justicia. Por eso los cristianos en este mundo somos esencialmente hombres y mujeres que esperan.

Quienes no poseen esta esperanza cristiana y se conforman con lo transitorio pasan su vida almacenando corrupción, sin esperar nada más. Para ellos el pequeño mundo de lo caduco es su único mundo. Por eso no saben ni quieren soportar el sufrimiento o las contrariedades de la vida. Pero al cristiano, la esperanza le da fuerzas para soportar «los sufrimientos presentes» (Ro 8:18) y, además, hace de él ante el mundo un testigo de una fe viva en la resurrección. La esperanza cristiana no es una espera pasiva, sino claramente activa. «Porque todos vosotros sois hijos de luz e hijos del día; no somos de la noche ni de las tinieblas. Por tanto no durmamos como los demás, sino velemos y seamos sobrios. Pues los que duermen, y los que se embriagan, de noche se embriagan. Pero nosotros, que somos del día, seamos sobrios, habiéndonos vestido con la coraza de fe y de amor, y con la esperanza de salvación como yelmo» (1 Ts 5:5-8). La fe, el amor y la sobriedad deben caracterizar siempre nuestra esperanza en el Señor.

BIBLIOGRAFÍA

ANATRELLA, T., *Contra la sociedad depresiva*, Sal Terrae, Santander, 1994.

BACHOFEN, J. J., *El matriarcado*, Akal, Madrid, 1987.

BEAUCHAMP, P. & VASSE, D., *La violencia en la Biblia*, Verbo Divino, Estella, Navarra, 1992.

BECK, U., *¿Qué es la globalización?*, Paidós, Barcelona, 2000.

BILBENY, N., *El idiota moral, la banalidad del mal en el siglo XX*, Anagrama, Barcelona, 1993.

BONHOEFFER, D., *Resistencia y sumisión*, Ariel, Barcelona, 1969.

BOURDIEU, P., *Sobre la televisión*, Anagrama, Barcelona, 1998.

BYLER, D., *Los genocidios en la Biblia*, Clie, Terrassa, Barcelona, 1997.

CASTELLS, M., *La era de la información, Vol. 3, Fin de milenio*, Alianza Editorial, Madrid, 1999.

CASTELLS, M., *La era de la información, Vol. 1, La sociedad red*, Alianza Editorial, Madrid, 2000a.

CASTELLS, M., *La era de la información, Vol. 2, Economía, sociedad y cultura*, Alianza Editorial, Madrid, 2000b.

CRUZ, A., *Postmodernidad*, Clie, Terrassa, Barcelona, 1997.

CRUZ, A., *Parábolas de Jesús en el mundo postmoderno*, Clie, Terrassa, Barcelona, 1998.

CRUZ, A., *Bioética cristiana*, Clie, Terrassa, Barcelona, 1999.

CRUZ, A., *Sociología, una desmitificación*, Clie, Terrassa, Barcelona, 2001.

CULLA, J. B., La naturaleza del conflicto, *El País*, 26-10-01, p. 3.

CHESTERTON, G. K., *Lo que está mal en el mundo (Obras Completas)*, t. 1, Plaza & Janés, Barcelona, 1967.

CHOMSKY, N. & DIETERICH, H., *La aldea global. Globalización, Educación, Democracia*, Txalaparta, Tafalla, 1997.

DEBORD, G., *Comentarios sobre la sociedad del espectáculo*, Anagrama, Barcelona, 1999.

DE VAUX, R., *Instituciones del Antiguo Testamento*, Herder, Barcelona, 1985.

ECO, H., entrevista por Florent Latrive y Annick Rivoire reproducida en *El Periódico de Cataluña*, 7 de enero, 2000.

ELORZA, A., La ignorancia del infiel, *El País*, 22-10-01, p. 21.

ENZENSBERGER, H. M., *Perspectivas de guerra civil*, Anagrama, Barcelona, 1994.

FERRÉS, J., *Televisión y educación*, Paidós, Barcelona, 1998.

FUKUYAMA, F., Seguimos en el fin de la historia, *El País*, 21-10-01, p. 22.

GARCÍA ESTÉBANEZ, E., *¿Es cristiano ser mujer?*, Siglo Veintiuno, Madrid, 1992.

GIDDENS, A., *Sociología*, Alianza Editorial, Madrid, 1998.

GIDDENS, A., *Un mundo desbocado. Los efectos de la globalización en nuestras vidas*, Taurus, Madrid, 2000.

GINER, S. y otros (eds.), *Diccionario de sociología*, Alianza Editorial, Madrid, 1998.

GOICOECHEA, C., *Diccionario de citas*, Dossat 2000, Madrid, 1995.

GONZÁLEZ-CARVAJAL, L., *Ideas y creencias del hombre actual*, Sal Terrae, Santander, 1991.

GONZÁLEZ-CARVAJAL, L., *Los cristianos del siglo XXI*, Sal Terrae, Santander, 2000.

GONZÁLEZ-CARVAJAL, L., La Iglesia y la justicia en el mundo, en *Retos de la Iglesia ante el nuevo milenio*, Fundación Santa María, Madrid, 2001, pp. 245-264.

HANEGRAAFF, H., *Cristianismo en crisis*, Unilit, Miami, 1993.

LACROIX, M., *El humanicidio*, Sal Terrae, Santander, 1995.

LIPOVETSKY, G., *El imperio de lo efímero*, Anagrama, Barcelona, 1994.

LIPOVETSKY, G., *La tercera mujer*, Anagrama, Barcelona, 2000.

LÉON-DUFOUR, X., *Vocabulario de teología bíblica*, Herder, Barcelona, 1993.

McLUHAN, M. & POWERS, B. R., *La aldea global*, Gedisa, Barcelona, 1990.

MOLTMANN, J., *La justicia crea futuro*, Sal Terrae, Santander, 1992.

MUÑIZ, M., *Femenino plural*, Clie, Terrassa, Barcelona, 2000.

MYRA, H., *¿Debe un cristiano ir a la guerra?*, Clie, Terrassa, Barcelona, 1976.

RUFIN, J.-C., *El imperio y los nuevos bárbaros*, Rialp, Madrid, 1992.

SARTORI, G., *Homo videns, la sociedad teledirigida*, Taurus, Madrid, 1998.

STOTT, J. R. W., *La fe cristiana frente a los desafíos contemporáneos*, Nueva Creación, Grand Rapids, Michigan, EE.UU.,1999.

TOURNIER, P., *Violencia y poder*, La Aurora, Buenos Aires,1986.

VARGAS LLOSA, M., La lucha final, *El País*, 16-09-01, p. 27.

WILSON, E. O., *Sociobiología, la nueva síntesis*, Omega, Barcelona, 1980.

Nos agradaría recibir noticias suyas.
Por favor, envíe sus comentarios sobre este libro
a la dirección que aparece a continuación.
Muchas gracias.

Vida

ZONDERVAN

Editorial Vida
7500 NW 25 Street, Suite 239
Miami, Florida 33122

Vida@zondervan.com
http://www.editorialvida.com